匈奴

八王之乱

大单于

平阳　长安

丛书主编
周伟洲

十六国史新编 二

汉赵国史

周伟洲 著

社会科学文献出版社
SOCIAL SCIENCES ACADEMIC PRESS (CHINA)

北京大学

绵浩吾兄:

苏州一晤，有美庭水榭雅谈，至为感幸，已逾数旬，补入条目中。大百科较繁重，排部分已杀青，由编辑加工中。

据佐章看末完成书稿，适迟延代，仍拟卷毕取百年底发排。过又转约大苹汉赵国史，可谓锁眼。必拟再接再厉，写成十六国史新编，于学术界大有裨益。兄以为然否，足此佈谢，美欤！仅为崔鸿之功臣而已也。专此佈谢，美欤！

敬礼!

周一良
八七、十三.

总　序

　　中国的史学传统可谓源远流长，几乎每一个在中国历史上存在过的政权，都有人为之撰写历史。中国历史上的十六国时期（316～439）[1]，虽然仅是中国几千年历史长河中的一小段，但却有其丰富的内容和鲜明的时代特点。早在一千多年前，封建史学家就撰写过十六国时期各个政权的专史（国别史），如在唐代魏徵等撰的《隋书》卷三三《经籍志二》所列遗存的"霸史"共二十七部三百三十五卷中，就有二十六部十六国国别史。其中，最著名、对后世影响最大的当推北魏崔鸿撰《十六国春秋》一百卷。可惜以上诸书均先后散佚，只是在唐宋时期编纂的各种类书及其他史书中，有上述霸史的一些辑文。[2]

　　由于过去的封建史家囿于民族偏见，受传统的封建正统

---

[1]　大致相当于西晋灭亡至北魏灭北凉，统一整个北方的时期，即公元316年至439年。

[2]　参见［日］五胡之会编《五胡十六国霸史辑佚》，燎原书店，2012。

史学观点的束缚，视五胡十六国为僭伪，贬之过甚。特别是隋唐以后的历代史家，认为十六国是"五胡乱华"的黑暗时期，十六国政权是"僭伪"之国，不值得为它们撰写历史；即便是撰写中国历史，对十六国也着墨不多。加之十六国时史官所撰的各国史书及隋以前有关十六国的史书，均先后散佚，后世撰写十六国国别史极为困难。

1949 年中华人民共和国成立后，中国广大的史学工作者以马克思主义唯物史观为指导，开创了中国史学繁荣的新局面。特别是 1978 年改革开放以来，国内史学研究进入一个新的繁荣时期，魏晋南北朝史研究更加深入，十六国史论著也不断问世。加之全国各地相继发掘了大批五胡十六国时期的珍贵文物和古籍，重新撰写十六国国别史成为可能。因此，20 世纪 80 年代以来，国内相继出版了一系列十六国的国别史。

我们这套"十六国史新编"丛书，就是从 20 世纪 80 年代以来国内出版的或正在撰写的一批十六国国别史中，选出其中学术水平较高、大致符合国别史体例的著作编辑而成。主要包括下列著作：

1.《成汉国史》，高然、范双双著；2.《汉赵国史》，周伟洲著；3.《后赵史》，李圳著；4.《五燕史》，赵红梅著；5.《前秦史》，蒋福亚著；6.《后秦史》，尹波涛著；7.《赫连夏国史》，吴洪琳著；8.《南凉与西秦》，周伟洲著；9.《五凉史》，赵向群著。

以上九部著作大致涵盖了所谓"五胡十六国"的十六个国家（政权）。之所以称之为"新编"，则主要有如下原因。

第一，以上九部著作均是在尽可能收集整理有关史料及参考古今有关研究论著的基础上，完全摈弃了过去封建史家的正统论及民族歧视和不平等等观点，以马克思主义唯物史观为指导重新审视和评述十六国历史。

第二，从前封建史家所撰十六国史，仅注重该国的政治、军事及与邻近各族所建政权的关系史，而"十六国史新编"还加强了对五胡所建十六国的政治制度、社会经济、文化风俗（包括宗教信仰）及民族的认同、迁徙及融合等方面的论述。

第三，"十六国史新编"还特别注意吸取文物考古的新资料，以及中外最新的相关研究成果。

第四，"十六国史新编"采取现代通行的专著体例和形式，用章节目的体例撰写并详加引文注释，最后附有大事年表、索引等。

由于"十六国史新编"有的撰写出版于20世纪80年代至90年代初（如《汉赵国史》《南凉与西秦》《前秦史》），距今已过去三十多年，在此期间国内外有关五胡十六国史的研究又取得了长足的进步，有众多的新成果问世。如日本学者川本芳昭撰《魏晋南北朝时代的民族问题》（汲古书院，1998）、三崎良章撰《五胡十六国的基础研究》（汲古书院，2006）及氏撰《五胡十六国——中国史上的民族大迁徙》（东方书店，2015年第三版）、日本学者编纂的《五胡十六国霸史辑佚》（燎原书店，2012）等等。中国学者赵丕承编著《五胡史纲》（艺轩图书出版社，2000）、刘学铫撰《五胡史纲》（南天书局，2001）、陈勇撰《汉赵史论稿——匈奴屠各建国的政治史考察》（商务印书馆，2009）、贾小军撰《魏晋十六国

河西史稿》（天津古籍出版社，2009）及氏撰《魏晋十六国河
西社会生活史》（甘肃人民出版社，2011）、陈琳国撰《中古
北方民族史探》（商务印书馆，2010）及咸阳市文物考古研究
所编《咸阳十六国墓》（文物出版社，2006）、郭永利撰《河
西魏晋十六国壁画墓》（民族出版社，2012）等。而这些研究
成果，上述十六国国别史则已不能参考引用，只能保持其在
一定历史时期中的成果及特征了。

其次，新编的九部十六国国别史，是由近十位作者撰写
的，因此各书在体例、文字、着重点上，均与各个作者的专
业、学养、经历等有关，故各书体例、内容的取舍、文字等
各方面不尽相同，各具特色。

再次，有关五胡十六国的历史，近二十余年来，中外学
者的研究更加广泛和深入，也出现了一些不同的观点和看
法，有一些与"十六国史新编"相左，甚至有相反的观点。[1]
这应是学术界"百家争鸣"的正常现象。我们保留"十六国
史新编"中的观点和结论，以期引起中外学者的讨论和争
鸣。

最后，感谢"十六国史新编"的各位作者，感谢社会科
学文献出版社欣然决定出版此套丛书。

周伟洲

陕西师范大学中国西部边疆研究院

2019 年 1 月 30 日

---

[1] 比如仅关于最基本的"五胡""屠各""羯胡""拓跋""护军制""汉化""胡
化"等概念，学界均有不同的解析。

目　录

前　言

　　十六国时期虽然仅是我国几千年历史长河中的一小段，却有其丰富的内容和鲜明的时代特点。过去的封建史家囿于民族偏见，受传统的封建正统史学观点的束缚，视十六国为僭伪，贬之过甚，特别是对少数民族所建的政权更是如此。所以，几千年来，除了当时有为十六国修史者外，至今还很少有十六国国别史的专书。近年来，国内学术界开始重视十六国国别史的研究，但苦于史籍之散佚，资料之缺乏，收效不大。路总是人走出来的，为了研讨中国历史的发展规律，特别是历史上民族关系的特点，以为今天的借鉴，繁荣祖国的文化事业，笔者不揣冒昧，鼓足勇气，写下了这本《汉赵国史》。

　　汉赵国是我国历史上第一个由内迁少数民族匈奴在内地建立的政权，也是十六国较早建立的政权之一。它的存在虽然只有短短的二十六年，但在中国历史上仍然产生了一定的影响。

　　过去的封建史家往往把建立汉赵政权的内迁匈奴作为引

起中国历史上十六国分裂混战局面的罪魁祸首。这是有失公允的。中国北方十六国分裂割据局面的形成，乃是东汉以来国内自给自足的封建经济及世家大族的发展、王权的衰落等引起的必然结果，不是内迁的少数民族所能左右的。相反，汉赵政权的建立者能够顺应历史潮流，利用各族人民反抗西晋的斗争，一举推翻了腐朽的西晋王朝，建立新的政权。这个政权在政治、经济和文化等各方面都承袭了汉魏以来汉族政权的传统，又兼其旧俗；在某些方面还有所发展、创造，对以后的封建王朝有一定的影响。此外，在当时中原地区经济遭到严重破坏的情况下，汉赵统治者还采取了一些有利于生产恢复和发展的措施，修建城镇，人口激增又使其京都平阳、长安地区的经济有所恢复和发展。

从汉赵兴衰的历史中，可以看到匈奴统治者的暴虐和滥用民力，及其国内阶级矛盾和民族矛盾错综复杂的情况；还可以看到它是怎样迅速走向衰弱，最终为后赵所灭亡的。

本书根据现存史籍和文物考古资料，首先论述了东汉末年以来内迁匈奴的活动及其社会地位的变化，其次叙述了汉赵国兴衰的历史，最后对其政治制度、社会形态作了大胆探讨。书名定为《汉赵国史》，是由前赵史官和苞所撰《汉赵记》而来。

总之，十六国国别史的研究和撰写，才刚刚开始，抛砖引玉，如此而已。

周伟洲

一九八五年一月三十日

汉末至晋初匈奴族的内徙及其活动

〖第一章〗

一　匈奴入居沿边诸郡及汉、魏各朝对他们的统治

在今山西、陕西、河南一带建国的汉赵政权，是由内迁的匈奴刘氏所建立的，因此研究汉赵国历史，首先应了解匈奴族自东汉以来内迁于黄河流域的情况以及他们在汉、魏、晋各王朝统治下的历史。关于此，《晋书》卷一〇一《刘元海载记》、《太平御览》卷一九引《十六国春秋·前赵录》等均有简约的记载：

> 刘渊字元海，新兴（今山西忻州）匈奴人。先夏后氏之苗裔，曰淳维。世居北狄，千有余岁，至冒顿袭破东胡，西走月氏，北服丁零，内侵燕、岱，控弦四十万。汉祖患之，使刘敬奉公主以妻之，约为兄弟，故子孙遂冒姓刘氏。

崔鸿据秦、汉以来史籍（如《史记》《汉书》）极为概括地叙述了匈奴的来源及兴起的历史，并简述其改姓刘氏的由来。匈奴是公元前3世纪兴起于大漠南北的一个古代民族，最早根据地在今内蒙古的阴山，时匈奴部落联盟首领冒顿征服蒙古草原周围各部，建立匈奴政权，以后与中

原地区的秦、汉等政权发生了密切的关系。[1] 匈奴冒顿单于一族原姓挛鞮氏或虚连题氏[2]，后入居黄河流域的南匈奴单于后裔，因其祖先冒顿曾娶西汉公主，且约为兄弟，"故子孙遂冒姓刘氏"。按南匈奴单于一族改姓刘氏，似乎并不始于刘渊一代，中国史籍云刘渊父名刘豹，西晋泰始七年（271）有叛出塞的南匈奴单于一族的刘猛[3]，还有曹魏时的"匈奴王刘靖"[4] 等。故南匈奴单于一族有的改姓刘氏，大约始于曹魏时期；当然，也有汉赵政权建立前后，追改为"刘"氏的可能。

　　前引《晋书·刘元海载记》《前赵录》等还叙述了东汉以来南匈奴入居内地及汉、魏、晋对其统治的情况；因文字过于简约，且有一些错讹之处，故不引证。下面我们根据秦汉以来的史籍对上述问题做一探讨。

　　早在两汉时期，匈奴与汉朝在政治、经济和文化等方面就发生了密切的关系。匈奴族因汉匈之间的友好交往或战争，已有大批投归汉朝，迁入内地居住。[5] 如汉武帝、宣帝时，大批匈奴部众因战败而迁入汉朝统治的地区。其中规模最大的一次发生在汉武帝元狩二年（前121），驻牧于今甘

1　关于匈奴的族源、人种、语言系属及建立政权经过，与内地政权的关系等，国内学术界多有论著。参见马长寿《北狄与匈奴》，三联书店，1962；林幹《匈奴史》，内蒙古人民出版社，1979。

2　《史记》《汉书》的《匈奴传》云匈奴单于姓"挛鞮氏"，《后汉书》卷八九《南匈奴列传》曰："单于姓虚连题。"日本学者内田吟风说，挛鞮氏与虚连题氏系同名异译（见《北亚细亚史研究·匈奴篇》，同朋舍，1975，第233～234页）。

3　《晋书》卷三《武帝纪》等。

4　《三国志·魏书》卷二四《孙礼传》。

5　见《史记》卷二〇《建元年以来侯者年表》；《汉书》卷九四《匈奴传》等。

肃河西的匈奴浑邪王杀休屠王，将众四万余人降汉，汉朝于塞外五郡设"属国"以处之，致使河西匈奴四万余人散处在汉边五郡。[1]汉宣帝神爵二年（前60）后，匈奴衰弱，统治阶级内部长期处于争权夺利的斗争之中，先是五个单于争立，后又演变为郅支单于与呼韩邪单于的对立。甘露三年（前51），呼韩邪单于降汉，请居光禄塞下（今内蒙古固阳北）。从此，匈奴与汉朝的关系更为密切，开创了汉匈两族友好交往的新局面，并为东汉时南匈奴的迁入内地，与汉族进一步融合打下了基础。以后，郅支单于西遁，呼韩邪单于势力增强，于汉元帝初元二年（前47）北徙蒙古草原原单于王庭。

到东汉建武二十三年至二十四年（47～48），匈奴内部发生了第二次大的分裂：原呼韩邪单于孙比因不得立为单于，率所主南边八部众四五万人投降汉朝，八部大人共议立比为呼韩邪单于，沿用其祖父的名号，史称此部为南匈奴；而留在漠北的蒲奴单于，史称北匈奴。建武二十五年（49），南匈奴破北匈奴单于帐，却地千里，复遣使到东汉，"奉藩称臣，献国珍宝，求使者监护，遣侍子，修旧约"[2]。建武二十六年（50），东汉遣中郎将段郴等至南匈奴，立单于庭于五原西部塞（今内蒙古包头）八十里处。同年冬，南匈奴为北匈奴所败，于是汉朝令南单于徙庭于西河郡的美稷（今内蒙古准格尔旗北），留中郎将段郴等卫护单于。后东汉"悉复缘边八郡"，允许南匈奴部入居，"亦

---

1 《史记》卷一一〇《匈奴列传》。参见王宗维《汉代的属国》，载《文史》第20辑，中华书局，1983。
2 《后汉书》卷八九《南匈奴列传》。

列置诸部王，助为捍戍"。其分布大致是："使韩氏骨都侯屯北地（治富平，今宁夏青铜峡南），右贤王屯朔方（治临戎，今内蒙古磴口北），当于骨都侯屯五原（治九原，今内蒙古包头西），呼衍骨都侯屯云中（治云中，今内蒙古托克托北），郎氏骨都侯屯定襄（治善无，今山西左云西），左南将军屯雁门（治阴馆，今山西代县西北），栗籍骨都侯屯代郡（治高柳，今山西阳高）皆领部众为郡县侦罗耳目。"[1] 这是匈奴部众第一次向汉朝沿边诸郡的大规模迁徙。

东汉之所以采取上述措施，是因为西汉末年以来战乱不断，北边诸郡人口大量减少，土地荒芜，为了增加该地区人口和劳动力，恢复和发展生产，并对抗北匈奴势力的南下骚扰，遂同意将南匈奴部众南迁于沿边八郡。与此同时，东汉光武帝还诏令原居于此八郡的汉民还归原土，从事生产；又调遣一批因徒徙于边郡，补修城郭等。[2]

东汉的这一措施基本上达到了预期的目的。南匈奴作为东汉北边的屏障，有力地阻止了北匈奴南下的侵扰，而沿边诸郡，由于汉匈人民的共同努力，经济得以迅速恢复和发展。"百姓新去兵革，岁仍有年，家给人足。"[3] 在东汉的支持、保护下，南匈奴的经济也得以迅速发展，并不断取得对衰亡的北匈奴战争的胜利，北匈奴部众大多降附，致使南匈奴的人口猛增。据《后汉书·南匈奴列传》的记载，"是时（永元二年，90年）南部（南匈奴）连克获纳

1 《后汉书》卷八九《南匈奴列传》。
2 《后汉书》卷一《光武帝纪》。
3 《后汉书》卷三五《张纯传》。

降，党众最盛，领户三万四千，口二十三万七千三百，胜兵五万一百七十"。这一数字，比南匈奴初附汉时的四五万人，增加了四五倍之多。且"胜兵五万一百七十"的"胜兵"，标志着匈奴原牧民处于士卒分别向军队与生产者转变的时期，是匈奴社会发展的一大进步。[1] 同时，南匈奴入居沿边诸郡，与汉人杂处，加速了匈奴的汉化过程，有的匈奴部民甚至开始由游牧转向农耕。

至永元六年（94），新降附南匈奴的十五部二十余万匈奴皆叛，胁立前单于子薁鞬日逐王逢侯为单于，欲返回漠北。在东汉军队与南单于联军的追击下，先后有一部分叛走的匈奴部众复降，分处北边诸郡。直到东汉元初四年（117）逢侯为鲜卑所破，部众分散。次年，逢侯率百余骑诣朔方塞降，东汉徙其于颍川郡（治阳翟，今河南禹州）。[2] 东汉政府不迁逢侯于沿边八郡，是"或恐更相招引，故徙于颍川郡也"[3]。

东汉永和五年（140）南匈奴内部再次发生变乱，左部句龙王吾斯、车纽等叛，招诱右贤王合七八千骑围美稷，杀朔方、代郡长史，为东汉军队所败。同年秋，句龙等立句龙王车纽为单于，东引乌桓，西收羌戎及诸胡等数万，攻破京兆虎牙营，掠并、凉、幽、冀四州。在这种形势下，东汉政府"乃徙西河治离石（今山西离石），上郡治夏阳（今陕西韩城），朔方治五原（今内蒙古包头）"。[4] 或在此前后，南

1　参见《北狄与匈奴》，第82~83页。
2　《后汉书》卷八九《南匈奴列传》。
3　同上书，李贤注。
4　《后汉书》卷八九《南匈奴列传》。

单于王庭也由美稷徙治离石北的左国城。[1] 句龙王车纽的变乱，断断续续延续了四年，最后为东汉所平定。这次匈奴变乱的结果，是使大批南匈奴部众由沿边八郡逐渐深入并州诸郡，即今山西汾水流域。

东汉末年黄巾起义爆发，东汉逐渐失去了对南匈奴的控制，而南匈奴内部亦不断发生变乱。东汉中平四年（187），即黄巾起义爆发后三年，前中山太守张纯反汉，率鲜卑攻边郡。东汉灵帝诏发南匈奴兵，出征幽州，南匈奴部众恐单于发兵无已，群起反对。次年（188），南匈奴右部醢落与休屠各胡[2] 白马铜等十余万攻杀羌渠单于。其子于扶罗继立为南匈奴单于，国人不服，共立须卜骨都侯为单于。于扶罗"诣阙自讼"，即到洛阳，请求东汉援助。中平六年（189）东汉灵帝死，国内大乱，于扶罗于是率数千骑与黄巾起义中的白波部合兵，攻河内（治今河南武陟西南）诸郡，失利；又欲返故地，国人不受，乃屯军于河东郡的平阳（今山西临汾）。[3] 过了两年（191），于扶罗与原并州刺史丁原与假司马张杨合兵依袁绍，屯军于漳水。接着，于扶罗又劫持张杨

1　按，南匈奴王庭由美稷迁离石左国城，诸书不载。据《晋书·刘元海载记》云："建武初，乌珠留若鞮单于子右奥鞮日逐王比自立为南单于，入居西河美稷，今离石左国城即单于所徙庭也。"此将西河美稷与离石左国城相混淆，误。但云南单于王庭在离石左国城是正确的，不过应是由美稷迁至离石，时在东汉永和五年前后。

2　"休屠各胡"即"屠各"，匈奴之一种，说见后。

3　以上见《后汉书》卷八九《南匈奴列传》。又，《晋书·刘元海载记》云："中平中，单于羌渠使子于扶罗将军助汉，讨平黄巾。会羌渠为国人所杀，于扶罗以其众留汉，自立为单于。"同书卷五六《江统传》又云："中平中，以黄巾贼起，发调其兵，部众不从，而杀羌渠。由是弥扶罗求助于汉，以讨其贼。"二书记载均与《后汉书》异，从《后汉书》。

叛袁绍，屯于黎阳（今河南浚县东北），董卓以张杨为建义将军、河内太守。[1] 东汉初平三年至四年（192～193），于扶罗又与黄巾黑山部附于袁术，为曹操破于内黄（今河南内黄西）等地。[2] 兴平二年（195），汉献帝由长安返洛阳，南匈奴右贤王去卑曾与原白波部帅韩暹等击败李傕、郭汜等，护卫献帝。同年南匈奴单于于扶罗死，其弟呼厨泉立[3]，仍设王庭于平阳[4]。

次年，曹操迁献帝于许（今河南许昌西南），南匈奴呼厨泉降，曹操允其还归平阳。[5] 建安七年（202），官渡之战，曹操大败河北袁绍军，绍子尚、甥高干等与南匈奴单于共攻河东，并与关中马腾等连兵。曹操遣司隶校尉钟繇等围南单于于平阳，并遣张既说降马腾，高干及呼厨泉单于均降。[6] 建安十一年（206）高干复以并州反曹操，操击之于壶关（今山西长治北），干向南匈奴单于求助，单于不受，高干败亡。[7]

至此，在河东及并州诸郡的南匈奴部众进一步为曹操所控制。故在建安十八年（213）五月献帝策曹操为魏公时曰："……鲜卑、丁零，重译而至，（单于）[箪于]、白屋，请

1 《三国志·魏书》卷八《张杨传》；《资治通鉴》卷六〇，汉献帝初平二年七月条。
2 《三国志·魏书》卷一《武帝纪》；《资治通鉴》卷六〇，汉献帝初平四年正月条。
3 《后汉书》卷八九《南匈奴列传》。
4 《资治通鉴》卷六一，汉献帝兴平二年条。
5 《后汉书》卷八九《南匈奴列传》。
6 《三国志·魏书》卷十三《钟繇传》；同书卷十五《张既传》。
7 《三国志·魏书》卷一《武帝纪》；同书卷六《袁绍传》。

吏率职，此又君之功也。"[1] 所云单于即指南匈奴单于呼厨泉。

从上述黄巾起义爆发至南匈奴最后为曹操所控制，共十八年时间。其间，由于东汉境内农民起义及军阀混战，南匈奴主要的一支留居于并州诸郡，以河东郡的平阳为中心，转战各地。[2] 这样，数万南匈奴部众散居于并州五郡（太原、上党、西河、雁门、新兴）及司隶的河东、凉州的安定等郡，与汉民杂处，成为一支较为强大的势力。

掌握了东汉大权的曹操自然对分布于黄河流域诸郡的南匈奴部众很不放心，又"恐其户口滋蔓，浸难禁制，宜豫为之防"。因此，在建安二十一年（216）七月，乘南匈奴单于呼厨泉及其名王来朝之机，遂留呼厨泉于邺（今河北临漳），令右贤王去卑去平阳监其国。"单于岁给绵、绢、钱、谷如列侯，子孙传袭其号"，又"分其众为五部，各立其贵人为帅，选汉人为司马以监督之"[3]，还"听其部落散居六郡（即上述并州五郡、河东一郡）"[4]。曹操采取的这一系列措施，不仅使居于并州等地的南匈奴部众得以合法化，而且逐渐成为东汉统治下的"编民"，社会地位发生了变化。这是东汉末年北方战祸不断，土地荒芜，曹操欲以内迁的南匈奴为劳动力和兵士的来源而采取的措施。

魏黄初元年（220），曹丕建魏代汉，《三国志·魏书》

---

1 《三国志·魏书》卷一《武帝纪》。
2 《晋书·江统传》引《徙戎论》亦曰：南匈奴于扶罗"仍值世丧乱，遂乘衅而作，卤掠赵魏，寇至河南"。
3 《资治通鉴》卷六七，汉献帝建安二十一年七月条；《晋书》卷九七《北狄匈奴传》等。
4 《晋书·江统传》。又，《资治通鉴》卷八三胡注云散居之六郡："谓并州所统六郡也"，即平阳、西河、太原、新兴、上党、乐平六郡。

卷二《文帝纪》注引《献帝传》记："魏王（曹丕）登坛受禅，公卿、列侯、诸将、匈奴单于、四夷朝者数万人陪位……"同年十一月，魏文帝"更授匈奴南单于呼厨泉魏玺绶，赐青盖车、乘舆、宝剑、玉玦"[1]。这一切说明魏沿东汉末之旧制，对留于京城的南匈奴单于呼厨泉加以笼络，对散居六郡的南匈奴五部的统治依旧。

东汉、曹魏王朝是怎样统治内迁的南匈奴部众的呢？总的说来，在南匈奴部众由沿边八郡逐渐散居并州等六郡的过程中，东汉和曹魏的统治者逐渐加强了对他们的统治，其间又发生过一次较大的变革。

在东汉建武二十四年（48）南匈奴呼韩邪单于比降附后，单于只是"奉藩称臣"，献珍宝，求汉朝派使者监护，遣侍子，一如西汉时呼韩邪单于与汉朝的关系。至建武二十六年（50），东汉就遣中郎将段郴、副校尉王郁使南匈奴，立其王庭，进行监护。南单于亦遣侍子入洛阳，每年一更。东汉还"令中郎将置安集掾史将弛刑五十人，持兵弩随单于所处，参辞讼，察动静"。"令谒者将送，赐彩缯千匹、锦四端、金十斤，太官御食酱及橙、橘、龙眼、荔枝，赐单于母及诸阏氏、单于子及左右贤王、左右谷蠡王、骨都侯、有功善者，缯彩合万匹。岁以为常。"[2]其年冬，因北匈奴的攻击，东汉复令单于徙庭于西河美稷，留中郎将段郴及副校尉王郁于两河以拥护之；"为设官府从事掾史，令西河长史岁将骑二千、弛刑五百人，助中郎将卫护单于。冬屯夏罢，

---

1 《三国志·魏书》卷二《文帝纪》。
2 《后汉书》卷八九《南匈奴列传》。

自后以为常"。[1]《后汉书》卷二八《百官志五》亦云："使匈奴中郎将一人，比二千石。本注曰：主护南单于。置从事二人，有事随事增之，掾随事为员。"

东汉虽然在南匈奴设有使匈奴中郎将等官吏监护南单于，但匈奴的部民仍然直接为南单于所统治，保留了原来匈奴内部的社会组织及行政制度。单于之下，"其大臣贵者左贤王，次左谷蠡王，次右贤王，次右谷蠡王，谓之四角；次左右日逐王，次左右温禺鞮王，次左右渐将王，是为六角；皆单于子弟，次第当为单于者也。异姓大臣左右骨都侯，次左右尸逐骨都侯，其余日逐、且渠、当户诸官号，各以权力优劣、部众多少为高下次第焉……异姓有呼延氏、须卜氏，丘林氏、兰氏四姓，为国中名族，常与单于婚姻。呼延氏为左，兰氏、须卜氏为右，主断狱听讼，当决轻重，口白单于，无文书簿领焉"。[2]东汉使匈奴中郎将的主要任务是监视和保护南匈奴，征发其部众共同抵御北匈奴或鲜卑的骚扰。如熹平六年（177），南单于就随中郎将臧旻出雁门击漠北鲜卑檀石槐，大败而还。[3]

到东汉末年黄巾起义爆发之后，以上情况逐渐发生了变化。南匈奴的一支深入东汉并州等地，先后与黄巾起义中的白波、黑山等部联合，参加北方各割据势力的混战。直至建安七年（202）内迁的南匈奴投降曹操为止。建安二十一年（216），曹操对内迁的南匈奴采取一系列措施，不仅改变了以前东汉与南匈奴的关系，而且使南匈奴内部社会也发生了

---

1 《后汉书》卷八九《南匈奴列传》。
2 《后汉书》卷八九《南匈奴列传》。
3 《后汉书》卷九〇《乌桓鲜卑列传》等。

根本的变化。

曹操虽然保留了原来监护南匈奴的护匈奴中郎将的建置，但是分原南匈奴为五部，每部又立匈奴中贵者为帅，选汉人为司马监督之。这是因为南匈奴内迁之后，原来的部落组织已经遭到破坏，曹操按地域人为地将其重新划定为五部。而且选汉人为司马，深入每部进行监督。这无疑加强了东汉政府对内迁南匈奴的统治。其五部是：左部统万余落，居于太原故兹氏县（今山西汾阳南）；右部统六千余落，居祁县（今山西祁县）；南部统三千余落，居蒲子县（今山西隰县）；北部统四千余落，居新兴县（今山西忻州）；中部统六千余落，居大陵县（今山西文水县东北）。[1] 共计约三万落，一落按七口计，有二十余万人。五部部帅大都由单于子弟担任，已知的如原单于于扶罗子刘豹为左贤王，兼左部帅。

在曹操分南匈奴为五部的前后，东汉在并州等地的官吏，也采取了一些措施，进一步将匈奴的豪右与其所统的部民分离，致使"单于恭顺，名王稽颡，部曲服事供职，同于编户"[2]。就是说，曹操通过上述措施，逐渐加强了对内迁匈奴的控制，使南单于及其豪帅对部民直接统治逐渐变为间接的统治，南匈奴的部众逐渐成了东汉政府的"编民"。东汉可以直接征调南匈奴部人为"义从"，守塞保边[3]，参加战争。如建安十七年（212）曹操欲击吴国孙权，以东汉尚书令发

---

1 见《晋书·北狄匈奴传》；同书《刘元海载记》等。
2 《三国志·魏书》卷一五《梁习传》，详细论述见后。
3 《三国志·魏书》卷三《明帝纪》云：青龙元年（233），"秋九月，安定保塞匈奴大人胡薄居姿职等叛……"此明言为"保塞匈奴"。

布的《檄吴将校部曲文》中云："……今者枳棘剪扦，戎夏以清。万里肃齐，六师无事。故大举天师百万之众，与匈奴南单于呼完厨（呼厨泉）及六郡乌桓、丁令、屠各……自寿春而南。"[1]

东汉延康元年（220），曹丕建立魏，取代东汉政权。在曹魏政权的统治下，入居并州等地的南匈奴得到进一步发展，很少有反乱之事发生。到魏嘉平三年（251），原匈奴五部中的左部帅刘豹势力增强，并五部为一部。[2] 于是有城阳太守邓艾上言："今单于之尊日疏，外土之威浸重，则胡虏不可不深备也。闻刘豹部有叛胡，可因叛割为二国，以分其势。去卑功显前朝，而子不继业，宜加其子显号，使居雁门。离国弱寇，追录旧勋，此御边长计也。"又陈："羌胡与民同处者，宜以渐出之，使居民表崇廉耻之教，塞奸宄之路。"[3] 当时掌握魏政的司马师虽纳艾之言，但事实上并未分割匈奴部众，亦未渐出匈奴之众，使之与汉民分离。直至魏咸熙年间（264～265），曹魏才因南匈奴一部太强，"分为三率"[4]。

二　西晋初匈奴的继续内迁及其社会地位的变化

曹魏咸熙二年（265），司马氏取魏政权而代之，建立晋，史称西晋。西晋初，塞外的匈奴及其统治下的其他部落，因占有漠北草原的鲜卑势力的压迫及遭大水灾，又大批向内地迁徙。现仅就文献所载，分述如下。

---

1 《汉魏六朝百三家集》卷二八，四库全书文渊阁本。
2 《三国志·魏书》卷二八《邓艾传》云："是时并州右贤王刘豹并为一部……"
3 《三国志·魏书》卷二八《邓艾传》。
4 《晋书·江统传》。

（一）西晋武帝泰始初年，有"塞泥、黑难等二万余落归化，帝复纳之，使居河西故宜阳城下"[1]。

（二）咸宁三年（277）有"西北杂虏及鲜卑、匈奴、五溪蛮夷、东夷三国前后十余辈，各帅种人部落内附"[2]。内附匈奴人数不详。

（三）咸宁五年（279）"三月，匈奴都督拔弈虚帅部落归化"[3]。

（四）同年"冬十月戊寅，匈奴余渠都督独雍等帅部落归化"[4]。

（五）太康五年（284）有"匈奴胡太阿厚率其部落二万九千三百人归化"[5]。

（六）太康七年（286）"又有匈奴胡都大博及萎莎胡等各率种类大小几十万余口，诣雍州刺史扶风王骏降附"[6]。

（七）太康八年（287），"匈奴都督大豆得一、育鞠等复率种落大小万一千五百口，牛二万二千头，羊十万五千口，车庐什物不可胜纪，来降，并贡其方物，帝并抚纳之"[7]。

仅上述匈奴投归西晋的人数，就至少二十余万口，他们与汉魏时的南匈奴一样都是自愿迁徙的，当然也有西晋统治

1 《晋书·北狄匈奴传》。
2 《晋书》卷三《武帝纪》。
3 《晋书》卷三《武帝纪》。
4 《晋书》卷三《武帝纪》。
5 《晋书》卷九七《北狄传》；《资治通鉴》卷八一，晋武帝太康五年条又云："帝处之塞内河西。"
6 《晋书·北狄匈奴传》。
7 《晋书·北狄匈奴传》。

阶级招诱的因素在内。西晋统治者将这些内迁的匈奴安置在何处，不十分清楚。《晋书·北狄匈奴传》记泰始初，塞泥、黑难等二万余落投晋后，接着说："后复与晋人杂居，由是平阳、西河、太原、新兴、上党、乐平诸郡靡不有焉。"平阳、西河、新兴、太原，自东汉末年以来就居住了不少的南匈奴人；上党、乐平属并州，也有不少匈奴居住。又，《资治通鉴》卷八一，晋武帝太康元年（280）记侍御史西河郭钦上疏曰："魏初民少，西北诸郡，皆为戎居，内及京兆、魏郡、弘农，往往有之。今虽服从，若百年之后有风尘之警，胡骑自平阳、上党不三日而至孟津，北地、西河、太原、冯翊、安定、上郡尽为狄庭矣。"又云："……裔不乱华，渐徙平阳、弘农、魏郡、京兆、上党杂胡，峻四夷出入之防，明先王荒服之制，万世之长策也。"[1] 由此知匈奴及杂胡几乎遍于西北诸郡，今甘肃、宁夏、陕西、山西、河北均有匈奴的部众；而其势力最大、人口最为集中的地区，还是并州诸郡及河东郡一带。

值得注意的是，晋初迁入的所谓"匈奴胡"，并不一定都是真正的匈奴部众，也有许多是为匈奴统治的部族。《晋书》的撰者则统称之为"北狄"或"匈奴"；《北狄匈奴传》里记载的入居塞内的部落有十九种之多。即"屠各种、鲜支种、寇头种、乌谭种（《太平寰宇记》[以下简称《寰宇记》]作'乌檀种'）、赤勒种（《寰宇记》作'赤勤种'）、捍蛭种（《寰宇记》作'捍蛭种'、《册府元龟》作'捍蛭种'）、黑狼种、赤沙种、郁鞞种、萎莎种（《寰宇记》作'萎莎种'）、

---

1 后一段引自《晋书·北狄匈奴传》。

秃童种（《寰宇记》作'秃重种'）、勃蔑种（《寰宇记》作'勃茂种'）、羌渠种、贺赖种、钟跂种（《寰宇记》作'钟跂种'）、大楼种、雍屈种、真树种、力羯种，凡十九种，皆有部落，不相杂错"。据马长寿先生的研究，内真正属匈奴族的仅有屠各、贺赖，疑为匈奴的有赤沙；赤勤，亦即赤勒，也就是丁零，南北朝时亦称敕勒（高车）；原为匈奴统治的部族有羌渠、力羯，原系羯胡，即十六国时建立后赵的石勒一族。[1] 其余诸种因资料缺乏，不可详考。

由此可见，《晋书·北狄匈奴传》所说北狄入塞的十九种中，屠各是泛指匈奴而言，即到魏晋时，内地汉人将内迁的匈奴统称为"屠各"。所谓"屠各最豪贵，故得为单于，统领诸种"[2]，就是指北狄中匈奴（屠各）最豪贵，单于均出此种，统领其余诸种。[3]

晋初统治者基本沿汉魏以来对内迁匈奴部众的政策。泰始年间，西晋统治者将曹魏末年分为三率的匈奴部众，"又增为四"[4]，后又增为五部。此五部匈奴的分布地区，大致同于东汉末曹操掌权的时期所分布的五县之地，仍主要集中在并州，故史籍又称之为"并州之胡"。至晋太康时（280～289），晋朝统治者又改五部帅为"都尉"，各部都尉皆以原南匈奴单于后裔任之，"然皆家居晋阳汾、涧之滨

1　见《北狄与匈奴》，第92～100页。

2　《晋书·北狄匈奴传》。

3　《北狄与匈奴》及唐长孺先生《魏晋杂胡考》（载《魏晋南北朝史论丛》，三联书店，1978），皆以为刘渊为屠各族，故最豪贵，得为单于；或云此句仅适用于刘渊起事之后。此说恐不确，详细考证见后。

4　《晋书·江统传》云："泰始之初，又增为四。"

（即今山西太原汾水之滨）"。[1]晋元康九年（299）晋太子洗马江统所作《徙戎论》说："并州之胡，本实匈奴桀恶之寇也……今五部之众，户至数万，人口之盛，过于西戎。然其天性骁勇，弓马便利，倍于氐、羌。若有不虞风尘之虑，则并州之域可为寒心。"[2]江统所论，证明并州匈奴仍为五部，且人口众多，势力逐渐强大，以致引起晋朝某些官吏的注意，提出徙之出并州的建议。但是，江统之流所提出的"徙戎论"，是建立在"非我族类，其心必异"的民族偏见之上的，故不可取。事实上，内迁的少数民族（包括匈奴）已逐渐汉化，再企图强迫他们迁徙是不可能的。

下面我们将东汉至晋初以来内迁匈奴社会地位的变化，做进一步的分析。

东汉建武时，南匈奴部众开始大批迁入沿边八郡，与汉人杂处，东汉设护匈奴中郎将于单于王庭，进行监护，匈奴单于以"藩臣"的形式向东汉"称臣纳贡"。但是，在南匈奴内部，单于及以下大臣保存了对部众直接统治的权力，保存了原匈奴政权的社会组织和行政体制。广大的匈奴部民仍直接为匈奴单于及各级大臣、贵族所统治，他们的社会地位，基本上仍是匈奴奴隶制社会中的平民与奴隶。而整个匈奴的社会经济仍以游牧经济为主。

可是，随着南匈奴部众不断向内地迁徙，特别是黄巾起义爆发后，一部分南匈奴部众转战在河东及并州诸郡，与汉

---

1 《晋书·刘元海载记》。按，同书《北狄匈奴传》云：南匈奴五部"部帅"改"都尉"在"魏末"时，误。详细考证见上引内田吟风《北亚细亚史研究——匈奴篇》，第288～289页。
2 《晋书·江统传》。

族的接触更为频繁。原北方汉族的农业经济、政治和文化对他们的影响日益加深，这是匈奴内部社会经济、阶级关系发生重大变化的主要因素之一。同时，东汉、魏、晋的统治者为了补充劳动力和扩大兵员，逐渐加强了对内迁匈奴的控制。他们采取了一系列措施，首先使南匈奴的统治阶级丧失对匈奴部众直接统治的权力。他们虽然保留着原匈奴行政组织系统的官号，但又接受魏、晋所给予的封号（如部帅、都尉等），对部众只能间接统治了。这种情况，正如刘渊的从祖刘宣所说："自汉亡以来，魏、晋代兴，我单于虽有虚号，无复尺土之业，自诸王侯，降同编户。"[1]

就是魏、晋所封匈奴王侯的五部帅（都尉），也只是名义上的，无实际权力，故其五部都尉皆家居于晋阳汾、涧之间。匈奴王侯贵族既然已经"降同编户"，那么一般匈奴部民的社会地位就可想而知了。匈奴部民有的变成魏、晋统治阶级的"义从""勇力吏兵"，四处为统治者打仗；有的则沦为汉族世家豪门的"部曲""田客"；还有的甚至沦为汉族豪右的"奴隶"。这样，广大的匈奴部民深受来自本民族统治者和汉族统治者的双重压迫和剥削，他们与魏、晋统治阶级的矛盾，就具有民族和阶级的双重矛盾。此时内迁匈奴的经济，也基本上被纳入了内地封建的、自给自足的经济系统之中。

内迁匈奴社会地位的这种变化是怎样产生的呢？下面试举东汉建武十一年后任并州刺史的梁习所采取的措施为例，加以说明。《三国志·魏书》卷一五《梁习传》云：

---

1 《晋书·刘元海载记》。

第 一 章
汉末至晋初匈奴族的内徙及其活动

梁习字子虞……并土新附，习以别部司马领并州刺史。时承高幹荒乱之余，胡狄在界，张雄跋扈，吏民亡叛，入其部落；兵家拥众，作为寇害，更相扇动，往往棋跱。习到官，诱谕招纳，皆礼召其豪右，稍稍荐举，使诣幕府；豪右已尽，乃次发诸丁强以为义从，又因大军出征，分请以为勇力；吏兵已去之后，稍移其家，前后送邺，凡数万口；其不从命者，兴兵致讨，斩首千数，降附者万计。单于恭顺，名王稽颡，部曲服事供职，同于编户。边境肃清，百姓布野，勤劝农桑，令行禁止……后单于入侍，西北无虞，习之绩也。

梁习对并州的"胡狄"（主要指匈奴），首先是采取将匈奴王侯、豪右与其所领部众分立的措施，先"皆礼召其豪右"到幕府任职，然后处置其部众，或"发诸丁强为义从"出征，或因大军争战，使之为"勇力"（士卒）。这样，匈奴王侯、豪右失去了对所领部众的直接统治，部众丁壮则被征发服役，同于编户。其次，在匈奴各部丁壮被调发服兵役后，梁习又将他们的家属从并州诸郡迁至邺城，前后数万人，目的在于进一步控制匈奴部众，以家属为质任，随便驱使。最后，对于不服从上述调动的匈奴部众，则采取武力镇压的方针，即所谓"其不从命者，兴兵致讨"，结果是"斩首千数，降附者万计"。通过以上三个步骤政策的实施，基本使匈奴单于及王侯、豪右失去了直接统治其部民的权力，势单力薄，恭顺、稽颡；而一般部民"服事供职，同于编户"。

至建安二十一年（216），曹操留南单于呼厨泉于邺，以右贤王去卑还平阳监国，分匈奴为五部等。这一措施之所以能顺利实施，与梁习先于并州采取上述分化瓦解匈奴的"三部曲"政策不无关系。曹操的措施，则以法律的形式，更为全面地起到了分化瓦解匈奴部众，改变他们社会地位的作用。

降为编户的匈奴部众是否同魏、晋其他编户一样，向国家缴纳赋税呢？据史籍记载，内迁的其他少数民族如乌丸、鲜卑、氐、羌，有的是要向魏、晋国家缴纳赋税的。如《三国志·魏书》卷二六《牵招传》云：招出为雁门太守，"既教民战阵，又表复乌丸五百余家租调，使备鞍马，远遣侦候"。又，《晋书》卷二六《食货志》亦记："又制户调之式：丁男之户，岁输绢三匹，绵三斤，女及次丁男为户者半输。其诸边郡或三分之二，远者三分之一。夷人输賨布，户一匹，远者或一丈。"又云："远夷不课田者输义米，户三斛，远者五斗，极远者输算钱，人二十八文。"可见，晋朝是要向少数民族征收户调的，虽然其数目较一般汉民为少。从目前所见的资料来看，还未发现魏、晋王朝向内迁匈奴征收赋税之例。根据以上记载，作为"编民"的部分内迁匈奴部众可能也是要向魏、晋缴纳赋税的。

上述《三国志·魏书》卷十五《梁习传》还提到，习在并州"勤劝农桑，令行禁止"，这是对州境内所有各族人民而言的，其中当然也包括内迁的匈奴。即是说，到东汉末年，内迁匈奴部众已有一部分开始从事农业。关于此，我们还可以从匈奴部众有一部分沦为"田客"的记载里得到证明。《晋书》卷九三《王恂传》云：

第 一 章
汉末至晋初匈奴族的内徙及其活动

> 魏氏给公卿已下租牛客户各有差，自后小人惮役，多乐为之，贵势之门动有百数。又，太原诸部亦以匈奴胡人为田客，多者数千。

此段前一部分是说魏时统治者给公卿以下官吏租牛、客户（即部曲、佃客），而原属政府的农民为了逃避繁重的赋役，多投至贵势之家作佃客。后一部分则是说在并州太原诸郡亦有一些内迁匈奴部众沦为"田客"，数目多至数千。说明内迁匈奴有一部分由原匈奴的部落民变成从事农业的"田客"，成为内地汉族封建制度下依附关系较强的"佃客"。

还有的匈奴部众命运更为悲惨，他们沦为汉族封建地主阶级的奴隶。《三国志·魏书》卷二二《陈泰传》云：

> 正始中（240～249），徙游击将军，为并州刺史，加振威将军，使持节、护匈奴中郎将，怀柔夷民，甚有威惠。京邑贵人多寄宝货，因泰市奴婢，泰皆挂之于壁，不发其封，及征为尚书，悉以还之。

内云京邑贵人寄宝货与陈泰买奴婢，当然主要是指并州的"夷民"奴隶，所谓"夷民"，应是匈奴。陈泰没有买奴婢，而是最后归还宝货，《晋书》撰者特为此事扬泰，正说明除陈泰之外的并州官吏买卖包括内迁匈奴在内的奴婢之风，是很盛行的。这些被买卖的奴婢，可能大部分是因贫困无以为生而沦为奴隶的。另有一种少数民族奴婢（包括匈奴），是统治阶级用武力掠夺而来，然后加以转卖的。羯胡石勒的遭遇就是最好的例证。《晋书》卷一〇四《石勒载记》云："石勒，字世龙，初名訇，上党武乡羯人也……会建威将军阎粹说并州刺史东瀛公腾执诸胡于山东卖充军实，腾使将军郭阳、张隆虏群胡，将诣冀州，两胡一枷。勒时年二十余，亦在其中，数为隆所殴辱。"而魏、晋统治者在镇压匈奴等族人民反抗之后，往往也将俘虏赏赐给有功的将士，这些俘虏也大多沦为奴隶。

三　刘渊的族姓

刘渊是汉赵国的创建者，是内迁匈奴贵族。中国史籍均称其族姓为南匈奴单于后裔。如《太平御览》卷一一九引《前赵录》、《晋书·刘元海载记》等皆记：南匈奴单于"于扶罗死，弟呼厨泉立，以于扶罗子豹为左贤王，即元海之父也"。也就是说，刘渊是南匈奴单于于扶罗之孙，刘豹之子，姓虚连题氏，后改刘氏，是史籍所载刘渊一族为内迁南匈奴单于后裔甚明。这本来是不会有什么问题的。可是，近代以来中外学者皆以为史籍所叙刘渊出于南单于后裔不确，只是刘渊为了号召匈奴部众而伪托的说法，渊一族应为屠各。[1]他们的论据主要有以下几点。

第一，中国史籍多次称刘渊一族为"屠各"。如《晋书》卷六三《李矩传》靳准称刘渊为"屠各小丑"；同书《刘元海载记》云王弥骂刘曜："屠各子岂有帝王之意乎"；孙盛《晋阳秋》云刘聪（渊子）为"屠各人"；《魏书·卫操传》云"屠各匈奴刘渊"；《晋书》卷六二《刘琨传》卢谌等上表云"屠各乘虚，晋阳沮溃"，此指刘粲（聪子）陷晋阳

1　姚薇元：《北朝胡姓考》，中华书局，1962；上引唐长孺《魏晋杂胡考》；上引马长寿《北狄与匈奴》；上引林干《匈奴史》；王仲荦：《魏晋南北朝史》，上海人民出版社，1981；等等。

事；同书《刘曜载记》云石勒灭前赵"坑其王公等及五郡屠各五千余人于洛阳"；《南齐书》卷五七《魏虏传》："并州刺史刘琨为屠各胡刘聪所攻"；等等。

第二，《魏书》卷一《序纪》云："匈奴别种刘渊反于离石，自号汉王。""所谓'别部''别种'乃是服属于一个主要部族的其他部族或部落，魏收称刘渊为匈奴别种就说明其非南单于一族。"结合上引《魏书·卫操传》之文，"就可知道与刘渊同时的近邻拓跋族内很清楚刘渊乃是屠各族"。[1]

第三，唐长孺先生还以《晋书·刘元海载记》所述刘渊世系和事迹有很多疑点，从而认为刘渊称南单于后裔显系伪托。他举出三点。一是《载记》记渊父豹死于秃发树机能反晋之后，即泰始十年（274），而其为左贤王在呼厨泉始立的东汉兴平二年（195），其间有八十余年，假设刘豹以二十岁左右为左贤王，则死时在百岁左右。刘渊生于嘉平中（249～253），则刘豹生他时已超过七十一岁，有点不近情理。二是《载记》称："会豹卒，以元海代为左部帅"，似乎豹卒于任上，但《晋书》卷三《武帝纪》云泰始八年（272）"左部帅李恪杀（刘）猛而降"。同书《北狄匈奴传》作"乃潜诱猛左部督李恪杀猛"，左部督即左部帅。"假使刘豹卒后即由刘渊继任，试问何时安插这个李恪。"三是刘渊确为新兴人。"但刘渊既是北部人，何以作左部帅，李氏（指李慈铭《晋书札记》）这个问题却提得很有意思。刘豹以左贤王应为左部人，何以父子异部呢……我们知道部落酋长是不能像地方官那样随便调动的，刘渊以北部人统左部，又从左

1　见上引唐长孺《魏晋杂胡考》。

部调回北部是难以理解的。又,《刘元海载记》称成都王颖拜刘渊为北单于,此时早已没有北匈奴,何来北单于,且南单于此时也已虚位,假使刘渊为南单于嫡裔,为什么不叫他当南单于?这些纠纷都由于刘渊本非南单于之族而发生,他实是北部屠各人,领北部都尉,所以任之为北单于。"[1]

以上所列举的证据,看来是十分充分的,但是如果我们仔细地分析一下,问题仍然很多。问题的关键在于:"屠各"这一名称的内涵,到魏晋时期已经发生了变化,已经不仅是原来意义上的"屠各"了。众所周知,"屠各"一名,文献又作"休屠各""休屠""休著屠各"等,"屠各"应为"休屠各"之简称。此名源于秦汉时据今甘肃武威一带的匈奴休屠王之"休屠"。汉武帝元狩二年(140),匈奴浑邪王杀休屠王,并其众数万降,西汉将其分处于边五郡塞外,置属国以处之。以后即称散处于五郡属国的原休屠王后裔及其部众为"休屠"或"屠各"。从汉代以来,史籍所记屠各的姓氏多有王、金、张、卜、李、郭、成等汉族姓氏,且一些著名的屠各豪右,如陇城的王擢一族,汉化很深。[2]而狭义的"屠各",即指汉代休屠王后裔及其部众,为匈奴的一支,故史籍有时称为"屠各匈奴"。

到魏晋时期,纯粹的所谓"匈奴部族实际上已不存在"[3]。而大体上视原匈奴部众与其他民族融合情况,出现了许多新的部族集团,他们或以新的名称,或以旧的名称出现

1 以上均见唐长孺《魏晋杂胡考》。
2 见拙作《甘肃张家川出土北魏"王真保墓志"试析》,《四川大学学报》1978年第3期。
3 见上引唐长孺《魏晋杂胡考》。

在中国史籍之中。一般说来，主要有下列几种：一是匈奴（包括南匈奴）主要与汉族融合，魏晋时则沿以前狭义"屠各"的名称，统称为"屠各"。如上述《晋书》《魏书》之称内迁南匈奴单于及部众为"屠各"，就是明证。唐杜佑《通典》卷八七注云："头曼、冒顿即屠各种也。"即认为原匈奴单于一族也是屠各。此时"屠各"一名，已不仅指原休屠王后裔及部众的狭义的屠各，而且泛指已汉化或正在汉化的匈奴的广义的屠各了。二是匈奴与鲜卑族为主的融合，魏晋时则有"拓跋鲜卑（秃发鲜卑）""宇文鲜卑""铁弗匈奴"等。三是匈奴与其他杂胡的融合，则有"卢水胡""稽胡"。此外，在魏晋南北朝时期，还有一些原属匈奴统治的其他民族的部落集团，如属羌渠、力羯种的羯胡，原为匈奴牧奴的"费也头"，原为匈奴奴婢的"赀虏"等。[1]

对内迁的二十余万的南匈奴来讲，他们到魏晋时已分化出两支：一支即深入并州诸郡，以于扶罗子刘豹为首的一部，因与汉人杂处，逐渐汉化，故当时人称豹及其子渊一族及所领南匈奴部众为"屠各"；另一支在新兴北，以南匈奴右贤王去卑为首的一部，因与南下的鲜卑族杂处，逐渐融合，故当时人称去卑子孙刘虎等为"铁弗"，意为"胡（匈奴）父鲜卑母"的后代。[2]这两支南匈奴在十六国时期均先后建立过政权，即汉赵国和夏国（赫连夏）。刘渊一族原确系南匈奴单于后裔，史籍称其为"屠各"，系因魏晋时"屠各"已成为匈奴，特别是与汉族融合的匈奴的泛称。《晋

1　参见拙文《赀虏与费也头》，载《文史》第23辑，中华书局，1984。
2　《魏书》卷九五《铁弗刘虎传》。

书·北狄匈奴传》所列入塞的北狄十九种中，并无匈奴之名，而只有屠各之名，且云"屠各最豪贵，故得为单于"。这恰好证明，魏晋时"屠各"已为匈奴单于及其部众的泛称。

如果我们仔细研究上引诸书称刘渊一族为屠各的资料，就会发现诸书不仅称刘渊为屠各，甚至亦称并州五部的匈奴（即内迁南匈奴）为屠各。如《晋书·刘曜载记》云石勒灭刘曜，"坑其王公等及五郡屠各五千余人于洛阳"，其中"五郡屠各"正是指原五部匈奴。至于《魏书·序纪》称刘渊一族为"匈奴别种"，如按狭义的"屠各"（即休屠王部众）去解释，也是讲不通的，因为屠各本是匈奴的一支，而非"别种""别部"。依我之见，《魏书》称刘渊为"匈奴别种"的意思，乃是广义的屠各（即汉化的匈奴），如此，说渊为别种倒还说得过去。

另外，从上述南匈奴内迁的历史来看，南匈奴单于率二十余万部众逐渐由沿边八郡迁入并州等地，而建国于并州及河东郡的汉赵国的统治阶级及部众，应主要是南匈奴，这是毫无疑义的。而汉代的屠各（即狭义的屠各），原来居于甘肃河西，后迁于沿边五郡之地。汉代以后，他们主要分布在秦陇和凉州地区，其次在朔方、太行山东麓、渭北等地；而南匈奴聚居的并州等地，真正的汉代屠各是很少的，唐长孺先生等所谓的"并州屠各"，实指刘渊一族及南匈奴部众。匈奴的卜氏、乔氏，文献也称之为"屠各"，但卜氏原系汉代匈奴贵族须卜氏，乔氏是汉代匈奴贵族丘林氏，均非汉代屠各。这从另一个方面证明，魏晋时所称的"屠各"已非原来的屠各，而是泛指匈奴，特别是汉化的匈奴了。

至于《晋书·刘元海载记》所记世系及事迹的几个疑点，大部分是可以解释清楚的。如关于刘豹生渊时年龄是否超过了七十岁，唐先生是以假设刘豹二十岁左右为左贤王为前提的，这仅是一种假设，匈奴单于子弟在未成年时任左、右贤王，是完全可能的。假设刘豹七八岁任左贤王，那么他五十余岁生刘渊就合乎情理了。因为文献记载简约，各种假设均有可能，故不能以此否定刘豹为渊父。又如左部帅刘豹死后其子渊继任左部帅，其间为何又出现"左部帅李恪"一事。按，《晋书·北狄匈奴传》等云李恪为刘猛的"左部督"（左部帅），这与刘渊所任匈奴五部帅中的"左部帅"并非一职；其次《晋书》卷五七《胡奋传》记"刘猛帐下将李恪斩猛而降"，到底"帐下将""左部督（帅）"哪一个正确，也很难骤下结论。

再如刘渊父子为新兴（北部）人，为何不为北部帅（都尉），而任左部帅？渊任左部帅，为何后又任北部帅（都尉）、北单于呢？这些问题是很容易理解的。如前所述，魏晋时南匈奴单于、王侯对自己所领部属的关系已由直接统治变为间接统治；魏、晋统治者往往将他们调离本部落，或为幕府，或任其他部帅（都尉），以分而治之。而以南单于及其后裔为首的匈奴贵族、豪右虽有单于、王侯的名号，部帅、都尉的封号，但无实际管理部落的权力。这正如上引刘宣的言论："自汉亡以来，魏、晋代兴，我单于虽有虚号，无复尺土之业。自诸上侯，降同编户。""刘氏虽分居五部，然皆家居晋阳汾、涧之滨。"刘渊之任左部帅或北部都尉不过是晋朝所封的虚号，都是由晋朝统治者根据其分化政策的需要而改变的。当然，在晋朝某个时期，为了某种需要，也遣一些部都尉返其所统之部，征集军队或驻防该部。如《水经注》卷六《汾水》云："汾水之右有左部城，侧临汾水，盖刘渊为晋都尉所筑也。"

日本学者内田吟风在其所著《北亚细亚史研究——匈奴篇》一书中，详细论述了刘渊一族系出自南匈奴单于一族（虚连题氏），并认为刘渊一族及匈奴乔氏、卜氏、兰氏等皆为屠各种。[1]但是，他忽略了"屠各"即休屠各、休屠的略称，忽略了自汉代以来休屠王后裔及部众也称屠各（即狭义的"屠各"）的事实，笼统地把魏晋时匈奴单于一族及其他匈奴混称为"屠各"，因此遭到国内学者们的反对。[2]但是，他论证刘渊的族姓为南单于后裔，还是可取的。

总之，我们相信史籍确切记载刘渊一族的族姓是南匈奴单于的后裔，原姓虚连题氏，后改为刘氏；至于史籍又称其为"屠各"，是因魏晋时事实上纯粹的匈奴部族已不复存在，屠各一名已变为对匈奴，特别是汉化了的匈奴泛称。

1　见该书第 280～284 页等，原刊于《史林》一九卷 2 号，1934。
2　如上述唐长孺《魏晋杂胡考》内云："……内田吟风氏曾引史籍以证刘渊出于屠各……可是内田意在证成屠各为匈奴王族，所以又引杜佑的话'头曼、冒顿即屠各种也'。我认为屠各决不能与头曼、冒顿相混……"

晋代阶级矛盾、民族矛盾的激化及统治阶级的内乱

〖第二章〗

一　晋代阶级矛盾和民族矛盾的激化

西晋建立后，晋武帝司马炎于太康元年（280）灭吴，统一了全国。史称"是时天下无事，赋税平均，人咸安其业而乐其事"。事实上，这不过是史家被晋初表面上的"太平"所迷惑而做出的错误判断。晋初，武帝虽然对曹魏以来的政治、经济制度做了一些改革，但基本上仍承汉以来之积弊，且继续恶化，阶级矛盾和民族矛盾日益尖锐。

首先，晋承汉魏以来的世族制度，豪门世族集团的势力进一步发展。他们凭借政治上和经济上的特权，垄断中央和地方的要职，占有大量土地，荫庇宗属、宗族和佃客，拥有大批奴隶。他们是西晋封建政权上层的一个特殊阶层。世族豪门地主与庶族地主（包括地方豪强地主、富商巨室、少数民族的豪贵等）就构成了西晋的统治阶级。世族与庶族地主阶级直接压迫和剥削的是佃客、部曲和奴婢，还有大量属于国家控制的自由农民，即所谓的编户农民。佃客、部曲、奴婢及编户农民、小手工业者就构成了西晋封建社会中的被统治阶级。前者对后者的压迫和剥削以及后者的反抗，是西晋社会的基本矛盾，即地主阶级与农民阶级的矛盾。

西晋建国后，由于自魏以来实行的屯田制已失去了意义，故晋朝颁布了占田课田法，以加强对农民的剥削，巩固地主阶级对土地的永久占领。占田法规定了各级官员依品位占田、荫户的数目，一品官占田五十顷、荫户（佃客）无过五十户，以下依次递减，最低的九品官可占田十顷、荫一户。[1]这是以法律形式承认世族官僚占有土地和荫户的特权。至于一般的编户，占田法规定："男子一人占田七十亩，女子三十亩。其外丁男课田五十亩，丁女二十亩，次丁男半之，女则不课。"[2]又据《晋书》卷一四《地理志》载："太康元年，平吴，大凡户二百四十五万九千八百四十，口一千六百一十六万三千八百六十三。"其总户数，只占东汉冲帝永嘉元年（145）总户九百九十三万的百分之二十五弱。而日益庞大的官僚机构的财务开支、军费都压在这二百多万国家编户之上，所以统治者只有加重对编户的剥削。如晋初，国家对一般编户农民征收的田租比东汉末曹操时增加了一倍，户调增加了二分之一，[3]而且徭役、兵役繁重，多误农时。正如泰始初傅玄上疏时所说："……今文武之官既众，而拜赐不在职者又多，加以服役为兵，不得耕稼，当农者之半。南面食禄者参倍于前。"[4]咸宁初，玄子咸上言亦曰："然泰始开元以暨于今，十有五年矣。而军国未丰，百姓不赡，一岁不登，便有菜色者，诚由官众事殷，复除猥滥，蚕食者

1　详见《晋书》卷二六《食货志》。

2　《晋书》卷二六《食货志》。

3　《晋书》卷二六《食货志》："及初平袁氏，以定邺都，令收田租粟四升，户绢二匹而绵二斤"；又，《初学记》卷二七引《晋故事》云：晋泰始三年（267），"凡民丁课田，夫五十亩收四斛，户绢三匹，绵三斤"。

4　《晋书》卷四七《傅玄附子咸传》。

多而亲农者少也。"所以，他大声疾呼："当今之急，先并官省事，静事息役，上下用心，惟农是务也。"[1]

随着晋朝统治阶级的腐朽，政治的黑暗，一般农民的生活更加悲惨。特别是太熙元年（290）惠帝即位后，统治集团内部争权夺利，机构庞大，贿赂公行，对农民加以无休止的压榨，使农民的生活走上了绝境，饥馑遍地。这正如《晋书·食货志》所说："及惠帝之后，政教陵夷，至于永嘉，丧乱弥甚。雍州以东，人多饥乏，更相鬻卖，奔进流移，不可胜数。幽、并、司、冀、秦、雍六州大蝗，草木及牛马毛皆尽。又大疾疫，兼以饥馑，百姓又为寇盗所杀，流尸满河，白骨蔽野。"因此，到永嘉年间，一般农民大都奔进流移，或沦为世族豪右的佃客、奴婢，或"更相鬻卖"，成为流民；最后终于揭竿而起，反抗晋朝的残暴统治。他们就构成了晋末各地流民起义的主体。

西晋编户农民尚且如此，那么荫庇在世族豪门的佃客、部曲及奴隶的命运就更加悲惨了。西晋初，武帝虽几次下令收括荫户，"诏禁募客（佃客）"[2]，而后又颁占田法，限制各官荫户的数目，但是事实上并没有多大的效力。佃客、部曲从晋初以来急剧增多。他们有的原为世家豪门的佃农或同一宗族的人，随着封建人身依附关系的加强，他们身份日益低落，最终变为完全依附于世族豪门的佃客。还有一些编户农民因不堪国家繁重的赋役，投靠贵族豪门，成为荫户佃客，如上引《晋书·王恂传》所云，"魏氏给公卿已下租牛客户

1　《晋书》卷四七《傅玄附子咸传》。
2　《晋书·王恂传》；《晋书·食货志》等。

各有差，自后小人惮役，多乐为之，贵势之门动有百数"。
至于"部曲"，原本主要是两汉以来的军事建制；魏晋时，
随着战争的频繁，部曲也就变成了武装世家豪门的家兵或佃
客，成为且耕且战的耕作者，与佃客没有什么差别了。魏晋
时佃客、部曲的地位比一般农民低，由于人身依附关系的加
强，世族豪门用封建地租的形式占有了他们全部剩余劳动价
值，甚至包括大部分必要劳动。为了达到这一目的，只有采
用"超经济的强制"才能达到。这样，佃客、部曲失去了部
分自由，不得擅自离开主人，被牢固地束缚在土地上，世世
代代隶属于主人。

至于奴隶，地位更为低下，被主人视为"私产"[1]，可以
任意残杀。如石崇每宴宾客，常令美人（奴婢）行酒。客饮
酒不尽者，使黄门交斩美人。一次，客人不肯饮酒，崇竟杀
行酒美人三人。[2] 又，王恺命女妓吹笛，妓有小忘，恺即使
黄门打杀之。[3] 世家大族拥有的奴隶也很多，如王戎"家僮
数百"[4]，石崇有"苍头八百余人"[5]。晋朝的法律还规定奴婢逃
亡或反抗主人要受到各种严刑，直至处以死刑。[6]

以皇帝为首的西晋封建统治阶级日益腐化，政治腐败也
是促使西晋社会基本矛盾激化的一个重要因素。世族豪门集
团凭借着魏以来的九品中正制，垄断了中央和地方的文武官

1　《晋书》卷四六《李重传》引重奏曰："……至于奴婢私产……"
2　《世说新语·汰侈》第三〇。
3　《世说新语》注引《王丞相德音记》。
4　《初学记》卷一八引徐广《晋记》。
5　《晋书》卷三三《石苞附崇传》。
6　见《晋书》卷三〇《刑法志》。

职；又享有占田法规定的占有土地和佃客、占有众多奴隶的特权，日益腐化、奢侈。如晋世家王戎历任太子太傅、中书令、尚书左仆射，领吏部等，其"性好兴利，广收八方园田、水碓，周遍天下。积实聚钱，不知纪极，每自执牙筹，昼夜算计，恒若不足"[1]。晋强弩将军庞宗为"西州大姓"，蓝田令张辅曾"夺宗田二百余顷以给贫户"[2]。又麹允，金城人，"与游氏世为豪族，西州为之语曰'麹与游，牛羊不数头。南开朱门，北望青楼'"。[3]还有晋朝著名的豪富石崇，"劫远使商客，致富不赀"，及抄阅其家，"有司簿阅水碓三十余区，苍头八百余人，他珍宝货贿田宅称是"[4]。王隐《晋书》云其"百道营生，积财如山"。[5]以皇帝为首的统治阶级过着奢侈、腐化的生活，逐渐走上末途。

晋武帝即位初，多次下诏大弘俭约，可是平吴之后，日益奢侈腐化，后宫妃妾就近万人。上行下效，贵戚豪门竞相争奇斗富，淫逸腐化。如丞相何曾"性奢豪，务在华侈。帷帐车服，穷极绮丽，厨膳滋味，过于王者……食日万钱，犹曰无下箸处"。其子邵，"骄奢简贵，亦有父风。衣裘服玩，新故巨积。食必尽四方珍异，一日之供以钱二万为限"。[6]侍中王济也"性豪侈，丽服玉食"，尝以人乳蒸肫，晋武帝食后，色甚不平，食未毕而去。"时洛京地甚贵，（王）济买地

1 《晋书》卷四三《王戎传》。
2 《晋书》卷六〇《张辅传》。
3 《晋书》卷八九《麹允传》。
4 《晋书·石崇传》。
5 《初学记》卷一八注引。
6 《晋书》卷三三《何曾附子邵传》。

为马埒，编钱满之，时人谓为'金沟'。"[1] 石崇更是"后房百数，皆曳纨绣，珥金翠。丝竹尽当时之选，庖膳穷水陆之珍。与贵戚王恺、羊琇之徒以奢靡相尚"，[2] 争奇斗富。《世说新语·汰侈篇》记载说："石崇与王恺争豪，并穷绮丽，以饰舆服。"又举一例云："武帝，恺之甥也，每助恺。尝以一珊瑚树，高二尺许赐恺。枝柯扶疏，世罕其比。恺以示崇。崇视讫，以铁如意击之，应手而碎。恺既惋惜，又以为疾己之宝，声色甚厉。崇曰：'不足恨，今还卿。'乃命左右悉取珊瑚树，有三尺、四尺，条干绝世，光彩溢目者六七枚，如恺许比甚众。恺惘然自失。"

统治阶级的奢侈腐化是建筑在广大农民、佃客和奴隶的血汗之上的。他们除了食用田租、户税之外，还想尽办法掠夺财富。从晋武帝起，就卖官鬻爵，刘毅曾当武帝之面说其不如东汉桓、灵二帝，因为"桓、灵卖官，钱入官库"，武帝卖官，钱入私门。[3] 统治阶级敛聚财富，使"纲纪大坏，货赂公行，势位之家，以贵陵物，忠贤路绝，谗邪得志，更相荐举，天下谓之互市焉"。[4] 当时南阳鲁褒作《钱神论》以讥之，这就不难理解，西晋统治阶级为什么要加重对农民的压榨，而这样做必然导致地主与农民的阶级矛盾日趋激化。

晋初以来，除了社会的基本矛盾日趋尖锐之外，更为突出的还是民族矛盾的激化。

中国自秦汉以来就成为一个统一的多民族国家。至东汉

1 《晋书》卷四二《王浑附济传》。

2 《晋书·石崇传》。

3 《晋书》卷四五《刘毅传》。

4 《晋书·惠帝纪》。

末年内地军阀混战，北方的经济遭到严重破坏，人口大量减少，于是四周的少数民族或出于自愿，或为汉族统治者所诱迫，大量迁入内地。而汉族统治者为了扩大兵员，获得劳动力，也愿意各族内迁。上面我们已经对北方的南匈奴及附属各部内迁的情况作了叙述。除匈奴之外，内迁的民族主要还有氐、羌、乌丸、鲜卑等。氐、羌自秦汉以来，主要居住在陇右、河西（包括今青海），东汉以后即大量迁入陕西关中等地。故江统《徙戎论》云："关中之人百余万口，率其少多，戎（氐羌）、狄（匈奴、卢水胡、羯胡等）居半。"乌丸、鲜卑原属东胡，主要居地在今东北，汉魏以来也大量迁入内地。乌丸主要迁于幽、并二州；鲜卑则在幽、并二州之北，晋初以拓跋鲜卑（在漠南）和慕容鲜卑（在辽东）势力最强。此外，还有相当多的鲜卑内迁到陇右、河西一带。[1]内迁各族的总数，据《晋书》卷二《文帝纪》引魏元帝景元四年（263）诏曰，内迁各族达"八百七十余万口"，约占晋太康元年全国总人口一千六百多万的一半。事实上可能没有那么多，因晋太康元年（280）全国总人数是指编户，其余佃客、部曲、奴婢未统计在内；而内迁各族有的只是表示臣属，不一定真正内迁。无论怎样，以上数字至少说明魏晋以来，内迁各族的人数是很多的。

内迁的氐、羌、乌丸、鲜卑等族，大致与内迁的南匈奴各部一样，大多保留了原来的部落组织形式，由魏晋地方官吏或特别设置的校尉统治，如护羌校尉、护乌桓校尉等。还

1　见拙文《魏晋十六国时期鲜卑族向西北地区的迁徙及其分布》，《民族研究》1983 年第 5 期。

有的地区，如关中，魏晋统治者还设置"护军"，统治羌、氐等族。内迁各族的社会地位，也大致与内迁南匈奴一样，发生了变化：有的保留了原部落的形式，有的则解散了原来部落，成为"编户齐民"[1]；还有的变成了世族豪门的佃客、部曲或奴隶。所有内迁各族都要为汉族统治阶级服兵役，经常被征调，四处打仗；有的还要向统治者缴纳租调，遭到残酷的压迫和剥削。他们所受的压迫和剥削是双重的，既有民族的也有阶级的。

对于内迁各族的单于、王侯及酋豪来说，他们与魏晋汉族统治阶级也存在民族矛盾。自内迁后，他们逐渐失去了往日统治本民族人民的权力，"虽有虚号，无复尺土之业，自诸王侯，降同编户"。因此，他们梦寐以求的是恢复和扩张自己的势力，"兴邦复业"，如原南单于后裔刘渊的起兵就是如此。内迁的各族人民与汉族统治阶级的矛盾，则与此有本质的不同，他们之反对晋朝统治阶级，是为了解除所受的压迫和剥削，反对统治阶级对他们的歧视。

由于内迁各族人民受到汉族统治阶级的双重压迫和剥削，故他们比一般汉族人民所受的压榨更为残酷。但是，在晋泰始以前，内迁各族与当地汉族人民相处得还是比较好的，很少发生恃其强悍而侵夺他族或反抗朝廷的事。这说明刚内迁不久的各族人民与魏晋统治阶级的民族矛盾和阶级矛盾还比较缓和，汉族统治阶级对他们的压迫未深。可是，汉族统治阶级对内迁各族人民是歧视的，视之为野蛮人，处

---

1 如晋初关中各族人民起义首领氐族齐万年，就是一个"编户齐民"，见《文选》卷二〇《关中诗一首》李善注。

处加以防范，所谓"非我族类，其心必异"，就是他们一致的看法。早在曹魏嘉平三年（251）邓艾上言中就说："戎狄兽心，不以义亲，强则侵暴，弱则内附……羌、胡与民同处者，宜以渐出之，使居民表崇廉耻之教，塞奸宄之路。"然而，正是这个邓艾在主陇右军事之后，为了扩充兵员，竟将数万鲜卑迁入雍、凉间，与汉人杂处。[1] 晋泰始四年（268），傅玄上疏中亦说："……臣以为胡夷兽心，不与华同，鲜卑最甚。本邓艾苟欲取一时之利，不虑后患，使鲜卑数万散居人间，此必为害之势也。"[2] 内迁各族真如邓艾、傅玄之流所说的那样，是"兽心"，是"必为害之势"吗？《晋书》卷五二《阮种传》记阮种在一次对策中说：

> 自魏氏以来，夷虏内附，鲜有桀悍侵渔之患。由是边守遂怠，郫塞不设。而今丑虏内居，与百姓杂处，边吏扰习，人又忘战。受方任者，又非其材，或以狙诈，侵侮边夷；或干赏啖利，妄加讨戮。

从阮种的言论，知内迁各族在很长一段时间内，是"鲜有桀悍侵渔之患"的，邓艾、傅玄之流所谓"胡夷兽心，不与华同"，"必为害之势"一类言论，不过是汉族统治阶级歧视、污蔑少数民族之词。内迁各族之所以要起来反抗汉族统治阶级，是"边吏扰习"，任职边疆的官吏（"受方任者"）"或以狙诈，侵侮边夷，或干赏啖利，妄加讨戮"的结果。

---

1 《资治通鉴》卷七九，晋武帝泰始五年正月条等。
2 《晋书·傅玄传》。

当然，阮种在当时不可能了解内迁各族人民深受魏晋汉族统治阶级民族的和阶级的双重压迫，而这才是他们不断起来反抗汉族统治阶级的根本原因。可是，他所说的原因至少反映了上述根本原因的一个方面，而且往往是触发内迁各族人民反抗的导火线。

晋初几次震撼晋廷的内迁各族人民的起兵，就是明证。

西晋泰始四年至五年间（268～269），河西一带遭水旱之灾，比年不登，引起当地羌、胡的扰乱。[1]晋朝统治者采取高压政策，于泰始五年分雍、凉、梁三州之地设秦州（治冀城，今甘肃甘谷南），命"勇而无谋，强于自用"的武夫胡烈为刺史。胡上任后，即"妄加讨戮"，"失羌戎之和"，[2]终于次年（泰始六年）激发了以秃发鲜卑首领树机能为首的西北各族人民的反晋斗争，胡烈被击杀于万斛堆（今甘肃祖厉河入黄河处）。一时河西、陇右的羌和北地胡等群起响应，势力发展很快；晋朝统治者先后派军镇压，均为起事的军队击败，凉州刺史牵弘、杨欣先后败亡。咸宁五年（279），树机能等攻下凉州（治今武威），武帝为之"忘寝与食"。后武帝任用马隆，才击杀树机能，镇压了这次反晋的各族人民起事。[3]

以树机能为首的西北各族人民的反晋斗争，前后持续了十年，其间在泰始七年（271）初，又发生了内迁南匈奴右贤王刘猛叛出塞的事件。[4]刘猛自称单于，并于同年十一月

1　《晋书·傅玄传》。
2　《晋书》卷三五《陈骞传》。
3　见《晋书》卷五七《马隆传》；同书《武帝纪》等。
4　《晋书·武帝纪》；《资治通鉴》卷七九等。

攻并州，为刺史刘钦所败。[1]次年春，晋监军何桢率军击破刘猛，诱猛左部帅李恪杀猛。[2]刘猛反晋的性质与上述秃发树机能反晋不同。郝散的反晋是匈奴贵族要求恢复在部落中的统治，并结合人民解除奴役的要求而发动的。[3]

至晋元康四年（294），惠帝即位后不久，又爆发了内迁匈奴郝散的起事。郝散发难于谷远（今山西沁源），攻上党，杀长史。八月，郝散降，为晋冯翊都尉所杀。[4]史称郝散为匈奴，似为居并州上党一带的南匈奴或杂胡。过了两年，即元康六年，郝散弟度元与冯翊（治临晋，今陕西大荔）、北地（治今陕西铜川）的马兰羌、卢水胡起事，攻北地，杀太守张损，又击败冯翊都尉欧阳建。[5]接着，度元又击败雍州刺史解系。秦、雍的氐、羌悉举义旗，推氐帅齐万年为皇帝，围泾阳，[6]掀起了轰轰烈烈的各族人民联合反抗晋朝统治阶级的斗争。秦、雍二州氐、羌人口众多，他们在晋朝统治阶级的残酷压榨下，"怨恨之气毒于骨髓"。[7]而起事的导火线正是当时镇守关中的赵王伦"刑赏失中"，重用亲信孙秀，滥杀羌大酋数十人。[8]起事军于起兵后第二年（元康七年）杀晋大将周处，关中守将郡守望风逃窜，相望于路。[9]直到元康九年

1 《晋书·武帝纪》；《资治通鉴》卷七九等。
2 《晋书·武帝纪》；《资治通鉴》卷七九等。
3 见唐长孺《魏晋南北朝史论丛》，第144页。
4 《晋书》卷四《惠帝纪》；《资治通鉴》卷八二，晋惠帝元康四年、六年条等。
5 《晋书》卷四《惠帝纪》；《资治通鉴》卷八二，晋惠帝元康四年、八年条等。
6 《晋书》卷四《惠帝纪》；《资治通鉴》卷八二，晋惠帝元康四年、六年条等。
7 《晋书·江统传》。
8 《晋书》卷五九《赵王伦传》；《文选》卷二〇《关中诗一首》李善注引傅畅《晋诸公赞》。
9 潘岳：《马汧督诔》，载《文选》卷五七。

（299），晋朝遣孟观才最后镇压了这次起事。

晋初树机能、齐万年领导的两次大的内迁各族人民起兵，具有深远的意义。当起事一发动，内迁各族皆迅速参加，攻占郡县，杀死晋朝官吏，震撼了西晋王朝的统治。起事虽然最后被镇压下去，但充分暴露出内迁各族人民在双重的压迫和剥削之下，民族矛盾和阶级矛盾的激化。关于此点，在西晋统治集团中，有人也察觉到了。如晋太康元年平吴之后，侍御史郭钦上疏说："魏初人寡，西北诸郡皆为戎居。今虽服从，若百年之后有风尘之警，胡骑自平阳、上党不三日而至孟津，北地、西河、太原、冯翊、安定、上郡尽为狄庭矣。宜及平吴之威，谋臣猛将之略，出北地、西河、安定，复上郡，实冯翊，于平阳以北诸县募取死罪，徙三河、三魏见士四万家以充之。裔不乱华，渐徙平阳、弘农、魏郡、京兆、上党杂胡，峻四夷出入之防，明先王荒服之制，万世之长策也。"[1]元康九年，即齐万年起义失败后，晋太子洗马江统又作《徙戎论》，他仍从宜徙内迁各族于边外，以符古代"地在要荒"的理论出发，说什么"非我族类，其心必异，戎狄志态，不与华同。而因其衰弊，迁之畿服，士庶玩习，侮其轻弱，使其怨恨之气毒于骨髓"。即一方面他对内迁各族很不放心，另一面也察觉到晋朝统治阶级对各族的压榨、轻侮是他们反抗的原因。他特别担心关中的氐、羌和并州的匈奴，主张把他们迁徙回原来居住的地方。对于并州的匈奴，江统说："并州之胡，本实匈奴桀恶之寇也……泰始之初，又增为四（四部）。于是刘猛内叛，联结外虏。近者郝散之变，发于谷远。

---

[1] 《晋书·北狄匈奴传》；《资治通鉴》卷八一，晋武帝太康元年条。

今五部之众，户至数万，人口之盛，过于西戎。然其天性骁勇，弓马便利，倍于氐、羌。若有不虞风尘之虑，则并州之域可为寒心。"[1] 以后，匈奴刘渊起兵，终于倾覆了西晋的统治，使人们不能不佩服江统的预见。

郭钦、江统的议论，反映了当时西晋统治阶级中的一些人已经看到内迁各族人民深受双重压迫，成为西晋王朝的最大威胁。但是他们提出的解决办法，不是从根本上清除或减轻统治阶级对内迁各族人民的压榨，缓和民族的和阶级的矛盾，而是遵循古代四夷在要荒的传统观点，主张将内迁各族徙回边外。这在当时的历史条件下，是根本不可能的。因为自汉魏以来，陆续内迁的各族长期与当地汉族人民杂处，有的甚至变成汉族统治者的剥削对象（即所谓"编户齐民"）。迁之固然不易，而迁出后更将使汉族统治阶级失去财富的来源。所以，郭钦、江统的建议，没有被西晋统治者采纳，也不可能被采纳。

综上所述，从西晋建国以来，国内阶级矛盾和民族矛盾均日益激化；西晋统治阶级的腐朽、相互争权夺利，最后演变成了历史上所谓的"八王之乱"，内迁各族与汉族人民忍无可忍，终于爆发了遍及全国的各族人民的反抗斗争。

二 "八王之乱"——西晋统治阶级的内争

西晋社会，除了上述的民族矛盾和阶级矛盾之外，统治阶级内部的矛盾也十分尖锐。而西晋统治阶级内部矛盾和斗争也是有其深刻社会根源的。如前所述，汉魏之际，由于世

---

1 《晋书·江统传》。

家豪族的急骤发展，逐渐形成了一种世族制度。高门世家豪族享有各种封建特权，世代相袭，垄断着国家的政治、经济和文化。篡夺魏政权的司马氏，就是东汉末年以来高门世族的典型代表，而西晋政权本身就是以司马氏为首的各世族豪门的联合统治。世家豪族为了巩固和发展自己的势力，就需要从古代社会政治思想中找到一种武器，这个武器就是周代的封建之制。早在曹魏时，司马懿的长兄司马朗就主张恢复周代五等爵制。[1] "这种政治理想，表面上有似复古的论调，其实是符合当时世家大族，尤其是经过武装过程以后的世家大族的要求的。他们建立起他们的小王国——庄园以后，想用旧的五等封建制作为外衣来披在新的封建制之上，经过名正言顺的法定手续，来承认他们小王国的独立主权，和新的主佃依附关系的合法性。"[2] 司马氏作为当时世族的代表，提出这种要求是不足为怪的。

至魏元帝咸熙元年（264）五月，相国晋王司马昭"奏复五等爵"[3]，开始实行。司马炎取代魏政权后，当时司马氏及一般世族都认为曹氏代汉、司马氏代魏，是因为汉、魏宗室失位，宗藩力量太弱之故。所以，司马炎即位后，于泰始元年大封宗室诸王，以郡为国："邑二万户为大国，置上、中、下三军，兵五千人；邑万户为次国，置上军、下军，兵三千人；五千户为小国，置一军，兵千五百人。王不之国，官于京师。罢五等之制，公侯邑万户以上为大国，五千户以

---

1 《三国志·魏书》卷一五《司马朗传》。
2 引自王仲荦《魏晋南北朝史》，第 210 页。
3 《三国志·魏书》卷二《文帝纪》。

上为次国，不满五千户为小国。"[1] 据一些学者研究，晋初分封的王国，虽有置军之制，可能并未实行，且诸王直到咸宁三年（277）才令就国，弄得"涕泣而去"。故西晋的分封诸王，"基本上承东汉之旧，君国而不临民"[2]。因此，过去史家所论招致晋代统治阶级内乱的原因是行封建之制，不够妥当。

然而，与西晋封建诸王相关的"宗王出镇"却是致乱的重要原因。早在曹魏末，司马氏就出镇战略地位极为重要的豫、雍、凉、冀、青、徐等州；晋武帝时，宗王出任都督者，常有四至六人，大部分是出镇以上战略地位重要的诸州，人数占全国都督名额的一半左右。[3] 宗王出镇，拥有对地方的实权，掌握一定数量的精兵；他们"或出拥旄节，莅岳牧之荣；入践台阶，居端揆之重"[4]。当中央皇权衰落之时，他们则乘机而起，争权夺利，所谓"机权失于上，祸乱作于下"者是也。这样，最终酿成了"八王之乱"，根本动摇了西晋的统治，与原来"思改覆车，复隆盘石"[5] 的愿望恰好相反。

当然，西晋"八王之乱"的酿成，不仅是由上述宗王出镇引起的，它与魏晋以来世族豪门的兴起、封建割据因素的增长以及西晋统治阶级的腐朽、各族人民的反抗等，均有一

1 《晋书·地理志》。

2 唐长孺：《西晋分封与宗王出镇》，载《魏晋隋唐史论集》，中国社会科学出版社，1981。

3 唐长孺：《西晋分封与宗王出镇》，载《魏晋隋唐史论集》，中国社会科学出版社，1981。

4 《晋书》卷五九《汝南王亮传序》。

5 《晋书》卷五九《汝南王亮传序》。

定的关系。这一切前面皆有论述，此不赘言。

晋初，统治阶级内部的争夺就显露出苗头。泰始三年武帝立其子司马衷为皇太子，衷即惠帝，是一个低能儿，当时朝野人士悉知。而武帝其他的儿子又年幼，因此朝中上下希望比较有威望的齐王司马攸继承帝位。齐王司马攸是司马昭次子，后因昭兄司马师无子，过继与师为子。师死，昭继兄执政，故对师子攸特别宠爱，并欲把政权交与攸，以还政于兄。[1] 昭临死时，还执攸手以授其子司马炎。由此之故，齐王攸为朝野所重，欲推之继武帝司马炎帝位。时中书监荀勖、侍中冯统等素与齐王有隙，恐攸为嗣对己不利，遂向武帝进谗言，劝武帝遣齐王归国。太康三年（282）武帝令攸归国，都督青州诸军事，攸终于忧愤而卒。[2] 这一事件反映了西晋统治集团的裂痕。

太熙元年（290），武帝死的前夕，因司马衷"不慧"，令杨骏辅政。惠帝立后，军国大权落到杨太后（武帝皇后）父杨骏兄弟手中。骏与弟珧、济势倾天下，又以其甥段广、张劭为近侍，多树亲党，皆领禁兵，"大开封赏，欲以悦众"[3]。外戚杨氏的专权，引起诸王及惠帝皇后贾南风（贾充女）的不满。贾后性酷虐，凶险多权诈，她与楚王玮（司马炎第五子）合谋，于永平元年（291）诛杀杨骏兄弟及党羽一千余人，后又废杨太后，迫其绝食而死。[4] 历代史家即以

---

1 《晋书》卷三八《齐王攸传》云："初，攸特为文帝（司马昭）所宠爱，每见攸，辄抚床呼其小字曰'此桃符座也'，几为太子者数矣。"

2 《晋书·齐王攸传》。

3 《晋书》卷四十《杨骏传》。

4 《晋书》卷四《惠帝纪》等。

这次宫廷政变为"八王之乱"的开始。

杨骏被诛杀后，贾后等征大司马、督豫州诸军事（镇许昌）的汝南王亮入朝，拜太宰，录尚书事，与卫瓘共同辅政，贾后仍然没有掌握朝廷大权。同年六月，贾后利用楚王玮与汝南王亮的矛盾，让惠帝密诏玮诛杀亮及卫瓘；接着，又矫惠帝诏云楚王玮擅杀国家大臣，杀之。[1] 于是贾后擅政，除起用贾氏一族的贾模（后族兄）、贾谧（后内侄）及母舅郭彰为亲党外，还任用了当时的名士张华为司空，与世族王戎（司徒）、裴颜（尚书仆射）、裴楷（中书令）共同辅政。由于张华等人弥缝补阙，"虽当暗主虐后之朝，而海内晏然"，[2] 西晋统治阶级内部矛盾有所缓和，尚能维持一个相对稳定的局面。

但是，到元康九年（299）底，皇太子（愍怀太子）的废位，演变成了诸王争夺皇位的斗争，即"八王之乱"。所谓"八王"，除上述的楚王玮、汝南王亮外，还有赵王伦（司马懿第九子）、齐王冏（司马攸子）、长沙王乂（司马炎第六子）、成都王颖（司马炎第十六子）、河间王颙（懿弟司马孚孙）、东海王越（懿弟司马馗孙）。皇太子遹是惠帝唯一的儿子，为后宫谢玖所生，与贾谧有隙。贾后及其亲党恐惠帝死后为太子所害，故设计诬太子谋反，废为庶人，杀其母谢氏。次年（永康元年），又杀遹于许昌。[3] 此事引起朝野上下的不满，当时掌握宿卫禁军的右军将军赵王伦乘机令齐王冏等杀贾后、贾谧及张华、裴颜等人，又杀淮南王允，

---

1 《晋书·惠帝纪》；同书卷五九《汝南王亮传》《楚王玮传》。
2 《晋书》卷三六《张华传》等。
3 《晋书》卷五三《愍怀太子传》等。

夷灭者数千人。齐王冏因为废杀贾后有功，转游击将军，此官职卑，意甚不平。伦即将冏出为平东将军、假节，镇许昌。永康二年（301）正月，赵王伦即废惠帝，自立为皇帝，囚惠帝于洛阳金墉城。[1]

赵王伦素庸下，无智策，一切受制于孙秀。秀原为琅邪小史，以谄媚自达，"既执机衡，遂恣其奸谋"，大封亲信，唯竞荣利。[2] 而赵王伦称帝后，为巩固皇位，必然采取削弱四方异己势力的策略。其中，主要是拥兵驻守诸镇的司马氏，如出镇许昌的齐王冏，镇邺的成都王颖，镇雍、凉的河间王颙等。出镇诸王对赵王伦篡夺帝位亦内怀不平。因此，齐王冏联合成都王颖、河间王颙等，起兵攻洛阳。赵王伦、孙秀闻三王起兵，十分恐惧，遣其将张泓、孙辅、闾和等迎战，败齐王冏军，冏坚垒自守。成都王颖军也遭到伦将孙会、士猗等狙击，先败后胜，遂长驱过黄河。此时，洛阳左卫将军王舆等入宫攻杀孙秀及其党众，囚赵王伦，迎惠帝复位。后齐王、成都王等入洛阳，杀赵王伦。史称"自兵兴六十余日，战所杀害仅十万人"[3]。

惠帝复位后，封齐王冏为大司马，加九锡，辅理朝政；而成都王颖、河间王颙虽有封赠，但均愿还镇。冏自辅政后，骄恣日甚，大筑第馆，广树亲党，很快就使朝野人士失望。又，冏立年仅八岁的司马覃（惠帝弟遐子）为皇太子，引起原来有希望立为皇太弟的成都王颖、长沙王乂的不满。太安元年（302），京师翊军校尉李含因与冏部下有隙，不自安，遂奔长

1 《晋书》卷五九《赵王伦传》《齐王冏传》等。

2 《晋书·赵王伦传》。

3 《晋书·赵王伦传》，同书《齐王冏传》《成都王颖传》等。

安，诈言受密诏，令河间王颙讨齐王冏。颙乘机起兵，邀成都
王颖等讨冏。颙大将张方带兵趋洛阳，至新安，又檄长沙王乂
起兵讨冏。于是，洛阳城内，冏、乂各率军队大战三日，结果
冏败被杀，同党死者二千余人。颙、颖不愿离开自己的根据
地，相继还镇；长沙王乂则留朝执政，但事无巨细皆就邺咨大
将军颖。河间王颙原来企图立成都王颖为皇太弟，自领丞相，
专制天下，乂执政，颙自然不满意。于是在太安二年（303）
八月，颙、颖联合遣军三十多万攻洛阳，数为乂军所败。双方
的战争一直打到次年（304）正月，时在京师的东海王越虑乂
不济，执乂，引颙大将张方入洛阳，张方杀乂。接着，成都王
颖入洛阳，后又复返邺，惠帝以其为丞相。时领雍州刺史的
刘沈等攻长安，颙令张方急返，方遂掠洛中官私奴婢万余人
而西。三月，河间王颙表请立颖为皇太弟，废皇太子覃为清
河王。[1]

颖为人"形美而神昏，不知书"，为皇太弟之后，"僭
侈日甚，有无君之心"，朝野大失所望。[2]东海王越乘机与左
卫将军陈眕等挟惠帝从洛阳北征颖，为颖将石超所败，石超
劫惠帝返邺。河间王颙原遣张方救邺，方至是复入洛阳。接
着，都督幽州的王浚因颖遣使密谋夺其权，故联合并州刺史
东瀛公司马腾（司马越弟），起兵攻邺。浚引鲜卑，腾招乌
丸，破颖将王斌、石超等，遂围邺城。颖等挟惠帝南奔洛
阳，为张方所控制。王浚军入邺，"士众暴掠，死者甚多。
鲜卑大略妇女，浚命敢有挟藏者斩，于是沉于易水者八千

1　以上见《晋书·惠帝纪》，同书《齐王冏传》《成都王颖传》《河间王颙
　传》等。
2　《晋书·成都王颖传》。

人"[1]。同年十一月，张方大掠宫室后，挟帝及颖等返长安，颖至长安为颙所废黜，颙另立司马炽（武帝第二十五子）为皇太弟。

永兴二年（305）七月，东海王越在山东起兵，以迎驾为名，联合王浚等进攻长安。次年四月，越军击败颙，王浚将祁弘攻入长安，所部鲜卑大掠，杀二万余人，逼惠帝东还洛阳。后颖、颙相继为越所杀，大权最后落到司空东海王越手中。

从贾后杀杨骏起，至惠帝从长安返回洛阳为止，前后十六年的西晋统治阶级内战，史称"八王之乱"。这十六年间的大混战，造成了严重的后果。

首先，西晋统治集团的混战，相互杀戮，动摇了西晋的封建统治，加速了西晋王朝的覆灭。皇室司马氏一族同室操戈，所余无几；封建割据的局面逐渐形成。这诚如《晋书》撰者所云："西晋之政乱朝危，虽由时主，然而煽其风，速其祸者咎在八王。"[2]

其次，人民在八王混战中遭到浩劫，被杀者动辄以万计。北方大部分地区田园荒芜，人民流离失所，形成庞大的流民队伍到各地就食。这就使原有的阶级矛盾和民族矛盾更为激化。在八王混战的后期，先后爆发了以流民为主的起义（详见后）。

最后，在八王混战期间，诸王及各镇为了战胜自己的对手，夺取权力，纷纷招引、利用少数民族贵族参战，如成都

---

1 《晋书》卷三九《王沈附浚传》。

2 《晋书》卷五九《汝南王亮传序》。

王颖之引匈奴刘渊、并州刺史司马腾之用乌丸、幽州刺史王浚之用辽西鲜卑等。这不仅使原居幽、并以北的乌丸、鲜卑迁徙南下，更重要的是使少数民族贵族乘机发展势力，以便利用各族人民反晋的起义来达到夺取政权的目的。刘渊所建的汉政权就是在这种形势下建立的。

刘渊的起兵及汉政权的建立

〖 第三章 〗

一　晋末各族人民反晋斗争鸟瞰

西晋自惠帝继位以后，国内民族矛盾和阶级矛盾日益激化，统治阶级的内乱，终于引起了晋末各族人民的反抗斗争。

首先点燃晋末起兵反晋烈火的是雍、凉等州以汉族为主的流民。早在元康七年（297）氐帅齐万年起义时，"关中饥，米斛万钱"[1]。"而饥疫荐臻，戎、晋并困，朝廷不能振，诏听相卖鬻。"[2] 在灾荒、饥馑的威胁下，秦、雍内六郡（即略阳、天水、扶风、始平、武都、阴平）的流民无以为生，只有成群结队地向南流徙，"相与入汉川（今陕西汉中地区）者数万家"[3]。流民以汉族为主，也有賨人（巴人）、氐、叟等少数民族。其中賨人，或称巴氐[4]，原居四川，后迁汉中；曹操取汉中，迁巴氐于略阳（今甘肃天水东北）。巴氐首领李特、李庠、李流兄弟因在途中多赈济、营护流民，遂成为

1　《晋书·惠帝纪》。

2　《晋书》卷二八《五行志中》。"戎、晋"，戎，指少数民族，晋，指汉族。

3　按，此六郡中，略阳、天水、武都、阴平，原属秦州，扶风、始平属雍州。因太康三年罢秦州，七年复立，故云秦、雍六郡。

4　《晋书》卷一二〇《李特载记》云："秦并天下，以为黔中郡，薄赋敛之，口岁出钱四十。巴人呼赋为賨，因谓賨人焉。"巴氐，系因巴人李特等迁于略阳，与当地氐人杂居，故史又称其为"巴氐"。

这批流民的"行主"。到汉中后，流民队伍越来越壮大，达十万余口，汉中一郡不能赈赡。后经过重重阻碍，大部分流民又南入益州，主要分布在广汉、蜀、犍为三郡之地，逐渐安定下来。[1]

永康元年（300）赵王伦废贾后，诛杀张华等大臣，时任益州刺史的赵廞见朝廷内乱，欲割据巴蜀，因而重用李特兄弟为部曲督，以一万多流民为部曲，组织流民武装。同年十二月，廞杀西晋新任命的益州刺史耿滕，于次年一月自称大都督、大将军、益州牧。后由于赵廞猜忌李氏兄弟，杀李庠及宗族子侄三十余人。李特、李流率流民助西晋平定了赵廞的变乱，西晋朝廷又派罗尚为益州刺史，武装上任。永宁元年（301）三月，罗尚到达成都后，执行西晋遣返六郡流民的政策，限七月上道，并对流民实行分化、镇压和残酷掠夺。这样，在李特兄弟周围聚集了大批流民，结营于绵竹（今四川绵竹东南），准备反抗西晋统治阶级。西晋益州刺史罗尚也积极准备用武力镇压流民的反抗，强迫他们返回秦雍六郡。

双方对峙着，终于在同年十月爆发了以巴氐李特兄弟为首的益州流民大起事；李特自称行镇北大将军，弟流称大将军，初具政权的规模；他们击败了罗尚的军队，进占广汉郡的洛城，攻围成都。李特还约法三章，施舍赈贷，得到蜀人的拥护，数败罗尚军。太安元年（302）五月，李特所率军队击败了镇雍、凉的河间王颙派来镇压的军队，攻占梓潼

---

1 《晋书》卷一二〇《李特载记》；《资治通鉴》卷八二，晋惠帝元康八年九月条。参见杨伟立《成汉史略》，重庆出版社，1982，第 12～13 页等。

（治今四川梓潼）、巴西（治今四川阆中），自称益州牧、大将军。次年元月，李特攻占成都小城，罗尚保大城，遣使求和；特还改元建初，赦其境内。二月，李特为罗尚及诸坞堡武装所击杀。流民军在李流的领导下，继续作战，李流称大将军、大都督、益州牧。九月，李流病死，李特子李雄继续领军与西晋官军作战。太安二年（303）底，李雄攻下成都，赶走罗尚。永兴元年（304）十月，李雄自称成都王；次年，雄即帝位，国号大成。从此，以李特兄弟为首的流民起事也告结束，开始了李雄父子割据巴蜀的成汉国的历史。[1]

太安二年（303），正当李流、李雄领导的流民起兵在巴蜀如火如荼地展开之际，西晋统治者调发荆州（治江陵，今湖北荆州附近）民人到益州进攻李特。民皆不愿行，"而诏书催遣严速，所经之界停留五日者二千石免"[2]。加之镇荆州的新野王司马歆"为政严急，失蛮夷心"[3]。故民人在义阳（今湖北新野）蛮张昌的领导下，于同年五月掀起了反晋的斗争。张昌先聚众于安陆（今湖北安陆）的石岩山，击败江夏太守弓钦，据江夏（治安陆）；以山都县（治今湖北谷城东南）县吏丘沈为天子，更其姓名为刘尼，伪称汉刘氏之后裔，"圣人"出世。昌自称相国，易名李辰，改元神凤，"郊祀、服色依汉故事"[4]。"旬月之间，众三万"，"犬羊万计，绛头毛面，挑刀走戟，其锋不可当"[5]。他们破武昌，两攻宛

1 《晋书·李特载记》；《华阳国志》卷八《大同志》；《资治通鉴》卷八三等。
2 《晋书》卷一〇〇《张昌传》。
3 《资治通鉴》卷八五，晋惠帝太安二年三月条。
4 《晋书·张昌传》；《太平御览》卷三二五引《晋书》等。
5 《晋书·张昌传》；《太平御览》卷三二五引《晋书》等。

城、襄阳，杀新野王歆；昌别部帅石冰、封云后又破江、扬二州；势"跨带五州（荆、豫、江、扬、徐），树立牧守"[1]。直到永安元年（304）八月，石冰、张昌先后为晋军击杀，起事失败。

巴氐李特兄弟领导的益州流民起兵和义阳蛮张昌领导的荆、扬等地起事，主要发生在离西晋统治中心洛阳较远的地方，对西晋的打击还不是致命的。可是在永安元年以后，情况就发生了变化。首先是临近洛阳的并州内迁匈奴部众掀起了反抗西晋的斗争，但由于内迁匈奴贵族刘氏势力很强，匈奴部众反抗西晋统治阶级双重压迫的斗争一开始就为刘渊等贵族所利用，变成了他们独立割据、建立政权的工具。接着在永兴二年河北又爆发了以汲桑、石勒为首的各族人民反晋起事。其时，成都王颖到长安后被废，颖部将公师藩自称将军，起兵赵、魏，众有数万。平原牧苑牧帅汲桑与曾被掠卖为奴的羯胡石勒等十八骑，投公师藩。后藩为晋兖州刺史苟晞所杀，军队归汲桑、石勒率领，转战各地，攻拔邺城，南击兖州。永嘉元年（307），汲桑战死，石勒率部投刘渊。[2]

在河北汲桑、石勒起兵的后一年，即西晋永兴三年，在今山东地区又爆发了刘伯根、王弥领导的反晋起事。此年三月，青州东莱恺县（今山东龙口南）令刘伯根起兵反晋，东莱世家子王弥率家童从之，为伯根长史，袭临淄（今山东临淄东）。后伯根为王浚将击杀，王弥招集亡散，势力复振，进兵泰山、鲁国、谯、梁、陈、汝南、颍川、襄城诸郡，入

---

1 《晋书·张昌传》。
2 见《晋书》卷一〇四《石勒载记上》等。

许昌，所在陷没，有众数万。永嘉元年（307），王弥为苟纯所败，率众降刘渊。[1]

以上是刘渊起兵前后，西晋各族人民反晋斗争中主要的几支。自永嘉元年之后，各地流民及少数民族起事更是风起云涌，几乎遍于全国。从以上简述的几次主要起事中，可以得出晋末各族人民起事的一些特点。

第一，晋末各族人民起事带有分散和地域性的特点。这是魏晋以来世族豪门势力的发展，土地高度集中，封建割据因素加强的结果。如以李特兄弟为首的流民起事，局限在益州，张昌起事在荆、扬，王弥在青州，汲桑、石勒在河北等。他们起事时间虽有先后，但大多集中在刘渊起兵的前后。即便如此，他们是各占一隅，互不相连，各自为战的。

第二，少数民族在反晋起事中，占有很重要的地位。由于东汉末年以来，大量的少数民族内迁，他们深受汉族统治阶级的双重压迫，故最富反抗性。上述四次大的起事中，除王弥起事群众及领袖为汉族外，其余三次领袖皆为少数民族（李特兄弟为賨人，张昌为义阳蛮，石勒为羯胡），起事群众中也杂有大量少数民族。

第三，这些反晋起事军大都利用宗教，或打着复"汉"的旗号进行。在当时的历史条件下，反晋起事军所能借以号召群众的思想武器，就是宗教。如李特兄弟利用道教的一个流派五斗米道组织起事[2]；张昌军中以丘沈为"圣人"，"妄称神圣……绛头毛面，挑刀走戟"；在石岩山中作宫殿，"又

---

1 《晋书》卷一〇〇《王弥传》；《资治通鉴》卷八六，晋怀帝永嘉六年十二月条等。
2 参见唐长孺《范长生与巴氏据蜀的关系》，《历史研究》1954年第4期。

于岩上织竹为鸟形，衣以五彩，聚肉于其傍，众鸟群集，诈云凤凰降，又言珠袍、玉玺、铁券、金鼓自然而至"。[1]故晋朝统治者称昌为"妖贼"。这一切显然与民间宗教迷信有关。值得注意的是，起事军在政治上打出了"复汉"或拥护某王的旗号，以反抗西晋统治阶级。如张昌立丘沈为天子，改名刘尼，称汉后裔，以号召群众，使"百姓从之如归"。[2]汲桑、石勒起兵则是打着拥立被废黜的成都王颖的旗号，号召河北人起来反抗统治阶级。颖死后，汲桑杀东瀛公司马腾，"称为颖报仇，遂出颖棺，载之于军中，每事启灵，以行军令"[3]。

通过对晋末各族人民反晋斗争的简述，我们不仅对刘渊建立汉政权的背景有所了解，而且可以为刘渊建国前后采取的一些措施找到合理的解释。

二　刘渊的起兵及汉政权的建立

刘渊，系内迁南匈奴单于后裔，其父豹原为内迁五部匈奴的左部帅，在五部中其势力最强。据《十六国春秋·前赵录》(《太平御览》卷一一九引)、《晋书·刘元海载记》等记载：刘渊生于魏嘉平中（249～253），其母呼延氏[4]，曾到龙门祈子，有一大白鱼，顶有二角，跃至祭所，神巫说此为吉兆。是夜呼延氏梦鱼变为人，左手把一物大如半鸡子，云食之必生贵子。至是生渊，因其左手有其名，遂以为名。

1　《晋书·张昌传》。
2　《晋书·张昌传》。
3　《晋书·成都王颖传》。
4　按，呼延氏是匈奴四大贵族姓氏之一，且最为高贵，世为辅相，常与单于通婚，见《晋书·北狄匈奴传》。

又说渊"龆龀英慧，七岁遭母忧，擗踊号叫，哀感旁邻，宗族部落咸共叹赏"。这一切可以说是后来汉赵国史官和苞之流编造的神话和溢美之词，目的是抬高刘渊一族的地位。该书还曰渊"幼好学，师事上党崔游，习《毛诗》《京氏易》《马氏尚书》，尤好《春秋左氏传》《孙吴兵法》，略皆诵之，《史》、《汉》、诸子，无不综览"。与朱纪、范隆同师事崔游；亦学武事，"妙绝于众，猿臂善射，膂力过人"。"姿仪魁伟，身长八尺四寸，须长三尺余，当心有赤毫毛三根，长三尺六寸。"时屯留（今山西屯留南）崔懿之、襄陵（今山西临汾东南）公师彧等善相人，见渊奇之，"于是深相崇敬，推分结恩"。太原世家王浑、王济父子对刘渊也十分器重。这些记载，虽有一些溢美之处及编造的神话，但从刘渊建立政权后，曾任崔游、朱纪、范隆、崔懿之、公师彧以官爵之事来看，以上所记之事有的还是可信的。它说明了当时某些内迁的匈奴贵族从小学习中国传统的典籍和文化，且具有较高的水平。

至曹魏咸熙中（264～265），刘渊作为匈奴贵族的侍子在洛阳，时掌权的晋王司马昭对其也深待之。渊还与东莱人王弥[1]深相凭结。西晋泰始年间，王浑父子向晋武帝推荐刘渊，武帝召见后，也认为"刘元海容仪机鉴，虽由余、日磾无以加也"[2]。王济于是向武帝建议，任刘渊以东南之事，吴国可平也。武帝表示同意。大臣孔恂、杨珧对武帝说："臣观元海之才，当今惧无其比。陛下若轻其众，不足以成事，若假之威权，平吴之后，恐不复北渡也！非我族类，其

1　王弥，即前述光熙元年起义于青州的王弥。《晋书》有传。
2　《晋书·刘元海载记》。

心必异，任之以本部，臣窃为陛下寒心。若举天阻之固以资
之，无乃不可乎!"武帝默然，事遂寝。咸宁五年（279），
以秃发树机能为首的西北各族人民起事军占领凉州，晋廷大
震，武帝无计可施。尚书仆射上党人李熹对武帝说："陛下
诚能发匈奴五部之众，假元海一将军之号，鼓行而西，可指
期而定。"孔恂反对说："元海若能平凉州，斩树机能，恐凉
州方有难耳，蛟龙得云雨，非复池中物也。"武帝乃止。[1]

以上两事，反映了当时西晋统治阶级对内迁匈奴贵族是
不信任的，而匈奴贵族也确实怀有恢复过去匈奴汗国的野
心。匈奴贵族与西晋统治阶级之间有着深深的裂痕，存在民
族的矛盾。刘渊对此也深有感触，他在送王弥从洛阳东返
时，泣对弥说："王浑、李熹以乡曲见知，每相称达，谗间
因之而进，深非吾愿，适足为害。吾本无宦情，惟足下明
之。恐死洛阳，永与子别!"后齐王攸见刘渊后，劝武帝杀
渊，以免为并州患，为王浑所谏止。[2]

不久，刘豹卒，刘渊代父为左部帅。晋太康八年（287），
晋迁渊为北部都尉。[3]到惠帝时，又以渊为离石（今山西吕
梁离石）将兵都尉。[4]刘渊先后任内迁五部匈奴的左部帅、
北部都尉、离石将兵都尉之职，此并非文献记载有误，而是
西晋统治者有意削弱其与部众关系的措施。离石为西河的郡
治，也是东汉末年内迁南匈奴单于王庭所在地。将兵都尉一

---

1 《晋书·刘元海载记》。
2 均见《晋书·刘元海载记》。
3 《文选》卷四九《晋纪总论》注引干宝《晋武帝纪》。《载记》只云"太康末，
拜北部都尉"，无具体年代。
4 《太平御览》卷一六三引《十六国春秋》;《文选》卷四九《晋纪总论》。

职，不见记载，其在离石，且云"将兵"，很可能是晋朝所派至离石领兵监督匈奴五部的职官。也就是说，此职有一定的实权，掌握一定的军队，非五部都尉的虚衔可比。刘渊也就利用此，在离石暗中扩展势力。这正如《晋书·刘元海载记》所云：渊"明刑法，禁奸邪，轻财好施，推诚接物，五部俊杰，无不至者。幽、冀名儒，后门秀士，不远千里，亦皆游焉"。杨骏辅政，又以渊为建威将军、五部大都督，封汉光卿侯，[1]直接假以统率五部匈奴军事的要职。杨骏之所以这样做，是为了拉拢刘渊，欲借匈奴五部为自己的羽翼。到元康末（299），即贾后专政时期，因匈奴五部有逃亡出塞者，刘渊被免官。可是，也就在此时，成都王颖因与贾谧不和，出镇邺城。颖为了扩大自己的势力，极力拉拢刘渊，又表其为"行宁朔将军，监五部军事"[2]。这无疑使刘渊在颖的庇护下，巩固和加强了其在匈奴五部中的地位。尽管如此，成都王颖对刘渊仍然有戒心，命其居邺，以便控制。

到惠帝太安中（302～303），由于河间王颙、成都王颖、齐王冏和长沙王乂等相互残杀，益州流民起事爆发，各地局势不稳，西晋统治已经动摇。深受双重压迫的并州匈奴五部也酝酿着发动反抗西晋统治者的斗争。这时，以刘渊为首的五部匈奴贵族认为时机已到，积极图谋自立复国。其中的代表人物就是刘渊的从祖、原北部都尉、右贤王[3]刘宣，

---

1 《晋书·刘元海载记》。又，《资治通鉴》卷八五，晋惠帝永兴元年八月条又云："颖以聪（渊子）为积弩将军。"

2 《晋书·刘元海载记》。

3 《晋书·刘元海载记》作"左贤王"，《御览》卷一一九引《前赵录》作"右贤王"。按，时刘渊为左贤王，宣应为右贤王，《前赵录》确。

他与五部匈奴贵族秘密商议，说："昔我先人与汉约为兄弟，忧泰同之。自汉亡以来，我单于虽有虚号，无复尺土之业，自诸王侯，降同编户。今吾众虽衰，犹不减二万，奈何敛首就役，奄过百年！左贤王（刘渊）英武超世，天苟不欲兴匈奴，必不虚生此人也。[1] 今司马氏骨肉相残，四海鼎沸，兴邦复业，此其时也。"[2] 于是，共推刘渊为大单于，遣其党呼延攸到邺与渊联络。渊遂借口回部会葬，请求返部，成都王颖不许；乃遣呼延攸归，告刘宣等召集五部及杂胡，声言助颖，实为反晋做准备。

永安元年（304）三月，成都王颖、河间王颙攻占洛阳，颖被立为皇太弟，以渊为太弟屯骑校尉。接着，东海王越、陈眕挟惠帝攻邺，颖假渊辅国将军、督北城守事。结果惠帝被俘，东海王越败走，成都王颖即以刘渊为冠军将军，封卢奴伯。八月，王浚、司马腾攻成都王颖于邺，刘渊对颖说："今二镇（指王浚、东瀛公腾）跋扈，众十余万，恐非宿卫及近都士庶所能御之，请为殿下还说五部以赴国难。"[3] 成都王颖怀疑匈奴五部是否能调发，又惧王浚等所率鲜卑、乌丸劲旅，欲挟惠帝奔洛阳。刘渊极力劝止，并大言愿"以二部摧东瀛，三部枭王浚，二竖之首可指日而悬矣"。颖大悦，拜刘渊为北单于，参丞相军事。[4] 正因成都王颖需要凭借匈

---

1 "今吾众虽衰……必不虚生此人也"一句，引补自《资治通鉴》卷八五，晋惠帝永兴元年八月条。
2 《晋书·刘元海载记》。
3 《晋书·刘元海载记》。内"众十余万"，原作"众余十万"，据上引《通鉴》卷八五改。
4 上引《晋书·刘元海载记》；《资治通鉴》卷八五，晋惠帝永兴元年八月条。

奴五部的势力参加夺取皇权的斗争，由此使刘渊的势力一步一步地增长。

成都王颖欲奔洛阳，刘渊得以北单于的身份返回离石北左国城。[1]刘宣等即上渊以原匈奴最高首领的称号"大单于"，"二旬之间，众已五万，都于离石"[2]。刘宣等上渊"大单于"称号，显然有恢复匈奴旧业的意思。近百年以来，受到汉族封建统治阶级双重压迫的内迁匈奴及杂胡纷纷投附，故二旬之间，刘渊由原来五部两万人就发展到五万，都于原南单于王庭的离石。刘渊以子刘聪为鹿蠡王，并遣左于陆王刘宏帅精骑五千，会成都王颖将王粹以拒东瀛公司马腾，粹为腾所败，刘宏无及而归。[3]

接着，王浚主簿祁宏率鲜卑攻入邺，颖挟惠帝逃至洛阳。此时，并州刺史东瀛公腾惧留于并州等地的匈奴五部，乞师于漠南的拓跋鲜卑首领猗㐌，猗㐌与弟猗卢合兵击刘渊于西河，破其众，然后与腾盟于汾东而还。[4]刘渊闻颖等逃至洛阳后，对部众说："颖不用吾言，逆自奔溃，真奴才也。

1　左国城，《资治通鉴》卷八五胡注："左国城，盖匈奴左部所居城也。据《晋书》载记，光武建武之初，南单于入居西河之美稷，今离石左国城，单于所徙庭也。《水经注》曰：左国城在汾水之右，介休县西南。杜佑曰：左国城在石州离石县。宋白曰：离石县东北有离石水，因以为名。"按，胡注所云是自相矛盾的，其结论云左国城为匈奴左部所居城误。所引《水经注》"汾水"条内，非"右国城"，而是"左国城"，此城在汾水右，介休县西南，为五部中左部所居城。而左国城，应如杜佑、宋白所云在离石，原为南单于庭，见《资治通鉴》卷八五胡注引《考异》。

2　《晋书·刘元海载记》；《魏书》卷九五《匈奴刘聪传》等。

3　《资治通鉴》卷八五，晋惠帝永兴元年八月条。

4　《资治通鉴》卷八五，晋惠帝永兴元年八月条。又，《魏书》卷一《序纪》记此事于渊称汉王后，但又在此后记惠帝返洛，故知此事应在惠帝返洛之前，从《资治通鉴》。

然吾与其有言矣，不可不救。"于是命右于陆王刘景、左独鹿
王刘延年率步骑二万将击鲜卑。刘宣进言曰："晋为无道，奴
隶御我，是以右贤王猛不胜其忿。属晋纲未弛，大事不遂，
右贤涂地，单于之耻也。今司马氏父子兄弟自相鱼肉，此天
厌晋德，授之于我。单于积德在躬，为晋人所服，方当兴我
邦族，复呼韩邪之业，鲜卑、乌丸可以为援，奈何距之而拯
仇敌！今天假手于我，不可违也。违天不详，逆众不济，天
与不取，反受其咎，愿单于勿疑。"刘宣这段话，代表了当时
内迁匈奴贵族的心理，他们企图乘西晋衰亡之机，光复过去
的匈奴国，"兴我邦族"；故以晋为"仇敌"，以其他北方各
族为援，不同意刘渊派兵助成都王颖。刘渊虽然同意刘宣的
意见，但其起兵反晋的目的，不仅是"复呼韩邪之业"，还
要像汉高祖刘邦一样，统一中国。他说："当为崇冈峻阜，何
能为培塿乎？夫帝王岂有常哉！大禹出于西戎，文王生于东
夷，顾惟德所授耳。今见众十余万，皆一当晋十，鼓行而摧
乱晋，犹拉枯耳！上可成汉高之业，下不失魏氏。虽然，晋
人未必同我，汉有天下世长，恩德结于人心，是以昭烈崎岖
于一州之地，而能抗衡天下。吾又汉氏之甥，约为兄弟，兄
亡弟绍，不亦可乎！且可称汉，追尊后主，以怀人望。"[1]

同年十月，刘渊从离石迁于左国城，胡、汉（所谓"晋
人"）归之者数万。[2]刘宣等上渊帝号，渊说："今晋氏犹在，

---

[1] 《晋书·刘元海载记》等。

[2] 按，《太平御览》引《十六国春秋·前赵录》记为："晋人东附者数万"，《晋
书·刘元海载记》云"远人归附者数万"，《资治通鉴》卷八五云"胡、晋归之
者愈众"。又，《晋书·惠帝纪》云渊称汉王为"十一月"，《十六国春秋》等皆
云"十月"，从后者，见《资治通鉴》卷八五胡注引《考异》。

四方未定，可仰尊高祖（刘邦）法，且称汉王，权停皇帝之号，听宇宙混一，当更议之。"[1] 于是乃为坛南郊，即汉王位，下令述汉代诸帝功绩及其继汉刘氏为汉王之意，内云："……今天诱其衷，悔祸皇汉，使司马氏父子兄弟迭相残灭。黎庶涂炭，靡所控告。孤今猥为群公所推，绍修三祖之业，顾兹尪阔，战惶靡厝。但以大耻未雪，社稷无主，衔胆栖冰，勉从群议。"又大赦境内，改晋永兴元年为元熙元年，追尊刘禅（刘备子）为孝怀皇帝，立汉高祖以下三祖、五宗神主而祭之。[2] 又立妻呼延氏为王后[3]，置百官：以右贤王刘宣为丞相、崔游为御史大夫、左于陆王刘宏为太尉，以范隆为大鸿胪、朱纪为太常、崔懿之及匈奴后部（北部）人陈元达为黄门郎，渊族子刘曜为建武将军。[4] 崔游固辞不就。[5] 从此，刘渊就正式建立政权，中国史家也以晋永兴元年十月，作为汉赵国正式建立的时间。

从刘渊起兵到汉政权的建立，不过短短一两年时间，而且没有经历大的周折就成功了。其原因何在？首先是由于并州匈奴五部及杂胡，早就深受晋朝统治阶级民族和阶级的双重压迫，故刘渊返回左国城后，振臂一呼，众即至五万。他们响应刘渊的号召，主要是为了反抗晋朝统治阶级的压迫，

1 《太平御览》卷一一九引《前赵录》。
2 《晋书·刘元海载记》等。又，《资治通鉴》卷八五胡注："渊以汉高祖、世祖、昭烈为三祖，太宗、世宗、中宗、显宗、肃宗为五宗。"
3 《元和姓纂》三云："前赵大司空雁门公呼延冀女，为刘元海后。"呼延翼为大司空在晋永嘉二年渊称帝时，说见后。
4 《晋书·刘元海载记》；《资治通鉴》卷八五，晋惠帝永兴元年十月条。
5 崔游《晋书》卷九一有传，内云："及刘元海僭位，命为御史大夫，固辞不就。"

其性质是正义的。但对以刘渊为首的匈奴上层贵族来说，他们反晋的目的是"复呼韩邪之业"，是欲"上可成汉高之业，下不失为魏氏"，即像汉高祖刘邦一样，统一中国；或像曹操一样，割据称王。无论匈奴部众或匈奴贵族，他们起兵反晋的目的都是一致的，而刘渊正是巧妙地用恢复匈奴旧业为号召，把匈奴、杂胡部众反晋的正义斗争纳入了他割据称王的轨道。

不仅如此，刘渊还与张昌一样，一开始就打出了复"汉"的旗号，且以汉室兄弟自居，宣扬"兄亡弟绍，不亦可乎"！因而，国号曰"汉"，"立汉高祖以下三祖、五宗神主而祭之"，封三国时蜀国最后一个汉宗室皇帝刘禅为孝怀皇帝。而刘渊之改姓刘氏，也有助于他打出复汉的旗号。[1]《金石录》卷三有《汉司徒刘雄碑》，内云："公讳雄，字元英，高皇帝之胄，孝宣帝玄孙。值王莽篡窃，远遁边朔，为外国所推，遂号单于，累叶相承，家云中，因以为桑梓焉。"按，雄为刘渊弟，此碑文竟径直称雄为汉刘邦之胄，故有的历史学家以为，刘渊建立政权时，就是假此以惑众的。[2]当然，刘渊之所以能打出复汉的旗号，是由于内迁匈奴的汉化，主要目的是号召广大汉族人民及世家大族，无怪乎刘渊由离石迁至左国城，胡、晋（汉）归之者数万。

其次，西晋统治阶级的内争，削弱了自身的力量，甚至根本无暇顾及。更有像成都王颖一类的统治阶级为了利用刘渊的势力来达到争权夺利的目的，不断扶植刘渊等匈奴贵

1　参见蒋福亚《刘渊的"汉"旗号和慕容廆的"晋"旗号》，《北京师院学报》1979年第4期。

2　吴士鉴：《晋书斠注》；王仲荦：《魏晋南北朝史》，第253页注。

族，几次加官晋爵，最后放虎归山。而刘渊本人也打着支持成都王颖的幌子，暗中扩大自己的势力，不失时机地利用形势来达到自己的目的。

刘渊建立的汉政权，一开始就是按照两汉汉族政权的模式建成的。这与他打出复"汉"的旗号完全一致。史籍没有详细记载汉政权的机构建置，仅列举了一些重要的职官。其所任职官中，匈奴刘氏一族占有重要的位置，如渊从祖刘宣、族子刘曜、宗族刘宏等；也有匈奴平民中的佼佼者，如陈元达；还有汉族名儒学士，如崔游、朱纪、范隆、崔懿之等。其中，刘宣是一个决策人物。《晋书·刘元海载记》后附有《刘宣传》，内云："刘宣，字士则。朴钝少言，好学修洁。师事乐安孙炎（汉末'东州大儒'），沈精积思，不舍昼夜，好《毛诗》《左氏传》……并州刺史王广言之于武帝，帝召见，嘉其占对……乃以宣为右部都尉……元海即王位，宣之谋。故特荷尊重，勋戚莫二，军国内外，靡不专之。"可知其也为一汉化程度很深、智谋出众的匈奴贵族。还有一个匈奴后部人陈元达，《晋书·刘聪载记》后附有传，云其本姓高，"少而孤贫，常躬耕兼诵书"。刘渊为左贤王时闻其名而招之，元达不答。后渊称汉王后，征其为黄门郎。以后，他在汉赵政权内任显职，对政权的建设和发展起过十分重要的作用。

汉政权的发展、兴盛
及其与西晋的角逐

〖 第四章 〗

一　刘渊的称帝及汉政权的发展

西晋建武元年（304）十月，汉政权建立后，晋朝统治阶级的内战仍在进行。十一月，张方拥惠帝及成都王颖从洛阳迁至长安，大权落入河间王颙手中。在这种情况下，西晋朝廷根本无力遣军对付新建立的汉政权。而只有任并州刺史的东瀛公司马腾对直接威胁他的汉政权采取了行动。十二月，腾遣将军聂玄击刘渊，双方大战于大陵（今山西文水北），玄兵大败而还。刘渊遣刘曜攻太原，取泫氏（今山西高平）、屯留（今山西长治屯留南）、长子（今山西长子）、中都（今山西平遥）；又遣冠军将军乔晞攻西河郡，取介休（今山西介休）。[1]刘渊所取的五地均属并州，泫氏、屯留、长子属上党郡，中都属太原郡，介休属西河郡。乔晞在攻占介休后，杀介休令贾浑，将纳其妻宗氏，宗氏骂曰："屠各奴！岂有害人之夫而欲加无礼，于尔安乎？何不促杀我！"[2]宗氏骂乔晞为"屠各奴"，因为乔晞是匈奴四大姓乔氏一族，从此亦可证魏晋时"屠各"一词已变成汉化匈奴的泛称了。刘渊闻乔晞杀贾浑及其妻宗氏，大怒，遣使追还乔晞，

1　《晋书·刘元海载记》；《资治通鉴》卷八五，晋惠帝永兴元年十二月条。
2　《晋书》卷九六《列女·贾浑妻宗氏传》。

降秩四等，收贾浑尸葬之。[1] 从这一事件可知，刘渊初起兵时，比较注意胡汉之间的关系，以便得到更多的汉族地主的支持。

汉元熙二年（305）初，晋并州刺史司马腾又遣司马瑜、周良、石鲜等击刘渊，至于离石汾城。渊遣武牙将军刘钦[2]等六军距瑜等，四战皆胜。[3] 六月，刘渊率军攻司马腾，腾又求救于拓跋鲜卑猗㐌，猗㐌率轻骑数千攻刘渊，杀其将綦毋豚。[4] 不久，离石发生饥荒，刘渊率百官徙于黎亭（今山西长治南）以就邸阁谷。留太尉刘宏、护军将军马景守离石，使大司农卜豫运粮以济之。[5]

就在此前后，国内整个形势又发生了变化。一是河北、山东等地各族人民相继爆发了起义。同年七月，成都王颖被废黜，颖部将公师藩起兵赵、魏，众数万，又有茌平牧苑（今山东茌平南）牧帅汲桑及羯胡石勒等附之。他们攻占郡县，进攻邺城，后为苟晞所败。汉元熙三年（306）三月，山东刘伯根、王弥又举起反晋的旗帜，后刘伯根被杀，王弥亡入长广山（今山东即墨西南）。另一种情况是，西晋统治阶级的"八王之乱"接近尾声，内部做了一些调整。元熙二年（305）八月，河间王颙闻公师藩起兵，表颖为都督河北诸军事，给兵千人。后东海王越起兵攻颙，内战又起。次

1　《资治通鉴》卷八五，晋惠帝永兴元年十二月条。
2　按，"武牙将军"应为"虎牙将军"，唐人避讳改。
3　《晋书·刘元海载记》。
4　见《魏书·序纪》。按，《资治通鉴》卷八六胡注引《考异》云："《后魏书·桓帝纪》及《刘渊传》皆云'渊南走蒲子'。按晋《载记》，渊无走蒲子事，下云'自离石迁黎亭'，盖《后魏书》夸诞妄言耳。"从《考异》。
5　《晋书·刘元海载记》。

年（306）四月，东海王越西进至温县，五月拥越的王浚将祁弘攻入长安，挟惠帝返洛阳。大权落入东海王越手中，惠帝以越为太傅、录尚书事，范阳王虓为司空，镇邺，平昌公司马模为镇东大将军，镇许昌，王浚为骠骑大将军，领幽州刺史。

至此，"八王之乱"始暂告结束，而各族人民起义已成燎原之势。当时国内已形成了两个割据政权，即建都离石的汉政权及都成都的大成政权。[1]同年九月，范阳王虓卒，其长史刘舆杀成都王颖。后刘舆得到东海王越的赏识，为其左长史。舆说越遣弟刘琨为并州刺史，加振威将军，领匈奴中郎将。[2]又以司马腾为车骑将军、都督邺城诸军事，镇邺。十一月，惠帝食饼中毒而死，太弟司马炽即位，即晋怀帝。

以上两方面的情况，对刚建立的汉政权的发展，是很有利的。因为河北、山东的起兵牵制了西晋王朝，使之不能迅速调兵遣将，围攻汉政权；而"八王之乱"使北方，特别是并、冀、司诸州的经济遭到严重破坏，百姓流离失所，四处逃亡，纷纷加入起义军，造成各地义军此起彼伏、败而复振的情况。可是，西晋任命刘琨为并州刺史，对汉政权却是一个打击。大约在汉元熙三年九月以后，由于并州饥馑及刘渊势力向北的扩展，原并州刺史司马腾再也无法立足，恰好晋廷任命其为都督邺城诸军事，镇邺。于是

1　同年六月，李雄称帝，改元晏平，国号大成。

2　《晋书》卷六二《刘琨传》云，以琨为并州刺史在永嘉元年（307），误；应为光熙元年（306年）九月，详细考证见标点本《晋书》卷六二校勘记［四］，中华书局，1974。

腾率州将田甄、田兰兄弟，任祉，祁济，李恽，薄盛等及
吏民万余人，自井陉（今河北井陉北）东下，就谷冀州，
号为"乞活"。[1] 并州所余之户不满二万，"寇贼纵横，道
路断塞"[2]。刘琨就是在这种情况下走马上任的，其在路上
表说："……九月末得发，道险山峻，胡寇塞路，辄以少击
众，冒险而进，顿伏艰危，辛苦备尝，即日达壶口关。臣
自涉州疆，目睹困乏，流移四散，十不存二，携老扶弱，
不绝于路。及其在者，鬻卖妻子，生相捐弃，死亡委危，
白骨横野，哀呼之声，感伤和气。群胡数万，周匝四山，
动足遇掠，开目睹寇。"当然，琨表中的"胡寇""群胡"
指并州匈奴或杂胡；内所记并州人民的悲惨生活，乃是当
时的真实写照。

同年底，刘琨在上党募得千余人，转战到晋阳（并州治
所，今山西太原南）。时晋阳"府寺焚毁，僵尸蔽地，其有
存者，饥羸无复人色，荆棘成林，豺狼满道"。刘琨则"剪
除荆棘，收葬枯骸，造府朝，建市狱"，"抚循劳倈，甚得
物情"，恢复生产，流民稍集。[3] 当时并州晋阳距汉政权都城
离石左国城仅三百里许，刘渊当然不能坐视刘琨盘踞并州，
于是遣前将军刘景为使持节、征讨大都督、大将军，击刘琨
于板桥（在今山西介休），为琨所败。[4] 后刘琨密遣人离间刘
渊部内杂胡，降者万余落。[5] 这样，刘琨在晋阳站住了脚跟，

---

1 《晋书·新蔡武哀王腾传》；《资治通鉴》卷八六。
2 《晋书·刘琨传》。
3 《晋书·刘琨传》。
4 《晋书·刘元海载记》。
5 《晋书·刘琨传》。

史称其"在官未碁，流人稍复，鸡犬之音复相接矣"[1]。而刘渊自进兵受挫后，只好固守并州南部诸郡，向北的扩展受到刘琨的阻拦。

在这种形势下，汉政权侍中刘殷[2]、王育[3]向刘渊建议："殿下自起兵以来，渐已一周，而颛守偏方，王威未震。诚能命将四出，决机一掷，枭刘琨，定河东，建帝号，鼓行而南，克长安而都之，以关中之众席卷洛阳，如指掌耳。此高皇帝之所以创启鸿基，克殄强楚也。"刘渊回答说："此孤心也。"[4]于是积极准备向南边的河东、平阳等地扩展。

至汉元熙四年（307），河北、山东起义军势力又相继复起。二月，王弥攻青、徐二州，自称征东大将军。五月，汲桑等破邺城，杀司马腾，南击兖州（治定陶，今山东菏泽定陶）。九月，苟晞击败汲桑，桑与石勒收余众准备投归汉政权，又为冀州刺史丁绍败于赤桥。石勒奔乐平（今山西昔阳），汲桑奔回茌平，后为乞活帅田兰等杀于乐陵（今山东

---

1 《晋书·刘琨传》。按，刘琨至晋阳后采取一系列措施，对于恢复当地生产，安辑流民，均有一定的积极作用。但是，对刘琨本人的评价以及所谓刘琨领导的"晋阳抗战"的性质，应有正确的认识。过去，有的学者认为刘琨"是一个抗战的民族英雄"，他领导的"晋阳抗战""是一种正义的战争"（张虎峰：《刘琨的晋阳抗战》，《山西地方史研究》第一辑，山西人民出版社，1960）。从本质上看，刘琨与刘渊的战争是封建地主阶级之间的战争，内中也有民族战争的因素；刘琨不应被看成民族英雄，因为并州残破的责任不在刘渊，而在于西晋统治阶级本身，如果我们不死抱着传统的大汉族主义思想，这个问题是容易理解的。

2 刘殷，《太平御览》卷八九〇引《三十国春秋》有传。

3 王育，《晋书》卷八九有传。

4 《晋书·刘元海载记》。

乐陵南）。

石勒逃至乐平后，见上党有胡部大张𪿢督、冯莫突等有众数千，往从之，深得张𪿢督亲信。部大，系胡人部落之长；从张𪿢督的名字与勒小名"𪿢勒"相近来推测，他可能也为羯胡或杂胡。石勒得到𪿢督等的信任后，劝其投汉刘渊，他说："刘单于举兵诛晋，部大距而不从，岂能独立乎？""如其不能者，兵马当有所属。今部落皆已被单于赏募，往往聚议欲叛部大而归单于矣，宜早为之计。"𪿢督素无智谋，惧其部叛，遂与石勒单骑投刘渊。刘渊署张𪿢督为亲汉王，莫突为都督部大，石勒为辅汉将军、平晋王，统𪿢督部。勒以兄事𪿢督，改其姓为石，名会。又有乌丸张伏利度，聚众二千，据于乐平。刘渊屡遣使招抚，均遭拒绝。石勒与刘渊定计，伪获罪于渊，逃至张伏利度处，逐渐取得部众的信任。然后，率伏利度部投渊。渊遂以石勒"督山东征讨诸军事，以伏利度众配之"[1]。

在石勒投刘渊后不久，起兵于青、徐两州的王弥为晋苟晞弟纯所败，起兵于赵、魏的刘灵[2]也为晋王赞所破，两人均遣使降汉。刘渊原与王弥在洛阳交往甚密，至是拜弥"镇东大将军，青徐二州牧、都督缘海诸军事，封东莱公，以灵为平北将军"[3]。此外，在这一时期降附汉政权的，还有上郡（徙治夏阳，今陕西韩城）四部鲜卑陆逐延、氐酋大单于单

1　以上均见《晋书·石勒载记上》。
2　刘灵，《太平御览》卷三九四引《赵书》曰："刘灵，阳平人也。年二十余常斯役于县走及驰马。"永兴二年公师藩起兵，刘灵自称将军，转战赵、魏。
3　《资治通鉴》卷八六，晋怀帝永嘉元年十二月条。按，《晋书·王弥传》云弥降汉是在攻洛阳之后，不确；详细考证见《通鉴》胡注引《考异》。

征等。[1]这就使汉政权的力量大为增长。

汉元熙五年（308）初，刘渊遣刘聪等十将南据太行，辅汉将军石勒等十将东下赵、魏。[2]二月，石勒攻常山（治真定，今河北石家庄北），为晋安北将军王浚所败。三月，刘渊南下太行，攻汲郡（治汲县，今河南卫辉东），略顿丘（治顿屯，今河南内黄东南）、河内（治野王，今河南沁阳）之地。[3]王弥也分遣诸将攻掠青、徐、兖、豫四州，有众数万，四月，攻占许昌，进逼洛阳，京师大震，晋司徒王衍等率百官拒守。弥屯七里涧，为晋军所败，遂与其部下王桑渡过黄河，投奔刘渊。刘渊大喜，遣侍中兼御史大夫郊迎，加署弥为"司隶校尉，加侍中、特进"[4]，以王桑为散骑常侍[5]。同年七月，刘渊进攻平阳（治平阳，今山西临汾），太守宋抽弃郡奔洛阳，河东太守路述战死。[6]渊遂进据河东，攻占蒲坂（今山西永济西黄河边），徙都于蒲子（今山西隰县）。

从汉元熙元年十月刘渊称汉王始，至五年十月止，汉政权本身的势力从离石扩展到平阳、河东、上党、乐平等郡。同时，河北、山东等地几支大的反晋起事军纷纷归附，大大增强了汉国的实力，使汉国的势力向东扩张到冀、司、青、徐、兖、豫诸州，向西发展到雍州之东，给西晋王朝以很大

1 《晋书·刘元海载记》。

2 《资治通鉴》卷八六，晋怀帝永嘉二年元月条。

3 《晋书》卷五《怀帝纪》。

4 《晋书·王弥传》等。

5 《资治通鉴》卷八六，晋怀帝永嘉二年四月条。

6 《晋书·怀帝纪》等。

的威胁。这一有利的形势，促使刘渊君臣决定进一步加强其政权建设。

同年十月，在刘宣等六十四人的劝进下，刘渊于蒲子即皇帝位，大赦，改元永凤，以其子卫军将军刘和为大将军，刘聪为车骑大将军，族子曜为龙骧大将军。[1]十一月，汉政权丞相刘宣卒。十二月，渊大封宗室及功臣：以大将军刘和为大司马，封梁王；尚书令刘欢乐为大司徒，封陈留王；子刘聪为楚王，族子刘曜为始安王，宗室刘景为汝阴王，刘洋为长乐王，刘俊为上郡王，渊兄刘延年为江都王；皇后父御史大夫呼延翼为大司空，封雁门郡公；"宗室以亲疏为等，悉封郡县王，异姓以勋谋为差，皆封郡县公侯"[2]。后又封其子刘裕为齐王，刘隆为鲁王。[3]刘渊还遣使授平晋王石勒持节、平东大将军，校尉、都督、王如故。[4]

汉永凤二年（309）正月，汉太史令宣于修之向刘渊进言："陛下虽龙兴凤翔，奄受大命，然遗晋未殄，皇居仄陋，紫宫之变，犹钟晋氏，不出三年，必克洛阳。蒲子崎岖，非可久安。平阳势有紫气，兼陶唐旧都，愿陛下上迎乾象，下协坤祥。"于是渊迁都平阳，并大肆营建平阳都城。[5]时于汾

1　《资治通鉴》卷八六，晋怀帝永嘉二年十月条。

2　同上所引；《十六国春秋辑补》卷一《前赵录》等。

3　《资治通鉴》卷八七记此事于永嘉三年（309）五月。

4　《晋书·石勒载记上》。

5　《晋书·刘元海载记》。《太平寰宇记》卷四三云："临汾县……刘元海城。晋永嘉之乱，元海僭称汉，于此置都，筑平阳城，昼夜兴作，不久则崩，募能城者赏之。先有韩媪者，于野田见巨卵傍有婴儿，收养之，字曰橛儿。时已四岁，闻元海筑城不就，乃白媪曰：我能城之……橛儿乃变为蛇，令媪持灰随后遗志焉，谓媪曰：凭灰筑城可立。竟如所言……"此是关于渊筑平阳城的传说，附记于此。

水得王莽时白玉玺，刘渊以为天授，遂改永凤二年为河瑞元年。[1]

与刘渊称帝的同时，晋并州刺史刘琨遣上党太守刘惇（一作庞惇）攻汉上党壶关，汉镇东将军綦毋达战败亡归[2]，上党落入刘琨之手。可是，汉国却在赵、魏一带取得了很大的进展。石勒与刘灵率众三万攻晋魏郡、汲郡和顿丘，多陷世族豪门的坞壁，假垒主将军、都尉之号，简其丁壮五万为军士，老弱安堵如故。[3]

汉河瑞元年三月，晋左积弩将军朱诞奔汉[4]，具陈洛阳孤弱情况，劝刘渊攻取洛阳。于是，刘渊以朱诞为前锋都督，以灭晋大将军刘景为大都督，将兵攻克黎阳（今河南浚县东北），南下至黄河边的延津，又败晋王堪军，沉男女三万余人于黄河。刘渊闻之大怒，说："景何面复见朕！且天道岂能容之。吾所欲除者，司马氏耳，细民何罪！"遂黜景为平虏将军。[5]从这一事件也可看出刘渊的识略，他处处争取广大"晋人"的支持，把主要矛头对准了晋朝统治者。刘渊攻洛阳，却先遣军从魏郡南下，目的是借其在赵、魏的势力，攻取洛阳，结果没有成功。但从此以后，汉国统治者因见西晋洛阳势孤力弱，从而放弃了先取关中长安为根本、后占洛阳的战略方针，转而采取先占洛阳后取关中的策略。

同年四月，汉安东大将军石勒攻冀州的巨鹿、常山，杀

---

1 《水经注》卷六《汾水》引《魏土地记》等。
2 《资治通鉴》卷八六，晋怀帝永嘉二年十一月条。
3 《晋书·石勒载记上》；《资治通鉴》卷八六，晋怀帝元嘉二年十一月。
4 按，《晋书·怀帝纪》记此事于永嘉三年四月，从《资治通鉴》卷八七。
5 《资治通鉴》卷八七，晋怀帝永嘉三年三月条。

二郡守将，破郡县百余壁，众至十余万，集汉族衣冠人物，别为君子营。勒还以赵郡张宾为谋主，并州胡羯多附之。[1]
五月，刘渊因刘琨占据了上党，切断了他向东与石勒、王弥联络的通道，故封王弥为侍中，都督青、徐、兖、豫、扬六州诸军事、征东大将军、青州牧，使其与楚王刘聪共攻壶关。又令石勒为前锋都督参战。刘琨遣护军黄肃、韩述救壶关，刘聪败韩述于西涧，石勒败黄肃于封田，皆杀之。[2]两晋太傅、东海王越又遣淮南内史王旷、将军施融、曹超率军来战。旷欲长驱渡河而进，施融说："彼乘险间出，我虽有数万之众，犹是一军独受敌也。且当阻水为固以量形势，然后图之。"旷不听，进军至太行，与刘聪相遇，战于长平（今山西高平北），旷军大败，融、超皆战死。[3]在长平之战中，刘聪中流矢，几为晋军所获。后赖部将前部人李景年以马相授，使聪能继续挥戈前战，大败晋军。[4]刘聪遂乘胜重新攻占了上党屯留、长子，凡斩获万九千级。琨上党太守刘惇以壶关降汉。刘琨急遣都尉张倚领上党太守，据襄垣（今山西襄垣北），又派鹰扬将军赵拟、梁余、都尉李茂与张倚并力，轻行夜袭，败聪军，方阻挡了刘聪的北上。[5]此时，

1　《晋书·石勒载记上》；《资治通鉴》卷八七，晋怀帝元嘉之年三月。

2　《晋书·石勒载记上》；《资治通鉴》卷八七引《十六国春秋》，胡注引《考异》曰："《石勒载记》'肃'作'秀'，'封'作'白'，今从《十六国春秋》及《刘琨集》。"

3　《资治通鉴》卷八七引《十六国春秋》，胡注引《考异》云："《十六国春秋》作'王广'，今从《帝纪》。"又，见《晋书·怀帝纪》。

4　《太平御览》卷三五一引《前赵录》；又，同书卷三五一、卷八三三引《前赵录》有李景年小传。

5　《晋书·怀帝纪》；《资治通鉴》卷八七及胡注引《考异》中的《十六国春秋》《刘琨集》等。

在刘琨北面新兴郡居住的原南迁匈奴右贤王去卑孙刘虎，与白部鲜卑皆附汉。刘琨将兵击刘虎，刘聪闻讯，遣兵袭晋阳，不克。[1]

同年八月，刘渊正式开始向洛阳发动进攻，命楚王刘聪、征东大将军王弥率军向洛阳进逼，刘曜、赵固等为之后继。汉军进攻的路线，是由平阳南下，经河东入弘农，沿洛水而至洛阳。西晋太傅、东海王越遣平北将军曹武、将军宋抽、彭默等迎拒，为聪所败。刘聪遂长驱至弘农郡的宜阳（今河南宜阳西）。晋平昌公司马模时镇长安，遣将军淳于定、吕毅等自长安来，与聪战于宜阳，败绩。聪恃连胜不设备，诈降的晋弘农太守垣延夜袭聪军，聪军大败而归。[2] 与此同时，石勒攻常山，王浚遣鲜卑段务勿尘（一作"段务尘"）破之于飞龙山（今河北元氏县东北）。[3]

同年十月，刘渊复大发卒，遣刘聪、王弥、刘曜、刘景等率精骑五万，以大司空呼延翼率步卒后继，沿前次路线进攻洛阳。汉军占领了弘农郡的宜阳后，沿洛水趋洛阳；晋廷以为汉军刚败还，不意复至，遂败于河南（今河南洛阳）。刘聪进屯洛阳西明门，晋护军贾胤夜袭之，战于大夏门，杀聪将呼延颢，其众溃。聪回军而南，屯于洛水，又进屯宣阳门，刘曜屯上东门，王弥屯广阳门，刘景攻大夏门。时汉大司空呼延翼为部下所杀，其众自大阳溃归。刘渊见颢、翼死，敕刘聪等还师。聪表称晋兵微弱，固请留

1 《资治通鉴》卷八七及胡注引《考异》等。
2 《晋书·刘元海载记》；同书《怀帝纪》；《资治通鉴》卷八七等。
3 《晋书·石勒载记上》；《资治通鉴》卷八七，晋怀帝永嘉三年八月条；《太平御览》卷四五引《前赵录》等。

攻洛阳，渊许之。晋太傅司马越婴城自守，聪亲祈于嵩山，
令平晋将军、安阳哀王刘厉、冠军将军呼延朗督军。晋司
马越命参军孙询、将军丘光、楼哀等率帐下劲卒三千，自
宣阳门击斩呼延朗，刘厉惧聪降罪，赴水而死。王弥对聪
说："今既失利，洛阳犹固，殿下不如还师，徐为后举。下
官当于兖、豫之间，收兵积谷，伏听严期。"聪因自请留，
不敢还。会乞活帅李恽、薄盛等率众救洛阳，汉太史令宣
于修之又言于渊："岁在辛未，当得洛阳，今晋气犹盛，大
军不归，必败。"十一月，渊遂遣黄门郎傅询召聪等还平
阳。[1] 而王弥则出辕辕（今河南偃师东南），攻襄城（今河
南襄城），河东、平阳、弘农、上党的流民在颍川、襄城、
汝南、南阳、河南者数万人，烧城邑，杀晋官吏，以应王
弥。[2] 后乞活帅李恽等败王弥于颍川郡的新汲（今河南扶沟
西南）。[3]

　　石勒虽有飞龙山之失败，但不久便势力复振，于十一月
攻信都（今河北衡水冀州，冀州治所），杀冀州刺史王斌，
王浚遂自领冀州刺史。晋廷又遣车骑将军王堪、北中郎将裴
宪击石勒，勒引兵还。晋魏郡太守刘矩以郡附于勒。石勒又
攻黎阳，裴宪弃军奔淮南（治寿春，今安徽寿县），王堪退
保仓垣（今河南开封北）。刘渊遂署勒"镇东大将军，封汲
郡公，持节、都督、王如故"。[4]

---

1 《晋书·怀帝纪》；同书《刘元海载记》；《资治通鉴》卷八七，晋怀帝永嘉
三年十一月条等。
2 《晋书·王弥传》。
3 《晋书·怀帝纪》。
4 《晋书·石勒载记上》。

同年底，刘渊对内又做了一些调整，以陈留王刘欢乐为太傅，楚王聪为大司徒，江都王刘延年为大司空，长乐王刘洋为大司马；遣都护大将军曲阳王刘贤与征北大将军刘灵、安北将军赵固、北平将军王桑，东屯内黄（今河南内黄西）。[1]后又以刘灵为冀州刺史。王弥表请其左长史曹嶷行安东将军，东徇青州，并迎王弥家属，渊许之。[2]

汉河瑞二年（310）正月，刘渊立氐酋单征女为皇后，以子梁王和为皇太子，封子刘义（单后所生）为北海王。汉镇东大将军石勒渡过黄河攻取白马（今河南滑县东），与王弥三万人会合，攻徐、豫、兖等州。二月，石勒袭鄄城（今山东鄄城北），杀晋兖州刺史袁孚，又陷仓垣，杀王堪，渡河攻广宗、清河、平原诸县，民从之者九万余口。[3]四月，王浚将祁弘击杀汉冀州刺史刘灵于广宗（今河北威县东）。[4]七月初，刘聪、刘曜及安北大将军赵固围晋河内太守裴整于怀（今河南武陟西南）；石勒率军来会，攻晋冠军将军梁巨于武德（今河南武陟东南），怀帝遣兵救之。河内人执裴整降，渊以裴整为尚书左丞，河内督将郭默收整余部，自为坞主，刘琨以默为河内太守。[5]石勒从武德又攻梁巨于长陵（武德附近），擒而杀之，"河北诸堡壁大震，皆请降送任于勒"[6]。

---

1 《晋书·刘元海载记》；《资治通鉴》卷八七，晋怀帝永嘉三年十二月条。

2 《资治通鉴》卷八七，晋怀帝永嘉三年十二月条。

3 《资治通鉴》卷八七，晋怀帝永嘉四年正月、二月条；《晋书·石勒载记上》。

4 《资治通鉴》卷八七，晋怀帝永嘉四年四月。又，《晋书·怀帝纪》记其事，内刘灵误作"刘灵曜"。

5 《晋书·石勒载记上》；《资治通鉴》卷八七，晋怀帝永嘉四年七月条。

6 《晋书·石勒载记上》。

同年七月，刘渊病重[1]，对政权做了大的改革。一是进一步健全和加强中央的机构，以陈留王刘欢乐为太宰，长乐王刘洋为太傅，江都王刘延年为太保，为皇太子刘和即位后的辅政做准备。又以楚王刘聪为大司马、大单于，并录尚书事，以齐王刘裕为大司徒，鲁王刘隆为尚书令，北海王乂为抚军大将军、领司隶校尉，始安王刘曜为征讨大都督、领单于左辅，廷尉乔智明为冠军大将军、领单于右辅，光禄大夫刘殷为左仆射，王育为右仆射，任颛为吏部尚书，朱纪为中书监，护军将军马景领左卫将军，永安王刘安国领右卫将军，安昌王刘盛、安邑王刘钦、西阳王刘璿皆领武卫将军，分典禁兵。[2]这样，刘渊一族就牢牢掌握了汉的军国大权。二是设置管理"六夷"（胡、羯、鲜卑、氐、羌、巴蛮）[3]等少数民族部落的"单于台"于平阳西，单于台最高长官是"大单于"，以刘聪任之，下设单于左右辅，分别由刘曜、乔智明任之。单于台的设置，是在汉政权发展过程中，有越来越多的六夷部落归附，他们的社会组织和生活习俗均与汉族不同，为了便于管理而建立的。到七月十六日（丁丑）刘渊召太宰刘欢乐、太傅刘洋等入禁中，受遗诏辅政。十八日，渊死，皇太子刘和即位。[4]九月，葬渊于永光陵（在山西洪洞县东八里）。

1　按，《晋书·刘元海载记》、《太平御览》卷一一九引《前赵录》均记：渊于八月寝疾并病死；《晋书·怀帝纪》云在六月，《资治通鉴》卷八七云在七月，从《通鉴》卷八七胡注引《考异》。

2　《资治通鉴》卷八七，晋怀帝永嘉四年七月条；《晋书·刘元海载记》。

3　《资治通鉴》卷八九胡注："六夷，盖胡、羯、鲜卑、氐、羌、巴蛮；或曰乌丸，非巴蛮也。"按，晋时乌丸已成杂胡称号，故巴蛮确。

4　《资治通鉴》卷八七胡注引《考异》。

二 刘聪的继立及西晋洛阳的陷落

刘和，字玄泰，系刘渊嫡子。史称其"身长八尺，雄毅美姿仪。好学夙成，习《毛诗》《左氏春秋》《郑氏易》。及为储贰，内多猜忌，驭下无恩"[1]。刘渊生前，统掌军权，四处征战，多有战功的主要是其子刘聪和族子刘曜，刘和即位，自然猜忌聪、曜，内不自安。其卫尉西昌王刘锐恨其不预顾命，宗正呼延攸（呼延翼子）怨终身不迁官，侍中刘乘素恶刘聪；三人乃相与密谋，说刘和云："先帝（渊）不惟轻重之计，而使三王总强兵于内，大司马（刘聪）握十万劲卒居于近郊，陛下今便为寄坐耳。此之祸难，未可测也，愿陛下早为之所。"[2] 内所谓的"三王"总强兵于内，《资治通鉴》卷八七胡注云："三王，谓安昌王盛、安邑王钦、西阳王璿也；或曰：三王，谓齐王裕、鲁王隆、北海王乂。"从以后事变发生后的情况看，"三王"应指齐王裕、鲁王隆、北海王乂。大司马刘聪时为大单于，在平阳西附近的单于台，统六夷十万落，故有"大司马握十万劲卒居于近郊"之说。

呼延攸系刘和舅，刘和对他的话深信不疑，于是召其领军刘盛及刘钦、马景等密谋除"三王"及刘聪。刘盛不同意，说："先帝尚在殡宫，四王未有逆节。今忽一旦自相鱼肉，臣恐人不食陛下之余。四海未定，大业甫尔，愿陛下以上成先帝鸿基为志，且塞耳勿听此狂简之言也……陛下既不

---

1 《晋书·刘元海载记附和传》。
2 《晋书·刘元海载记附和传》；《资治通鉴》卷八七，晋怀帝永嘉四年七月条。

信诸弟，复谁可信哉！"刘锐、呼延攸怒之曰："今日之议，
理无有二，领军是何言乎！"并命左右杀刘盛。刘钦等惧，
乃与之相盟于东堂，决定由刘锐率马景攻刘聪于单于台，呼
延攸率永安王刘安国攻齐王裕于司徒府，刘乘率安邑王刘钦
攻鲁王隆，使尚书田密、武卫将军刘璿攻北海王乂。事发
后，田密、刘璿挟刘乂斩关奔归于刘聪，聪知有变，即做了
准备。刘锐知聪有备，遂合攸、乘等攻隆、裕，攸、乘疑刘
钦、刘安国有异志，杀之，又攻杀隆、裕。刘聪即率军攻克
平阳西明门，刘锐等逃入南宫，聪前锋入宫，杀刘和于光极
西室，又斩刘锐、呼延攸、刘乘等。[1] 至此，刘渊死后，诸
子争夺皇位的斗争告一段落，时间不到一个月，因此对汉政
权本身影响不大。

刘聪，字玄明，一名载，渊第四子，母曰张夫人。《晋
书·刘聪载记》云其生时有神异，"幼而聪悟好学，博士朱
纪大奇之。年十四，究通经史，兼综百家之言，《孙吴兵法》
靡不诵之。工草隶，善属文……十五习击刺，猿臂善射，弯
弓三百斤，臂力骁捷，冠绝一时……弱冠游于京师，名士莫
不交结，乐广、张华尤异之也"。刘聪有文武之才可能是事
实，但史书也多有溢美之词。后晋新兴太守郭颐辟聪为主
簿，任以郡事，举良将，为骁骑别部司马。齐王冏以为国中
尉，出为左部司马，寻迁右部尉。[2] 河间王颙又表其为赤沙
中郎将。聪因父渊在邺，惧为成都王颖所害，故亡奔邺，成
都王颖拜其为右积弩将军，参前锋军事。颖以渊为北单于，

---

1 《晋书·刘元海载记》。
2 《魏书》卷九五《刘聪传》。《晋书·刘聪载记》"郭颐"作"郭熙"，误。

渊立聪为右贤王，还右部。汉政权建立后，封刘聪楚王，先后任抚军将军、车骑大将军、大司马、大单于，并录尚书事，转战各地，多立战功。

刘和即位后，首先发难，结果事败身亡，群臣拥聪即汉国帝位。刘聪因北海王乂为皇后单氏所生，让位于乂。乂固辞，聪云："乂及群公，正以四海未定，祸难尚殷，贪孤年长故耳。此国家之事，孤敢不祗从。今便欲远遵鲁隐，待乂年长，复子明辟。"遂即帝位，大赦，改元光兴，尊父渊妻单氏为皇太后，母张氏为帝太后；乂为皇太弟，领大单于、大司徒；立妻呼延氏（渊母呼延氏从父妹）为皇后；封其子刘粲为河内王，署使持节、抚军大将军、都督中外诸军事；子刘易为河间王、刘翼彭城王、刘悝高平王。[1]此外，为了笼络势力逐渐强大的石勒，封勒为"征东大将军、并州刺史、汲郡公，持节、开府、都督、校尉、王如故"[2]。

刘聪即位后，西晋各地流民起义及羯、氐、羌等起兵割据仍不断发生。同年八月，秦州略阳氐酋蒲洪为氐众所推，割据于略阳，刘聪遣使拜洪平远将军，洪不受，自称护氐校尉、秦州刺史、略阳公。[3]九月，晋廷下令遣还在南阳（治宛城，今河南南阳）的雍州流民，因关中荒残，流民皆不愿还。晋征南将军山简、南中郎将杜蕤遣兵护送，促期令发。京兆人王如遂结流民，夜袭破晋军，又有冯翊人严嶷、京兆人侯如也聚众杀令长响应，很快就形成四五万之众。王如自

---

1 《晋书·刘聪载记》；《太平御览》卷一二一《前赵录》等。
2 《晋书·石勒载记上》。
3 《太平御览》卷一二一引《前秦录》；《资治通鉴》卷八七，晋怀帝永嘉四年七月条。

号大将军，领司、雍二州牧，称藩于汉。[1] 这样，石勒来往、转战于洛阳东北的赵、魏诸郡，王弥、曹嶷活动于洛阳以东的兖、豫、青、徐诸州，洛阳南面有流民王如的起兵，刘聪的汉政权则直接控制了洛阳西北平阳、河东、上党诸郡，逐渐形成了对洛阳的包围。

十月，刘聪命子刘粲及刘曜、王弥率众四万进攻洛阳，同时令石勒率骑二万与粲等合于大阳（今山西平陆南）。石勒败晋监军裴邈于渑池（今河南洛宁西北），长驱入洛川。刘粲等由大阳、宜阳沿洛水而上，经洛阳城南，出辕辕，转战于梁（治睢阳，今河南商丘南）、陈（治今河南开封东）、汝（治今河南息县）、颍（治今河南许昌东）间，"陷垒壁百余"[2]。石勒又出成皋关（今河南汜水东），围晋陈留太守王赞于仓垣，为赞所败，退至文石津（今河南滑县南）。[3] 汉将赵固与晋车骑将军王申始（一作王甲始）相拒于延津（今河南卫辉东），固军大败。[4] 从这次汉国的军事行动看，进军的目的不是直接进攻洛阳，而是进一步扫清洛阳外围的晋朝势力，为下一步攻夺洛阳做准备。

当时，坐镇在并州北部的刘琨、幽州的王浚，势力最强。刘琨引漠南的拓跋鲜卑猗卢，击走了居于新兴一带的铁弗匈奴刘虎及白部鲜卑，与猗卢结为兄弟，并表猗卢为大单于，以代郡封之为代公。[5] 王浚则依靠辽西段氏鲜卑，以二

---

1 《晋书》卷一〇〇《王如传》;《魏书》卷九五《石勒传》等。
2 《晋书·刘聪载记》;《资治通鉴》卷八七，晋怀帝永嘉四年十月条。
3 《晋书·石勒载记上》。
4 《太平御览》卷八七八引《前赵录》。
5 《魏书·序纪》等。

女嫁段氏鲜卑首领务勿尘、苏恕延。怀帝即位后，以浚为司空，领乌丸校尉，封务勿尘为大单于，又表封务勿尘为辽西郡公，别部帅等皆为亲晋王。[1] 刘琨之表猗卢为代公，领代郡，而代郡时属幽州，触犯了王浚的利益。王浚不许，并遣兵击猗卢，为猗卢所败。于是刘琨与王浚始结怨，而最终导致两者的败亡。在刘粲、石勒等攻洛阳周围诸郡时，刘琨上表晋廷，请与猗卢共击刘聪、石勒，东海王越恐镇青州的苟晞和镇豫州的冯嵩为后患，不许。刘琨只好遣还拓跋鲜卑猗卢。[2] 铁弗匈奴刘虎自被刘琨、猗卢击败后，收集余众西渡黄河，居朔州肆卢川（今陕北榆林西北），遣使降汉，刘聪封其为楼烦公。[3]

时晋京师洛阳饥困日甚，西晋政权已处于风雨飘摇之中。太傅司马越遣使以羽檄征天下兵，入援京师。怀帝对使者说："为我语诸征镇，若今日，尚可救，后则无逮矣。"时鲜有至者。[4] 仅镇襄阳（今湖北襄阳）的镇南将军山简和荆州刺史王澄曾遣军援京师，山简军进至涅阳（今河南南阳东南）为流民起义军王如所败，王如遂围襄阳。王澄见山简军败，由沶口（今湖北宜城西）散还。[5] 洛阳城内，西晋诸臣多有议迁都以避刘聪、石勒者。

石勒自退回文石津后，向北欲攻王浚，后赵固为王申始

1 《晋书》卷三九《王沈附浚传》。
2 刘琨：《与丞相笺》，见《资治通鉴》卷八七胡注引《考异》。
3 《晋书》卷一三〇《赫连勃勃载记》；《资治通鉴》卷八七，晋怀帝永嘉四年十月条。
4 《晋书·怀帝纪》。
5 《晋书》卷四三《山简传》；《资治通鉴》卷八七，晋怀帝永嘉四年九月条。

败于延津，勒即南渡黄河，攻杀晋襄城太守崔旷于繁昌（今河南许昌南）。当时据江淮一带的王如、侯脱、严嶷等惧石勒并己，屯兵一万于襄城，阻石勒南下。石勒击破襄城，尽俘其众，又进屯于宛城（今河南南阳）北山。王如惧，送珍宝车马犒师，与勒结为兄弟，说勒攻素与己不和的侯脱于宛。勒攻克宛城，严嶷率众来救，至则无及，降勒。石勒遂杀侯脱，囚严嶷，送之于平阳，尽并其众。接着，石勒又攻襄阳，攻拔江西垒壁三十余所，又还至襄城，击攻王如弟王璃，复屯江西。[1] 石勒南渡黄河的军事胜利，从南面孤立、威胁了洛阳。

在这种形势下，西晋太傅东海王越以讨石勒为借口，摆脱自身的困境，竟然率甲士四万离开洛阳，以太尉王衍为军司，"朝贤素望，悉为佐吏，名将劲卒，咸入其府"。留妃裴氏，世子、镇军将军毗及龙骧将军李恽并何伦等守卫京师。越离京师后，东屯于项（今河南沈丘），自领豫州牧。自越走后，洛阳城内"宫省无复守卫，荒馑日甚，殿内死人交横，府寺营署并掘堑自守，盗贼公行，枹鼓之音不绝"[2]。时王浚将王申始虽败刘曜、王弥于瓶垒[3]，但并没有改变洛阳的困境。晋怀帝原本寄希望于镇青、徐等州的苟晞，可是原王弥左长史曹嶷，破琅邪（治今山东临沂北），北收齐地，兵势日盛，苟晞自顾不暇，一时不能西援洛阳。

与西晋政权的情况相反，汉政权自刘聪即位后却稳步地

1　以上见《晋书·石勒载记上》。

2　以上见《晋书·东海王越传》；同书《怀帝纪》；《资治通鉴》卷八七，晋怀帝永嘉四年十月条。

3　《晋书·怀帝纪》。

发展。同年底，刘聪因越次而立，杀其嫡兄刘恭。汉皇太后单氏卒，聪以母为皇太后。[1]又"以其司空刘景为大司马左光禄、刘殷为大司徒右光禄、王育为大司空"[2]。刘聪还吸取了其父渊败亡的教训，以其子粲总督内外诸军事，直接率军参加争战。

汉光兴二年（311）初，石勒先后攻拔江夏（治安陆，今湖北云梦）、汝南、新蔡，陷许昌（今河南许昌东），所至皆捷。[3]而西晋统治阶级内部又发生了内讧：原来怀帝素恶司马越专权，而苟晞又与越有矛盾，故怀帝密诏苟晞讨越。越知帝与晞讨己，遂于同年三月忧愤而死。王衍等奉越丧还葬东海。[4]四月，石勒率轻骑追东海王越丧于苦县宁平城（今河南郸城东），执太尉王衍及晋宗室、诸王、百官。王衍劝石勒称帝，勒夜排墙杀之。石勒焚越尸，并说："此人乱天下，吾为天下报之，故烧其骨以告天地。"[5]时汉赵固、王桑又攻杀裴盾于彭城（今江苏徐州）。[6]西晋洛阳的处境更加恶化。

五月，苟晞表请怀帝迁都于仓垣，遣从事中郎刘会迎帝。怀帝欲从，公卿犹豫，遂不果行。时洛阳饥困，人相食，百官流亡者十八九。怀帝欲出河阴（今河南孟津北），令司徒傅祗修理舟楫，后不得进而返。[7]此时，汉国开始调

1　《资治通鉴》卷八七，晋怀帝永嘉四年条。
2　《晋书·刘聪载记》。
3　见《晋书·石勒载记上》。
4　《晋书·东海王越传》；同书《王戎附衍传》等。
5　同上所引；《晋书·石勒载记》等。
6　《资治通鉴》卷八七，晋怀帝永嘉五年四月条。
7　《晋书·怀帝纪》等。

集各路大军向洛阳发动进攻。刘聪以卫尉呼延晏为使持节、前锋大都督、前军大将军，配禁兵二万七千，自宜阳入洛川；又命王弥、刘曜、石勒率军会之。呼延晏军进至河南，晋师前后十二败，死者三万余人。王弥等军未至，晏留辎重于张方故垒，进攻洛阳，攻克平昌门（南面东第一门），焚东阳、宣阳诸门及诸府寺。怀帝遣河南尹刘默率军拒战，为晏败于社门（应为"税门"）。[1]

六月，呼延晏因后继未至，出东阳门，掠王公已下子女二百余人而去。时怀帝欲渡黄河东逃，具船于洛水边，晏尽焚船只，还屯于张方故垒。王弥、刘曜军至，会晏合攻洛阳。弥军至宣阳门，入南宫，升太极前殿，纵兵大掠，悉收宫人、珍宝。怀帝出华林园门，欲奔长安，为汉军所执，因于端门。刘曜自西明门入武库，杀太子及诸王公大臣等二十余人[2]，士民死者三万余人[3]。又发掘陵墓，焚宫庙、官府，迁怀帝及惠帝羊后、传国六玺于平阳。[4]

---

1 吴士鉴《晋书斠注》云："《读史举正》曰：按，洛阳有税门，即青明门，无社门。社盖税之讹。"

2 按，《晋书·刘聪载记》云曜"害诸王公及百官已下三万余人"。同书《王弥传》亦同；《太平御览》卷一一九《前赵录》仅云"杀晋太子及诸百官已下二十余人"，而《资治通鉴》卷八七此句作"曜杀太子诠、吴孝王晏、竟陵王楙、右仆射曹馥、尚书闾丘冲、河南尹刘默等，士民死者三万余人"。过去史家多用《晋书》以证刘聪等之残暴，恐不确，应从《通鉴》及《前赵录》。

3 按，《晋书·刘聪载记》云"害诸王公及百官已下三万余人"。同书《王弥传》亦同；《太平御览》卷一一九《前赵录》仅云"杀晋太子及诸百官已下二十余人"，而《资治通鉴》卷八七此句作"曜杀太子诠、吴孝王晏、竟陵王楙、右仆射曹馥、尚书闾丘冲、河南尹刘默等，士民死者三万余人"。过去史家多用《晋书》以证刘聪等之残暴，恐不确，应从《通鉴》及《前赵录》。

4 以上均见《晋书·刘聪载记》；同书《怀帝纪》；《资治通鉴》卷八七，晋怀帝永嘉四年六月条。

洛阳陷落后，石勒率军出轘辕，屯于许昌。在攻陷洛阳时，刘曜禁王弥大掠，并斩其牙门王延以徇，弥怒，与曜相攻，死者千余人。[1] 弥长史张嵩谏云："明公与国家共兴大事，事业甫耳，便相攻讨，何面见主上乎！平洛之功诚在将军，然刘曜皇族，宜小下之……"弥于是诣曜谢罪，和好如初。弥因说曜云："洛阳天下之中，山河四险之固，城池、宫室无假营造，可徙平阳都之。"曜不从，焚烧而去。王弥怒曰："屠各子，岂有帝王之意乎！汝奈天下何！"加之刘曜以弥先入洛，不待己至，恨弥，弥遂从前晋司隶校尉刘暾的劝告，率军还据青州。[2]

汉政权攻陷洛阳后，为什么不采纳王弥的建议迁都洛阳呢？原来刘曜等见洛阳几经战乱，残破不堪，且四面受敌，不可守，故焚之而返。事实也的确如此：当时在河陇有奉西晋为正统的张轨父子的势力；镇守雍州的是西晋南阳王模，其子司马保镇于上邽（今甘肃天水）；并州北部有晋并州刺史刘琨，幽、冀二州有王浚，青、豫等州有苟晞兄弟；特别是在江南，还有晋都督扬、江、湘、交、广五州军事的琅邪王司马睿，势力更为强大。就是在洛阳的四周，自汉军撤离后，各镇自设"行台"，拥兵自守。如晋司徒傅祗建行台于河阴[3]；司空苟藩与弟组等建行台于密（今河南新密东南），传檄四方，推琅邪王睿为盟主，分授官爵[4]；苟晞也拥立逃到仓垣的豫章王司马端（怀帝子）为皇太子，置行台于蒙

---

1 《晋书·王弥传》。
2 《晋书·王弥传》。
3 《晋书》卷四七《傅玄附傅祗传》。
4 《晋书》卷四五《苟勖附藩传》。

城（今河南商丘北）[1]。甚至远在幽州的王浚亦于七月，立皇太子，布告天下，备置百官，以荀藩为太尉、琅邪王睿为大将军，浚自领尚书令。[2] 此外，洛阳周围还存在着许多拥晋的世家大族，他们拥兵自守，建立坞壁。如原晋度支校尉魏浚，聚保河阴，后屯于洛北；浚族子魏该聚众据一泉坞（在宜阳）；李矩自为坞主，聚屯于荥阳（今河南荥阳东北）；郭默聚屯于河内等。[3]

以上情况，一方面说明自魏晋以来，世家大族势力增长，割据倾向加深，故汉政权虽然攻克了京师洛阳，但各地割据势力仍然很强，汉政权如迁都洛阳，必然处于四面受敌的境地，刘曜等的决策是正确的；另一方面又充分暴露了西晋统治阶级之间，在洛阳失陷后，争权夺利的斗争不仅没有缓和，反而更加尖锐了。

三 汉政权的兴盛及其与西晋的角逐

汉政权自攻陷洛阳后，刘聪大赦境内，改元嘉平，以晋怀帝为"特进左光禄大夫、平阿公，晋侍中庾珉、王俊为光禄大夫"[4]，等待时机，积极准备西取长安。

嘉平元年（311）七月，驻镇长安的南阳王模使牙门将赵染戍守蒲坂，以防汉政权的进攻。赵染求冯翊太守一职遭拒绝，怒而率众降汉，刘聪即以赵染为平西将军。蒲坂是汉进攻关中的军事要冲，赵染的归降，为汉进攻长安创造了极

---

1 《晋书》卷六一《荀晞传》。
2 《晋书·王浚传》。
3 见《晋书》卷六三《李矩、魏浚及该、郭默传》。
4 《晋书·刘聪载记》；《资治通鉴》卷八七及胡注引《考异》。

好的机会。八月，刘聪遣赵染与安西将军刘雅[1]率骑二万攻
长安，命刘粲、刘曜率大军作后继。赵染败司马模军于潼
关，然后长驱至下邽（今陕西渭南孝义镇）。时张轨遣至长
安的将军北宫纯降汉，汉兵围长安。模仓库虚竭，士卒离
散，乃降汉。赵染送模于刘粲。九月，粲杀模及其子，送
模臣僚梁芬、鲁繇、壮骜、辛谧及北宫纯等于平阳。[2]刘聪
闻粲擅杀模父子，大怒，说："吾恐汝不免诛降之殃也。夫
天道至神，理无不报。"[3]汉军虽占领关中，但关中此时饥馑，
白骨蔽野，士民存者百无一二。刘聪以刘曜为车骑大将军、
开府仪同三司、雍州牧，改封中山王，镇长安；又以王弥为
大将军，封齐公。[4]

与刘聪取长安的同时，石勒攻阳夏（今河南太康），擒
王赞，以为从事中郎；又袭破蒙城，执苟晞及豫章王端，署
晞为左司马。刘聪授勒征东大将军、幽州牧；固辞将军不
受。[5]石勒在兖、豫等州的扩张，必然与王弥发生冲突。原
来石勒与王弥先后投归汉政权，两人均怀有割据一方的野
心，但表面上却很亲密。王弥自洛阳失陷后，与刘曜发生矛
盾，在刘暾的劝说下，企图召引据有青、徐的原部下曹嶷之
兵，以并石勒，割据青、徐。刘暾携弥书信，召曹嶷至东阿

1　按，《晋书·刘聪载记》记刘雅为"安平将军"，《资治通鉴》卷八七作"安
西将军"，从《通鉴》。
2　粲杀模父子，《晋书·怀帝纪》云在"八月"，《资治通鉴》卷八七胡注引
《考异》云："按，刘琨《上丞相笺》曰：'平昌以九月遇祸，世子时镇陇右，故
得无恙。'今以为据。"
3　《晋书·刘聪载记》。
4　《晋书·刘聪载记》；《资治通鉴》卷八七，晋怀帝永嘉五年七月条。
5　《晋书·石勒载记上》。

（今山东东阿西南）时，为勒游骑所获。勒杀刘暾，佯不知
王弥谋己之策。石勒擒苟晞后，王弥更恶勒，伪卑辞以贻勒
云："公获苟晞而赦之，何其神也。使晞为公左，弥为公右，
天下不足定。"石勒及其谋士张宾皆知王弥图己之意，遂决
定用计除弥。勒时与乞活帅陈午相攻于蓬关，弥与晋刘瑞相
持，弥求救于勒。张宾劝石勒助弥以图之，石勒遂引兵击杀
刘瑞，王弥以为石勒实亲己，遂不设备。同年十月，石勒宴
请王弥于营，弥长史张嵩劝弥勿往，弥不听。在酒宴上，石
勒手斩王弥而并其众，并表刘聪云弥谋反被诛。[1] 刘聪大怒，
遣使责勒专害公辅，有无上之心，但也无可奈何。为了笼络
日益强盛的石勒，还得加封勒为"镇东大将军，督并、幽二
州诸军事，领并州刺史，持节征讨，都督、校尉、开府、幽
州牧、公如故"[2]。后苟晞及其弟纯、王瓒图谋反勒，为勒所
杀。石勒并王弥后，引兵攻豫州（治陈县，今河南淮阳），
南至长江，屯军于葛陂（今河南新蔡西北）。[3] 上述事实，表
明石勒企图据有江淮，割据称雄；他擅杀王弥，引起汉政权
对他的不满，说明汉政权事实上已失去了对他的控制。值得
注意的是，刘聪加封石勒为"并州刺史"，显然是让他北返，
合力攻占刘琨所据的并州。

　　石勒与汉政权的矛盾和事实上的分裂，为西晋并州刺史
刘琨分化汉政权找到了可乘之机。原来石勒为人掠夺时，与
母王氏失散，王氏后为刘琨所得。于是，刘琨借送勒母王
氏及从子石虎（石季龙）为由，致书石勒说："将军发迹河、

1　见《晋书·石勒载记上》；同书《王弥传》。
2　同上所引；《晋书·刘聪载记》等。
3　《晋书·石勒载记上》。

朔，席卷兖、豫，饮马江、淮，折冲汉、沔，虽自古名将未
足为谕……昔赤眉、黄巾横逆宇宙，所以一旦败亡者，正以
兵出无名，聚而为乱。将军以天挺之质，威振宇内，择有德
而推崇，随时望而归之。勋义堂堂，长享遐贵。背聪则祸
除，向主则福至……今相授侍中、持节、车骑大将军、领护
匈奴中郎将、襄城郡公，总内外之任，兼华戎之号，显封
大郡，以表殊能，将军其受之，副远近之望也……"刘琨以
高官厚禄、甜言蜜语，诱石勒叛汉投晋，石勒知西晋衰亡，
回书曰："事功殊途，非腐儒所闻。君当逞节本朝，吾自夷，
难为效。"又遗琨名马珍宝，谢归而绝之，名义上仍臣属
于汉。[1]

汉政权虽然攻取了关中，以刘曜镇守长安，但其统治
力量是十分薄弱的。原司马模所委的冯翊太守索綝、安夷
护军金城人麹允、频阳令梁肃等，奔安定（治临泾，今甘
肃镇原西南）；原雍州刺史麹特、新平太守竺恢等仍固守
新平（治漆县，今陕西彬县）。时安定太守贾疋与诸氏、
羌送任子于汉，遇麹允、索綝、梁肃等，允、綝等拥之还
临泾，共推贾疋为平南将军[2]，率众五万攻刘曜于长安，扶
风太守梁综[3]、麹特、竺恢等亦率众十万会之。刘曜遣刘雅、
赵染迎拒，攻新平，不克，索綝救兴平，刘雅等败退。曜
又尽率长安锐卒与贾疋等大战于黄丘（今陕西泾阳云阳），
大败，中流矢，退保甘泉。贾疋遂袭杀汉梁州刺史卢水胡

<hr />

1 《晋书·石勒载记上》。
2 《晋书·刘聪载记》。按，《资治通鉴》卷八七作"平西将军"，从《载记》。
3 《晋书·索綝传》作"扶风太守"，同书卷八九《麹允传》作"京兆太守"，
从《索綝传》。

彭荡仲。麴特及杜人王秃等击破刘粲于新丰，粲还平阳。
刘曜攻陷池阳（今陕西泾阳），掠万余人归于长安。[1]时晋
行豫州刺史事、天水人阎鼎纠集河陇流人数千在密县，欲
还乡里。正好晋司空荀藩等拥秦王司马邺（司马炎孙）于
密建行台，阎鼎等遂拥秦王邺由武关（今陕西商洛南），
经上洛（治陕西商洛）至蓝田。贾疋等遣使迎奉秦王邺，
入于雍城（今陕西凤翔），"关中戎、晋莫不响应"[2]。仅刘
曜孤守长安。

　　汉嘉平二年（312）正月，刘聪皇后呼延氏卒。聪即以
司空王育、尚书令任颢女为左、右昭仪；中军大将军王彰、
中书监范隆、左仆射马景女皆为夫人；右仆射朱纪女为贵
妃。[3]又欲以太保刘殷女为妃嫔，皇太弟乂固谏，以为不可。
聪问太宰刘延年、太傅刘景，皆云刘殷系周之卿士刘康公之
后，与陛下殊源，纳之可也。即是说，刘殷是汉族刘氏，刘
聪原是匈奴改姓刘氏，同姓不同源，可以为婚。刘聪大喜，
使其大鸿胪李弘拜刘殷二女英、娥为左、右贵嫔，位在昭仪
上，又纳殷女孙四人，皆为贵人，位次贵嫔。于是"六刘"
之宠，倾于后宫。聪贪恋女色，朝政不理，事皆中黄门纳
奏，左贵嫔（刘英）决之。[4]这是汉国统治者在攻陷洛阳后，
势力得到进一步扩展的形势下，骄奢淫逸的开始，后竟愈演
愈烈，以至造成统治阶级的内乱。

---

1 以上均见《晋书·刘聪载记》；同书《贾疋传》《索綝传》；《资治通鉴》卷八七，
晋怀帝永嘉五年十二月条。
2 《晋书》卷六〇《阎鼎传》；同书《刘元海载记》等。
3 《资治通鉴》卷八八，晋怀帝永嘉六年正月条。
4 《太平御览》卷一四二引《前赵录》；《晋书·刘聪载记》。

二月，刘聪封晋怀帝为会稽郡公，加仪同三司，并从容对怀帝讲其为豫章王在洛阳时，聪与王武子登门造访，献《盛德颂》一事。怀帝卑躬屈膝地回答说："臣安敢忘之，但恨尔日不早识龙颜！"刘聪又问怀帝司马一家为何自相残杀？怀帝说："此殆非人意，皇天之意也，大汉将应乾受历，故为陛下自相驱除。且臣家若能奉武皇之业，九族敦睦，陛下何由得之！"刘聪闻之大悦，乃以小刘贵人（刘殷孙女）妻怀帝，封为会稽国夫人。[1]聪又纳其舅子辅汉将军张寔二女徽光、丽光为贵人，此乃聪母张太后意也。

四月，聪封其子刘敷为勃海王，刘骥为济南王，刘鸾为燕王，刘鸿为楚王，刘劢为齐王，刘权为秦王，刘操为魏王，刘持为赵王。[2]刘聪骄奢日盛，以鱼蟹不供，斩左都水使者襄陵王刘摅；作温明、徽光两殿不成，杀将作大匠望都公靳陵。[3]又游猎无度，常晨出晚归，观鱼于汾水，昏夜不归，以烛继昼，中军大将军王彰谏曰："今大难未夷，余晋假息。陛下不惧白龙鱼服之祸，而昏夜忘归……且愚人系汉之心未专，而思晋之怀犹盛。刘琨去此咫尺之间，狂狷刺客息顷而至。帝王轻出，一夫敌耳。愿陛下改往修来，则亿兆幸甚。"刘聪大怒，命斩王彰。彰女为聪上夫人，叩头哀求，乃囚彰于诏狱。聪母张太后以其刑怒过差，三日不食，弟乂、子粲并舆榇切谏。聪怒云："吾岂

---

1 《晋书·刘聪载记》等。
2 《资治通鉴》卷八八，晋怀帝永嘉六年四月条。
3 《晋书·刘聪载记》。又，《魏书·刘聪传》云："……将作大将望都公靳陵以营作迟晚，并斩于东市"，与上书所记微有不同。

桀、纣、幽、厉乎？而汝等生来哭人！"太宰刘延年等诸公卿百余人均免冠涕泣谏。聪才悔悟，说："朕昨大醉，非其本心，微公等言之，朕不闻过。"乃赦彰，并进为骠骑将军、定襄郡公。[1]

值得注意的是，王彰所说的"今大难未夷，余晋假息"，"且愚人系汉之心未专，而思晋之怀犹盛"，十分恰当地表述了汉政权面临的主要问题：一方面是"余晋假息"，即西晋洛阳失陷、怀帝被俘后，各地征镇建行台，割据一方，与汉政权争逐；另一方面由于汉政权系匈奴刘氏所建，其统治下的广大汉人对之并不拥护，民族之间的隔阂、矛盾加深。而汉政权既没有力量一下子摧毁西晋的残余势力，也不可能采取较为开明的政策，把广大的汉族人民争取过来。因此，汉政权的统治基础还是比较薄弱的。刘聪的骄奢淫逸在群臣的劝谏下，暂时有所收敛，但不久又故态复萌，且越演越烈了。

在对外方面，嘉平二年初，刘聪开始对北面的刘琨采取进攻。正月，聪命镇北将军靳冲、平北将军卜珝率军攻并州，围晋阳。二月，拓跋鲜卑猗卢遣兵救晋阳；三月，汉军败退，卜珝之卒先奔，靳冲委罪于珝，擅收珝杀之。刘聪大怒，遣御史中丞浩（一作诸）衍持节斩靳冲。[2]卜珝，《晋书》卷九五《艺术传》中有专传，其字子玉，匈奴后部人，精通《易》，隐居龙门山。刘渊称汉王，征其为大司农、侍中，固以疾辞。后复征为光禄大夫。刘聪即位，征

1　以上见《晋书·刘聪载记》；《资治通鉴》卷八八，晋怀帝永嘉六年四月条。
2　《资治通鉴》卷八八，晋怀帝永嘉六年二月、三月条；《太平御览》卷六四六引《前赵录》。

为太常。后为平北将军，攻晋阳，为靳冲所杀。[1]

与靳冲、卜珝攻并州的同时，石勒在葛陂课农造舟，准备进攻建邺，晋琅邪王司马睿集江南诸军于寿春（今安徽寿县），以纪瞻为扬威将军督诸军以拒勒。三月，大雨不止，勒军饥疫，死者大半，闻晋军将至，集众将议之。有主张降附司马睿者，有云分道进军寿春者，唯张宾劝勒北上取邺城，并说："……邺有三台之固，西接平阳，四塞山河，有喉衿之势，宜北徙据之……"石勒同意张宾的建议，擢宾为右长史，加中垒将军，号曰右侯。然后，发自葛陂，遣石虎率骑二千佯攻寿春，为纪瞻所败。瞻追虎军百里遇勒，不敢击而还。[2]汉政权在东面的另一支由安北将军赵固、平北将军王桑所率的军队，见王弥为石勒所杀，惧勒北返并己，遂谋欲引兵归平阳，军中乏食，士卒相食，乃从碻磝津（今河南滑县东北黄河处）西渡，攻掠郡县。时镇守邺城的是刘琨兄子刘演，赵固、王桑惧刘演邀击，遣长史临深为质于刘琨。琨以赵固为雍州刺史，王桑为豫州刺史。[3]

此时，汉政权在长安的局势恶化，刘曜为贾疋等围于长安数月，连战皆败，终于难以支持，遂驱掠士女八万余口，退还平阳。[4]贾疋等拥秦王自雍城入据长安。五月，刘聪因曜失长安，贬其为龙骧大将军，行大司马，令其与刘粲攻据

1　见《晋书·艺术卜珝传》等。
2　《晋书·石勒载记上》。
3　《资治通鉴》卷八八，晋怀帝永嘉六年四月条。
4　《晋书·刘聪载记》等。

河阴的傅祗于三渚（今河南孟津北）。[1] 又遣右将军刘参攻郭默于怀（今河南武陟西南）。[2] 傅祗病卒，城为汉军所攻陷，粲迁祗子孙及其二万余户于平阳，聪追赠傅祗为太保，以祗孙纯、粹为给事中。[3] 六月，汉大昌文献公刘殷卒；聪又以“河间王易为车骑将军，彭城王翼为卫将军[4]，并典兵宿卫。高平王悝为征南将军，镇离石；济南王骥为征西将军，筑西平城（在平阳西）以居之；魏王操为征东将军，镇蒲子”[5]。这是刘聪以诸子分典兵马，为加强平阳的防御而采取的措施。

时在并州的刘琨，极奢豪，喜声色，重用懂音律的徐润以为晋阳令，干预琨政。琨奋威护军令狐盛，数以此谏琨，并劝琨除徐润，琨不听。后徐润谮令狐盛于琨，琨不察而杀盛。盛子泥奔于刘聪，尽言刘琨虚实，聪大喜，积极准备进攻并州。七月，刘聪遣刘粲、刘曜率兵攻并州，以令狐泥为向导。刘琨闻之，东出收兵于常山、中山，令其将郝诜、张乔拒粲，又遣使求救于拓跋鲜卑猗卢。粲等击败诜、乔，杀之。粲乘虚袭晋阳，太原太守高乔、并州别驾郝聿以晋阳降。八月，琨还救晋阳不及，奔常山。粲、曜入晋阳，俘琨父母，令狐泥杀之，并送晋尚书卢志、侍中许遐、太子右卫率崔玮于平阳。刘聪复以曜为车骑大将军，以前将军刘丰为

1 《晋书·刘聪载记》云遣曜攻傅祗，《资治通鉴》卷八八云遣刘粲，可能两人均参加。

2 《晋书·刘聪载记》。

3 《晋书·刘聪载记》。

4 刘翼，《太平御览》卷三九四、三七〇引《前赵录》作“刘翌”，且云其“骁干（或作‘骁勇’）过人，能一手举殿柱，跳过平阳门出”。

5 以上见《资治通鉴》卷八八。

并州刺史，镇晋阳。九月，聪以卢志为太弟太师，崔玮为太傅，许遐为太保，高乔、令狐泥皆为武卫将军。[1]

同年十月，刘琨求师于猗卢，猗卢遣长子六修、兄子普根、将军卫雄、范班、箕澹等数万为前锋，自统大军二十万为后继，刘琨收散卒数千为向导。六修与刘曜战于汾东，曜败，坠马，中七创，赖讨房将军傅虎以马相授，才脱险，于是渡汾水，入晋阳，夜与刘粲、刘丰等掠晋阳民，逾蒙山（在晋阳西北）归平阳。十一月，猗卢率军追击，与汉军大战于兰谷（在蒙山东南），汉军大败，斩其将刘儒、刘丰、简令、张平、邢延[2]，伏尸数百里。刘琨请猗卢进军，猗卢以士马疲敝为由，谢绝，遗琨马牛羊各千余匹、车令百乘，留其将箕澹、段繁等戍晋阳。刘琨遂徙居阳曲（今山西阳曲南），招集亡散。卢志子湛，从平阳逃归，附于刘琨[3]。汉政权因傅虎救刘曜之功，追赠其为幽州刺史。[4]

在汉政权进攻洛阳周围晋的残余势力及北攻刘琨的期间，在平阳以东两支名义上臣属于汉的势力也有所发展。一支是以赵固、王桑所率的军队，自伪降刘演后，于六月自怀城求还汉，刘聪遣镇远将军梁伏疵将兵来迎。未至，王桑长史临深、将军牟穆率众一万叛归刘演。赵固即随梁伏疵向西，王桑引众东奔青州，固遣兵追杀桑于曲梁（今河北曲

1　《晋书·刘琨传》；同书《刘聪载记》；《资治通鉴》卷八八等。
2　按，邢延原为刘琨牙门将，汉嘉平元年据新兴叛琨，招引聪，为猗卢所败。见《魏书·序纪》、《资治通鉴》卷八七等。
3　以上均见《晋书·刘聪载记》；同书《刘琨传》；《资治通鉴》卷八八；《魏书·序纪》等。
4　《资治通鉴》卷八八，晋怀帝永嘉六年十月条。

周），桑将张风率余众降刘演。刘聪以赵固为荆州刺史、领河南太守，镇洛阳。[1]

另一支以石勒为首的势力，自三月南击寿春失败后，于六月自葛陂北行，所过之处，坚壁清野，采掠无所获，军中大饥。行抵东燕（今河南延津东北），闻汲郡向冰聚众数千，屯于枋头（今河南卫辉东北）。七月，石勒从张宾之策，先遣支雄、孔苌等从文石津缚筏潜渡黄河，取向冰船，石勒则自文石津西南之棘津渡河，大破向冰，军复振，长驱至邺城。驻守邺城的刘演保三台以自固，原王桑部临深、牟穆复率众数万降于石勒。时勒诸将均欲攻三台，张宾劝勒说：三台险固，攻之不易，不如舍之去；王浚、刘琨才是大敌，宜先取之。"且今天下鼎沸，战争方始，游行羁旅，人无定志，难以保万全制天下也……邯郸、襄国（今河北邢台），赵之旧都，依山凭险，形胜之国，可择此二邑而都之。然后命将四出，授以奇略，推亡固存，兼弱攻昧，则群凶可除，王业可图矣。"张宾指出石勒"游行羁旅，人无定志"，说中了石勒近几年转战各地，无固定根据地的弱点，因而建议取邯郸或襄国为根本，再图北并刘、王。

石勒从张宾之策，遂进据襄国。张宾又说石勒：都襄国后，必然引起北方刘琨、王浚的进攻；"闻广平（治今河北平乡南）诸县秋稼大成，可分遣诸将牧掠野谷，遣使平阳，陈宜镇此之意"。即是说，张宾劝勒名义上仍臣属于汉，以便对付北面的刘琨、王浚，并巩固和发展自己的势力。于是，石勒一面遣将分攻冀州郡县，垒壁大多降附，运粮以输

---

1 《资治通鉴》卷八八，晋怀帝永嘉六年六月条。

襄国；一面又上表刘聪，聪以勒为"使持节、散骑常侍，都督冀、幽、并、营四州杂夷征讨诸军事、冀州牧，进封本国上党郡公，邑五万户，开府、幽州牧、东夷校尉如故"。[1]

同年底，石勒遣支雄等击破王浚假署的广平游纶、张豺于苑乡（今河北任县东北），王浚遣督护王昌率诸军及辽西段氏鲜卑辽西公段疾陆眷（一作就陆眷，务勿尘子）及其弟段匹磾、文鸯，从弟末杯，部众五万攻石勒于襄国。石勒击败鲜卑军，擒末杯，遣使以末杯为质，求和于疾陆眷。疾陆眷许之，以铠马金银赂石勒，且以末杯三弟为质而请还末杯。石勒乃令石虎与疾陆眷盟于渚阳（今河北邢台北），结为兄弟。又以末杯为子，遣还辽西。王昌不能独守，亦还军。石勒还遣参军阎综献捷于刘聪。游纶、张豺亦降石勒。接着，石勒又遣军攻信都（今河北衡水冀州）杀冀州刺史王象，王浚以邵举行冀州刺史，保于信都。[2] 从此，段氏鲜卑渐背王浚，浚势日衰。

在关中地区，自刘曜从长安退回平阳之后，九月，贾匹等奉秦王邺为皇太子，建行台于长安，设宗庙社稷；邺加贾疋征西大将军，以阎鼎为太子詹事，总摄百揆，以秦州刺史、南阳王保为大司马，又以刚从汉政权逃回的汉卫尉梁芬为卫将军。命司空荀藩、光禄大夫荀组（藩弟）领司隶校尉、行豫州刺史，共保开封（今河南朱仙镇附近）。十二月，原为贾疋所杀的卢水胡彭仲荡子天护率郡胡攻贾疋，擒而杀之。刘聪即以天护为梁州刺史。贾疋余众推始平太守麹允领

1　以上所引均见《晋书·石勒载记上》。
2　以上均见《晋书·石勒载记上》；同书卷六三《段匹磾传》。

雍州刺史。阎鼎又与京兆太守梁综争权，鼎杀综。麴允与抚
夷邦军索綝、冯翊太守梁肃合兵攻鼎，鼎出奔雍城为氐酋窦
首所杀。[1] 刚立足于长安的西晋残余势力，由于争权而自相
残杀，严重削弱了自身的力量。

在嘉平二年的最后几个月里，汉政权内部亦发生了一些
变动。十月，刘聪又大封其余诸子为王：以子恒为代王，逞
为吴王，朗为颍川王，皋为零陵王，旭为丹阳王，京为蜀
王，坦为九江王，晃为临川王。又以王育为太保，王彰为太
尉，任颚为司徒，马景为司空，朱纪为尚书令，范隆为左仆
射，呼延晏为右仆射。聪又因皇后呼延氏卒，六月，欲立贵
嫔刘英为皇后；张太后欲立贵人张徽光，聪不得已，许之。
英寻卒，其父刘殷也死。十二月，聪立徽光为皇后，以其父
张寔为左光禄大夫。[2]

汉嘉平三年（313）正月，刘聪宴群臣于光极前殿，令
怀帝青衣行酒，光禄大夫、晋旧臣庾珉、王儁等起而大哭，
聪恶之。会有人密告珉等谋以平阳应刘琨，聪遂于二月毒
死怀帝，杀珉、儁等晋臣十余人。[3] 复以会稽刘夫人为贵人。
接着，张太后及皇后徽光先后死去，王彰病卒。

三月，刘聪立右贵嫔刘娥为皇后[4]，为之兴造鹓仪殿于后
庭。廷尉陈元达切谏云："……晋氏阇虐，视百姓如草芥，

1 《晋书·愍帝纪》；《资治通鉴》卷八八，晋怀帝永嘉六年十二月条。
2 均见《资治通鉴》卷八八，晋怀帝永嘉六年条。又，《太平御览》卷四二四
《前赵录》云："张寔为巨鹿太守，治任威强，路不拾遗。曾欲以寔为司徒太保，
皆垂涕固辞，身骑瘠马，妻乘败车"。
3 《晋书·刘聪载记》；《资治通鉴》卷八八，晋愍帝建兴元年正月条。
4 《晋书·刘聪载记》云："立左贵嫔刘氏为皇后"，误。按，左贵嫔刘英已亡，
此应为右贵嫔刘娥，见《晋书·列女·刘聪妻刘氏传》。

故上天剿绝其祚，乃眷皇汉。苍生引领息肩，怀更苏之望有日矣……陛下龙兴已来，外殄二京不世之寇，内兴殿观四十余所，重之以饥馑疾疫，死亡相属，兵疲于外，人怨于内，为之父母固若是乎？"[1]"今有晋遗类，西据关中，南擅江表；李雄奄有巴蜀；王浚、刘琨窥窬肘腋；石勒、曹嶷贡禀渐疏；陛下释此不忧，乃更为中宫作殿，岂目前之所急乎……陛下承荒乱之余，所有之地不过太宗之二郡（即指汉河东、西河二郡），战守之备，非特匈奴、南越而已。而宫室之奢乃至于此，臣所以不敢不冒死而言也。"[2]

陈元达在这里直言不讳地道出了汉政权面临的复杂、困难的局势，揭露出汉政权内部的危机。他所说的刘聪自即位以来，大兴土木，兴建殿观达四十余所，加之连年征战，取洛阳，伐长安，北战刘琨，馈运不济，致使饥馑疾病，人民死亡相继，可见其内部阶级矛盾已日趋尖锐。外部形势对汉政权亦极为不利：晋的残余主要有占领关中的秦王邺和据有江南的琅邪王睿；成汉政权割据巴蜀；王浚、刘琨雄踞幽、并，是心腹大患，而臣属于汉的石勒、曹嶷独立称雄的倾向日益明显。汉政权真正能控制的地区，不过只有汉文帝时的河东、西河二郡而已，可是要对付的敌人（包括潜在的敌人）比汉文帝时的匈奴、南越要多得多。

元达的言论，自然触到刘聪的痛处，使之大怒，说我贵为天子，修一殿，为何还要问你这个鼠子；你敢妄言沮众，不杀你，殿修不成！于是命左右推元达斩之，并其妻子同枭

1 《晋书·刘聪载记》。
2 《资治通鉴》卷八八，晋愍帝建兴元年三月条。

东市，使与群鼠同穴。时聪在逍遥园李中堂，元达先锁腰而入，即以锁锁堂下树，大呼曰："臣所言者社稷之计也，而陛下杀臣。若死者有知，臣要当上诉陛下于天，下诉陛下于先帝……"左右曳之不能动。大司徒任颙，光禄大夫朱纪、范隆、骠骑大将军、河间王刘易等叩头出血，切谏。聪默然。刘皇后闻之，亦密令左右停刑，手疏劝谏曰："……夫忠臣进谏者固不顾其身也，而人主拒谏者亦不顾其身也。陛下为妾营殿而杀谏臣，使忠良结舌者由妾，远近怨怒者由妾，公私困弊者由妾，社稷阽危者由妾，天下之罪皆萃于妾，妾何以当之……妾诚无面目复奉巾栉，愿赐死此堂，以塞陛下之过！"聪览之色变，方改变主意，引元达上，曰："外辅如公，内辅如后，朕复何忧！"赐任颙等谷帛各有差，更命逍遥园曰纳贤园，李中堂曰愧贤堂。又对元达说："卿当畏朕，而反使朕畏卿邪。"[1] 这实际上是此前刘聪欲杀劝谏的王彰的重演。

同年四月，怀帝被杀的消息传到长安，皇太子邺即皇帝位，是为晋愍帝，大赦，改元建兴；以卫将军梁芬为司徒，雍州刺史麹允为使持节、领军将军、录尚书事，京兆太守索綝为尚书右仆射，领吏部、京兆尹。是时长安城中，户不盈百，蒿棘成林；公私有车四乘，百官无章服、印绶，唯桑版署号而已。[2] 五月，愍帝以江南的司马睿为侍中、左丞相、大都督陕东诸军事，以据秦州的南阳王保为右丞相、大都督陕西诸军事；诏令司马保率精兵三十万至长安，令司马睿

1　以上见《晋书·刘聪载记》；《晋书·列女传》；《资治通鉴》卷八八，晋愍帝建兴元年三月条等。
2　《晋书·愍帝纪》；《资治通鉴》卷八八，晋愍帝建兴元年四月条。

率精兵二十万抵洛阳。令幽、并两州率军三十万直攻平阳。[1]愍帝的继立，使分散各地的西晋残余势力又有了统一的指挥，对汉政权是极为不利的。因此，刘聪于四月即遣刘曜、司隶校尉乔智明及虎牙将军李景年等攻长安，以平西将军赵染为后继。愍帝遣麴允率军屯于黄白城（今陕西三原东北）抵御。五月，刘曜屯军于蒲坂。[2]

此时，石勒命石虎攻占邺城，刘演奔廪丘（今山东郓城西北），三台流民皆降于勒。石勒以桃豹为魏郡太守镇邺，不久又以石虎代豹。接着，石勒又攻乞活帅李恽于上白（今河北威县东北），杀之。五月，石勒遣孔苌击定陵（今河南漯河郾城西），杀王浚所署兖州刺史田徽；乞活帅薄盛率所部降勒。刘聪授勒"侍中、征东大将军，余如故。拜其母王氏为上党国太夫人，妻刘氏上党国夫人，章绶首饰一同王妃"[3]。这样，山东（指太行山以东）诸郡县相继为石勒所夺取，王浚之势愈衰。而石勒在这一时期分军攻取山东诸郡县的目的是巩固后防，以便北图王浚、刘琨。

同年六月刚受愍帝拜为大将军、都督并州诸军事、加散骑常侍的刘琨与拓跋鲜卑猗卢会于陉北，欲谋攻汉。七月，刘琨进据兰谷，猗卢遣普根屯于北屈（今山西吉县北）。琨先遣监军韩据自西河而南，将攻西平城。刘聪遣大将军刘粲等拒琨，骠骑将军刘易等拒普根，荡晋将军兰阳等助守西平。琨等闻汉国有备，引兵还；聪使诸军仍屯所在，为进取

---

1 《晋书·愍帝纪》。

2 《晋书·刘聪载记》；《资治通鉴》卷八八，晋愍帝建兴元年四月、五月条。

3 《晋书·石勒载记上》。按，内记"乌丸薄盛执勃海太守刘既，率户五千降于勒"。薄盛亦为乞活帅，见《资治通鉴》卷八六，晋惠帝光熙元年条。

之计。[1]时刘曜、赵染等攻黄白城，数败麹允。愍帝又以索
綝为征东大将军，率军助允。十月，赵染对曜说："麹允率
大众在外，长安可袭而取之。得长安，黄白城自服，愿大
王以重众守此，染请轻骑袭之。"曜乃承制加染为前锋大都
督、安南大将军，以精骑五千攻袭长安。渭阳一战，击杀晋
将军王广，夜入长安外城，愍帝奔射雁楼。赵染焚龙尾及诸
军营，杀掠千余人，后退至逍遥园（在长安西）。晋将军麹
鉴自阿城（今西安西）率众五千救长安。赵染退兵，鉴追
击，遇刘曜军于零武（今陕西泾阳北），大败而还。刘曜恃
胜不设备，十一月，麹允引兵袭曜，汉军大败，冠军将军乔
智明被杀，曜引军入粟邑（今陕西白水西北），遂还平阳。[2]
十二月，刘聪遣刘曜攻围洛水北石梁坞的晋河南尹魏浚，晋
兖州刺史刘演、河内太守郭默遣军来救，曜伏兵深隐处，大
破演、默军于黄河北，尽虏演等骑。魏浚遂夜遁，为曜军所
获，杀之。[3]

汉嘉平四年（314）正月，刘聪大定百官，使汉政权的
政治制度日趋完善。据《晋书·刘聪载记》所记：

> 聪以刘易为太尉。初置相国，官上公，有殊勋德
> 者死乃赠之。于是大定百官：置太师、丞相，自大司
> 马以上七公，位皆上公，绿綟绶，远游冠。置辅汉，都
> 护，中军，上军，辅军[4]，镇、卫京、前、后、左、右、

1 《资治通鉴》卷八八，晋愍帝建兴元年六月条。
2 《晋书·刘聪载记》；《资治通鉴》卷八八，晋愍帝建兴元年十月、十一月条。
3 《晋书》卷六三《魏浚传》；《资治通鉴》卷八八，晋愍帝建兴元年十二月条。
4 《册府元龟》卷二二九、《通志》卷一八六均作"抚军"。

上、下军，辅国、冠军、龙骧、武牙大将军，营各配兵二千，皆以诸子为之。置左、右司隶，各领户二十余万，万户置一内史，凡内史四十三。单于左右辅，各主六夷十万落，万落置一都尉。省吏部，置左、右选曹尚书。自司隶以下六官，皆位次仆射。置御史大夫及州牧，位皆亚公。以其子粲为丞相、领大将军、录尚书事，进封晋王，食五都（郡）。刘延年录尚书六条事，刘景为太师，王育为太傅，任颛为太保，马景为大司徒，朱纪为大司空，刘曜为大司马。

刘聪这次大定百官，应是汉政权兴盛时期政治制度完善的标志。如果上述记载确实，则当时汉政权以国都平阳为中心，分置左、右司隶，平阳以西为左司隶，平阳以东为右司隶；左、右司隶以下每万户置一内史，凡内史四十三，即是说，汉左、右司隶一共约有人口四十三万户。又，汉政权保留了统六夷部落的单于台，史未载任大单于者为谁，是聪自兼任，还是仍由皇太弟乂继任？后者可能性更大。大单于下设"单于左右辅"，各主六夷十万落。如此，时汉政权直接统治的人口数约六十三万户（一落按一户计）。此外，在左、右司隶之外，汉政权还任命了一批"州牧"，其中包括名义上臣属于汉的石勒、曹嶷、赵固、王桑等。汉政权真正能控制的地区，只有原晋时的平阳、河东、西河、上党几郡之地；如果加上石勒、曹嶷、赵固等所控制的地区，则包括了原晋时的司、豫、冀、青、徐等州。在当时北方各个割据势力中，汉政权无疑还应是最为强大的。

汉国的内乱及前赵的继立

〖第五章〗

一　西晋的灭亡和汉国的衰弱

汉嘉平四年（314）初，刘聪大定百官后，即积极准备进攻长安，以最后灭亡西晋政权。就在这时，扫清了襄国周围西晋残余势力的石勒，即张开了布下的罗网，向幽州方面的王浚进攻了。原来王浚自嘉平三年年底以来，谋称帝号，滥杀臣僚，所任苛刻小人，贪横尤甚；加之调发殷烦，下不堪命，多有叛入辽东鲜卑慕容廆处。而王浚所恃的段氏鲜卑部、乌丸部相继叛离，连年蝗旱，兵势益弱。石勒以为时机已到，遂用张宾之计，遣王子春使王浚处，卑辞厚币，折节以事之。

四年初，王浚遣使随王子春至襄国，勒匿其精甲、劲卒，以弱师示之。浚送勒麈尾[1]，勒佯不敢执，悬之于壁，朝夕朝拜，云："我不得见王公，见王公所赐如见公也。"浚使还，言石勒势弱，无贰心，王浚更加骄怠，不设备。四年二月，石勒将袭王浚，又惧并州刘琨及段氏鲜卑、乌丸为后患，犹豫未发。张宾劝其致书刘琨，送质请和，使原与浚有矛盾的刘琨按兵不动，然后出兵神速，即可成功。石勒

1　《资治通鉴》卷八九胡注云："麈，肿庾翻，麋属，尾能生风辟蝇蚋，晋王公贵人多执麈尾，以玉为柄。"

从之，于是率军夜行至柏人（今河北内丘北），遣使送质于
刘琨，自陈罪恶，请讨浚以自效。刘琨果然中计，以为石勒
降己，遂专力对付刘聪，不以勒为意。三月，石勒率军达易
水，浚以为勒来为"奉戴"自己，令诸将不准狙击。石勒遂
进入蓟城（今北京），执浚，后斩之于襄国，又留故尚书刘
翰行幽州刺史，戍蓟，置守宰而还。

石勒返襄国后，遣使向汉献捷，刘聪遣使人柳纯持节署
勒"大都督陕东诸军事、骠骑大将军、东单于，侍中、使持
节、开府、校尉、二州牧、公如故，加金钲黄钺，前后鼓吹
二部，增封十二郡。勒固辞，受二郡而已"[1]。不久，刘翰叛
勒，投段氏鲜卑首领段匹磾（务勿尘子），匹磾据蓟城。尽
管如此，石勒破王浚，基本上解除了北面的威胁；而刘琨知
石勒无降意，大惧，上表曰："东北八州，勒灭其七[2]；先朝
所授，存者惟臣。勒据襄国，与臣隔山（太行、恒山），朝
发夕至，城坞骇惧，虽怀忠愤，力不从愿耳。"[3]

同年五月，汉政权准备就绪，命刘曜、赵染率军攻长
安。六月，刘曜军次渭汭（渭水入黄河处），赵染屯于新丰，
索綝率军迎拒。赵染因累胜有轻綝之色，其长史鲁徽劝染
勿轻敌，染大言曰："以司马模之强，吾取之如拉朽，索綝
小竖，岂能污吾马蹄刀刃邪，要擒之而后食。"晨，双方战

1 《晋书·石勒载记上》；《资治通鉴》卷八九，晋愍帝建兴二年三月条。
2 《资治通鉴》卷八九胡注云："勒入邺，杀都督东燕王腾；寇信都，杀冀州刺
史王斌；袭鄄城，杀兖州刺史袁孚；攻新蔡，杀豫州刺史新蔡王确；袭蒙城，
擒青州都督苟晞；克上白，斩青州刺史李恽；攻信都，杀冀州刺史王象；攻定
陵，杀兖州刺史田徽；袭幽州，擒王浚；除李恽、田徽、王浚承制所授，是灭
其七也。"
3 《资治通鉴》卷八九，晋愍帝建兴二年三月条。

于新丰城西，败绩而还。染悔愧，杀鲁徽，徽临刑谓染曰："将军愎谏违谋，戆而取败，而复忌前害胜，诛戮忠良，以逞愚忿，亦何颜面瞬息世间哉……要当诉将军于黄泉，使将军不得服床枕而死。"刘曜闻之，也说："蹄涔不容尺鲤，染之谓也。"[1]

接着，曜、染合军与将军殷凯率众数万向长安，[2]先败麹允于冯翊，允夜袭凯营，凯败死。[3]于是刘曜率军东下，攻晋河内太守郭默于怀城，收其米粟八十万斛，列三屯以守之。郭默食尽，送妻子为质，并请籴食，籴毕，又设守。曜大怒，沉默妻子于河，攻之。默最后突围投李矩于新郑（今河南新郑）。会刘琨遣参军张肇率鲜卑五百余骑诣长安，道阻不通，还过李矩营，矩说之击汉兵。汉兵见鲜卑，不战而走。后聪遣使谓曜云："今长安假息，刘琨游魂，此国家所尤宜先除也。郭默小丑，何足以劳公神略？可留征虏将军且丘王翼光守之，公其还也。"于是刘曜回军蒲坂，不久又征其辅政。[4]赵染一军仍在关中，七月，染攻北地郡，麹允迎拒，染中流矢而死。[5]这是愍帝即位长安后，汉政权第二次大规模进攻长安，结果是刘曜败还，赵染身亡。

同年十一月，刘聪以子晋王刘粲为相国、大单于，总百

---

1 《晋书·刘聪载记》;《太平御览》卷四五四引《前赵录》等。

2 《太平御览》卷二二六引《前赵录》作"段凯"，且云："段凯骁勇善射，好读书，为御史中丞，明笔直绳，无所阿避，号曰老虎。"

3 《晋书·麹允传》;《资治通鉴》卷八九，晋愍帝建兴二年六月条。

4 以上见《晋书·郭默传》;《资治通鉴》卷八九，晋愍帝建兴二年六月条;《晋书·刘聪载记》等。

5 《晋书·刘聪载记》云："赵染寇北地，梦鲁徽。大怒，引弓射之，染警悸而寤。旦将攻城，中弩而死。"

揆，省丞相以并相国。这样，汉军国大权基本上掌握在刘粲手中，而原领大单于的皇太弟刘乂的权力被剥夺殆尽，从而使以前隐蔽的统治阶级内部矛盾，开始暴露。

嘉平五年（315）初，平阳地震，烈风拔树发屋，灾异屡现。三月，刘聪以太庙新成，大赦境内，改元建元。[1]血雨于汉东宫，皇太弟刘乂恶之，以此访其太师卢志[2]、太傅崔玮、太保许遐，此三人皆原晋臣，于是借此挑起了汉国统治阶级内部隐藏了许久的矛盾。在刘聪即位时，曾让位于弟刘乂，乂固辞；遂以乂为皇太弟、大单于。乂母太后单氏时年轻，姿色绝丽，聪烝（下淫上曰烝）焉，乂屡以说母，单氏惭恚而死。聪悲悼无已，乂之宠始衰。后刘聪有意将政权交与其子刘粲，乂仅留太弟的名义而已。卢志等晋旧臣在回答乂的访问时说："主上往以殿下为太弟者，盖以安众望也，志在晋王（粲）久矣，王公已下莫不希旨归之。相国之位，自魏武已来，非复人臣之官，主上本发明诏，置之为赠官，今忽以晋王居之，羽仪威尊逾于东宫，万机之事无不由之，置太宰、大将军及诸王之营以为羽翼，此事势去矣，殿下不得立明也。然非止不得立而已，不测之危厄在旦夕，宜早为

---

1 《晋书·刘聪载记》等。又，《资治通鉴》卷八九胡注引《考异》云："《十六国春秋》，建元元年在晋建兴二年。同编修刘恕言，今晋州临汾县嘉泉村有汉太宰刘雄碑，云'嘉平五年，岁在乙亥，二月六日立'。然则改建元在乙亥二月后也。"从《考异》。

2 按，《资治通鉴》卷八八胡注引《考异》曰："《刘聪载记》：'志劝太弟乂作乱，被诛。'按，志劝成都王颖起义兵，谏颖攻长沙王乂，忠义敦笃，始终不亏，非劝人作乱者也。今从《卢谌传》。"此乃《考异》作者从卢志过去行为推测出来的结论，不足为据，而《晋书·卢谌传》云谌赴珉，"先父母、兄弟在平阳者，悉为刘聪所害"，未言遇害时间。故从《载记》。

之所。四卫精兵不减五千，余营诸王皆年齿尚幼，可夺而取
之。相国轻佻，正可烦一刺客耳。大将军（指刘敷）无日不
出，其营可袭而得也。殿下但当有意，二万精兵立便可得，
鼓行向云龙门，宿卫之士孰不倒戈奉迎，大司马（刘曜）不
虑为异也。"乂不从，乃止。后皇太弟东宫舍人荀裕告卢志
劝乂谋反，乂不从等事，刘聪遂收志等三人，借他事杀之。
又使冠威将军卜抽监守东宫，禁乂朝贺。乂忧惧不知所为，
上表自陈，乞为庶人，并免诸子之封，褒美晋王刘粲，宜登
储副。卜抽抑而不报。[1]

自汉皇后刘氏死后，嬖宠竞进，后宫无序。陈元达借
灾异警告聪曰："女宠太盛，亡国之征。"[2]聪不听。至此年
（315）三月，刘聪到中护军靳准宅，纳其二女月光、月华为
左右贵嫔，皆国色也。后数月，聪立月光为上皇后，刘贵妃
为左皇后，月华为右皇后。左司隶陈元达极谏，以为"并立
三后，非礼也"。聪不纳，以元达为右光禄大夫，外示优崇，
实夺其权。于是太尉范隆、大司马刘丹、大司空呼延晏、尚
书令王鉴等抗表逊位，以让元达。刘聪只好以元达为御史大
夫、仪同三司。其上皇后靳月光有淫秽之行，元达奏闻，聪
不得已废月光，月光羞愧自杀。聪追念月光，深恨元达。[3]

是时，汉青州刺史曹嶷尽得齐、鲁间郡县，自镇临淄
（今山东临淄东），有众十余万，临黄河置戍，于是有雄踞
全齐之志。石勒以曹嶷于汉有贰心。上表刘聪，请自讨击。

1 《晋书·刘聪载记》。
2 《资治通鉴》卷八九，晋愍帝建兴二年正月条。
3 《晋书·刘聪载记》；《资治通鉴》卷八九，晋愍帝建兴三年三月条。

刘聪害怕石勒并齐，尾大不掉，弗许。[1]

接着，驻守蒲坂的刘曜由盟津（今河南孟津北黄河），将攻河南，晋将军魏该守一泉坞。曜进攻李矩于荥阳（今河南荥阳西南），矩遣将军李平至成皋（今荥阳西北），为曜击灭。李矩遂送质伪降于曜。[2] 四月，刘聪又命曜攻长安，数为晋军所败。曜说："彼犹强盛，弗可图矣。"引军而归。[3] 这是愍帝立后，汉政权第三次进攻长安。六月，曜又进攻上党；八月，败刘琨之众于襄垣。曜欲进攻阳曲，聪遣使谓之曰："长安擅命，国家之深耻也。公宜以长安为先，阳曲一委骠骑（刘易）。天时人事，其应至矣，公其亟还。"曜回灭郭迈，朝聪于平阳，还蒲坂。[4]

同年九月，汉政权开始向长安发动第四次进攻，统帅汉军的仍是汉大司马、中山王刘曜。这次进攻，刘曜改变了前几次沿渭水而上直接攻长安的路线，改由渭水以北，先扫除长安以北的西晋势力，然后南下包围长安的路线。汉军渡过黄河后，先攻北地郡（治泥阳，今陕西铜川耀州）。愍帝以麴允为大都督、骠骑将军率军防御。十月，又以索綝为尚书仆射、都督宫城诸军事。刘曜进拔冯翊，晋太守梁肃奔万年（今陕西西安栎阳）。曜又转攻上郡（治夏阳，今陕西韩城），麴允众饥，去黄白城，而军于灵武（今陕西咸阳东）[5]，以兵

---

1 《晋书·刘聪载记》；《资治通鉴》卷八九，晋愍帝建兴三年三月条。

2 《晋书·刘聪载记》。

3 《晋书·刘聪载记》。按，此事不见他书记载。

4 《晋书·刘聪载记》；《资治通鉴》卷八九，晋愍帝建兴三年八月条。

5 《资治通鉴》卷八九胡注此灵武曰："汉北地郡之灵武县也。"按此北地郡治今陕西铜川耀州区，则此灵武县当在今陕西铜川市耀州区一带。

弱，不敢进。[1] 时愍帝征兵于镇秦州的丞相司马保，保左右皆说："蝮蛇螫手，壮士断腕。今胡寇方盛，且宜断陇道以观其变。"从事中郎裴诜说："今蛇已螫头，头可断乎？"保乃以镇军将军胡崧行前锋都督，等待诸军会集后再发。麹允劝愍帝西投保，为索綝劝止。于是，自长安以西，不复贡晋廷，百官饥乏，采稆（禾自生曰稆）以自存。[2]

汉建元二年（316）初，西晋在刘曜的进攻下，岌岌可危；而汉政权也因军旅岁起，连年征战，国内民族矛盾和阶级矛盾日趋尖锐，统治集团内部矛盾激化而逐渐衰弱。时汉主刘聪沉湎于酒色，游宴后宫或百日不出。其近臣中常侍王沈、宣怀、俞容，中宫仆射郭猗、中黄门陵修等宠幸用事，群臣均向王沈等奏事，多不呈聪。王沈等人则以爱憎决事，故勋旧或不得升叙，奸佞小人有数日迁至二千石者。"军旅无岁不兴，而将士无钱帛之赏，后宫之家赐赉及于童仆，动至数千万。沈等车、服、宅宇皆逾于诸王，子弟、中表布衣为内史令长者二十余人，皆奢僭贪残，贼害良善。靳准合宗内外诡以事之。"[3]

郭猗原与太弟刘乂有隙，因此诡事刘粲，挑拨乂、粲之间的关系。他对粲说："太弟于主上之世犹怀不逞之志，此则殿下父子之深仇，四海苍生之重怨也。而主上过垂宽仁，犹不替二尊之位，一旦有风尘之变，臣窃为殿下寒心……臣昨闻太弟与大将军相见，极有言矣，若事成，许以主上为

1 见《资治通鉴》卷八九；《晋书·刘聪载记》；同书《愍帝纪》等。
2 《晋书·愍帝纪》；同书《刘聪载记》；《资治通鉴》卷八九，晋愍帝建兴三年九月、十月条；《晋书·索綝传》等。
3 《晋书·刘聪载记》等。

太上皇，大将军为皇太子。义又许卫军为大单于，二王已许之矣。二王居不疑之地，并握重兵，以此举事，事何不成……许以三月上巳因宴作难，事淹变生，宜早为之所……若不信臣言，可呼大将军从事中郎王皮、卫军司马刘惇，假之恩顾，通其归善之路以问之，必可知也。"粲信之。猗又密谓王皮、刘惇云："二王逆状，主、相已具知之矣，卿同之乎？"二人皆曰："无之。"郭猗加以威胁和利诱，并出主意说："相国必问卿，卿但云有之。若责卿何不先启，卿即答云：'臣诚负死罪，然仰惟主上圣性宽慈，殿下笃于骨肉，恐言成诖伪故也。'"皮、惇应诺。刘粲果然先后召见皮、惇二人，所答一致，粲更信不疑。"[1]

与此同时，中护军靳准也向刘粲进谗言，诬害太弟刘义。原来靳准从妹为义孺子（妾），淫于侍人，义怒杀之，而屡以嘲准。于是准深恨义。他对刘粲说："东宫万机之副，殿下宜自居之，以领相国，使天下知早有所系望也。"又欲言乃止，粲令其言之。准说："闻风尘之言，谓大将军、卫将军及左右辅皆谋奉太弟，克季春构变，殿下宜为之备。不然，恐有商臣之祸。"粲问计于准，准说："主上爱信于太弟，恐卒闻未必信也。如下官愚意，宜缓东宫之禁固，勿绝太弟宾客，使轻薄之徒得与交流。太弟既素好待士，必不思防此嫌，轻薄小人不能无逆意以劝太弟之心……然后下官为殿下露表其罪，殿下与太宰拘太弟所与交通者考问之，穷其事原，主上必以无将之罪罪之。不然，今朝望多归太弟，主上一旦晏驾，恐殿下不得立矣。"靳准抓住刘粲亟欲除掉刘

---

1 《晋书·刘聪载记》；《资治通鉴》卷八九，晋愍帝建兴四年正月条及胡注。

义，以便继皇位的心理，设下了陷害义的毒计，"以无将之罪罪之"。刘粲也就言听计从，抽去了监护东宫的卜抽兵，等待时机，以求一逞。[1]

刘聪却自去冬以来，不复受朝贺，军国之事一决于粲，唯发中旨杀生除授，王沈、郭猗之流更是为所欲为。聪又立市于后庭，与宫人宴戏，或三日不醒。汉少府陈休、左卫将军卜崇等素恶王沈等，座不与语，为沈等所忌恨，向聪进谗言，诬害陈休等。二月，刘聪出临上秋阁，命收陈休、卜崇及特进綦毋达，大中大夫公师彧，尚书王琰、田歆，大司农朱诞等斩之。侍中卜幹泣谏曰："……陛下如何忽信左右爱憎之言，欲一日尸七卿！诏尚在臣间，犹未宣露，乞垂昊天之泽，回雷霆之威。且陛下直欲诛之耳，不露其罪名，何以示四海！此岂帝王三讯之法邪！"因叩头流血。王沈叱之曰："卜侍中欲距诏乎？"刘聪拂袖而入，免卜幹为庶人。太宰刘易、大将军刘敷、御史大夫陈元达、金紫光禄大夫王延等诣阙谏曰："……今王沈等乃处常伯之位，握生死与夺于中，势倾海内，爱憎任之，矫弄诏旨，欺诬日月，内谄陛下，外佞相国，威权之重，侔于人主矣。王公见之骇目，卿宰望尘下车，铨衡迫之，选举不复以实，士以属举，政以贿成，多树奸徒，残害忠善。知王琰等忠臣，必尽节于陛下，惧其奸萌发露，陷之极刑。陛下不垂三察，猥加诛戮，怨感穹苍，痛入九泉，四海悲愤，贤愚伤惧。沈等皆刀锯之余，背恩忘义之类，岂能如士人君子感恩展效，以答乾泽也……今遗晋未殄，巴蜀未宾，石勒潜有跨赵、魏之志，曹嶷密有王全齐

---

1 见《晋书·刘聪载记》；《资治通鉴》卷八九，晋愍帝建兴四年正月条等。

之心，而复以沈等助乱大政，陛下心腹四支何处无患……请免沈等官，付有司定罪。"聪以此表示沈等，并笑曰："是儿等为元达所引，遂成痴也。"王沈等顿首泣告无罪，聪反好言安慰，又访与沈通谋的晋王刘粲，粲盛称沈等忠清，忠于王室。聪大悦，封沈等为列侯。

刘易又上疏固谏，聪大怒，手坏其表，易遂忿恚而卒。陈元达哭易之死，曰："'人之云亡，邦国殄瘁。'吾既不复能言，安用此默默生乎！"归而自杀。[1] 刘聪亲近、重用王沈等奸佞小人，滥杀大臣，无疑是自毁长城；它反映了汉国统治者的日益腐朽、没落，最终导致了汉国的内乱和衰弱。

与汉国内部情况相反，其对外的战争却进展顺利。七月，刘曜转攻晋北地郡。时北地饥甚，人相食，羌酋大军须运粮以济太守麴昌，为汉刘雅军击败。麴允从灵武率步骑三万来救，去城数十里，曜烧城纵火，行反间之计，云"郡城已陷，焚烧向尽，无及矣"。允信之，众惧而溃。曜追击允军于磻石谷（今陕西铜川北），允奔还灵武，曜遂取北地郡。[2] 关中危急，可是晋新平太守竺恢、始平太守杨像、扶风太守竺爽、安定太守焦嵩等，皆拥兵自守；焦嵩甚至回报麴允告急时说："须允困，当救之。"[3] 曜军进至泾水之南，渭北诸城悉溃；俘获晋建威将军鲁允、散骑常侍梁纬、少府皇

1　以上见《晋书·刘聪载记》；《太平御览》卷四五四引《前赵录》、《资治通鉴》卷八九，晋愍帝建兴四年二月、三月条。

2　《晋书·麴允传》；同书《刘聪载记》；《资治通鉴》卷八九，晋愍帝建兴四年七月条。

3　《资治通鉴》卷八九，晋愍帝建兴四年七月条等。

甫阳。刘曜素闻鲁允贤，欲为己用，允自杀。梁纬妻辛氏，有美色，曜欲妻之，辛氏誓死不从，曜知其为烈女，听其自杀，以礼葬之。[1]

八月，曜逼近京师长安；九月，焦嵩、竺恢等皆引兵救长安，散骑常侍华辑监京兆、冯翊、弘农、上洛四郡兵，屯霸上，皆畏汉兵强盛，不敢进。时秦州司马保所遣镇军将军胡崧率长安以西诸郡兵，破刘曜于灵台（在长安西），崧虑晋国威复振，麹允、索綝功盛专权，乃退兵槐里（在今陕西咸阳），观望不进。刘曜攻陷长安外城，允、綝退小城固守。是时长安内外断绝，城中饥窘，人相食，死者大半，逃亡不可制；唯河西张轨所遣军队千人死守。太仓有麹数十饼，麹允屑之为粥以供愍帝食，既而亦尽。十一月，愍帝见无法支持，遂遣侍中宗敞送降笺于刘曜。索綝留宗敞，使其子至曜处，云："今城中食犹足支一岁，未易可克也。若许綝以车骑、仪同、万户郡公者，请以城降。"曜斩綝子送还，并曰："帝王之师，以义行也。孤将军十五年，未尝以谲诡败人，必穷兵极势，然后取之。今索綝所说如是，天下之恶一也……"后宗敞至曜大营，愍帝乘羊车、肉袒、衔璧、櫬梓出东门降。曜送愍帝君臣至平阳，西晋灭亡。[2]刘聪以愍帝为光禄大夫、怀安侯，麹允自杀，以索綝不忠，斩于东市。又封曜为假黄钺、大都督、督陕西诸军事、太宰，封秦王。大赦，改元麟嘉。[3]

---

1 《晋书·列女·梁纬妻辛氏传》；《资治通鉴》卷八九，晋愍帝建兴四年七月条。

2 以上见《晋书·索綝传》；同书《刘聪载记》；《通鉴》卷八九等。

3 《通鉴》卷八九，晋愍帝建兴四年十一月条；《晋书·刘聪载记》。

在取得倾覆西晋政权胜利的前后，汉国内部的各种矛盾又进一步激化。同年七月，河东、平阳一带发生蝗灾，人民流叛死亡，十有五六。石勒乘机遣将石越率骑二万屯于并州，以招诱抚叛者。刘聪遣黄门侍郎乔诗责勒，勒不奉命，且潜结曹嶷，规为鼎峙之势。[1]而刘聪昏聩、骄奢更甚，除原有的三个皇后（靳氏姊妹及刘贵妃）外，又立原张后侍婢樊氏为上皇后；三后之外[2]，佩皇后玺绶者七人。"朝廷内外无复纲纪，阿谀日进，货贿公行，军旅在外，饥疫相仍，后宫赏赐动至千万。"大将军刘敷屡泣而谏之，聪不听，怒曰："尔欲得使汝公死乎？朝朝夕夕生来哭人！"敷遂忧忿发疾而死。[3]是时，平阳因蝗灾，饥甚，靳准率部人收蝗埋之，后蝗钻土飞出，复食黍豆。平阳司隶部人在石越的招引下，奔于冀州者达二十万户，相当于汉国所领人户的三分之一。刘聪仍昏虐日盛，毫无戒惧之心。九月，聪宴群臣于光极殿，引见太弟刘乂，乂被弄得容貌憔悴，鬓发苍然，聪亦动容悲恸，乃纵酒极欢，待之如初。[4]

十一月，汉国虽灭西晋，取关中之地，但其国已趋衰弱。中国封建史家仍以自然灾异牵强附会地来预兆汉国的衰亡。如《晋书·刘聪载记》云此年底，"聪东宫四门无故自坏，后内史女人化为丈夫"。又记聪子刘约死，一指犹暖，遂不殡殓。后约苏醒，自言见祖刘渊于不周山，后五天复从

---

1 《晋书·刘聪载记》等。
2 《资治通鉴》卷八九胡注云："据《载记》，三后，二靳氏及刘氏，樊氏为四。《考异》曰：《刘聪载记》曰'四后之外'。按，时靳上皇后已死，唯三后耳。"
3 《晋书·刘聪载记》。
4 《晋书·刘聪载记》。

至昆仑山，三日复返于不周山，见诸王公卿将相死者悉在，宫室甚壮丽，号曰蒙珠离国。刘渊对他说："东北有遮须夷国，无主久，待汝父为之。汝父后三年当来，来后，国中大乱相杀害，吾家死亡略尽，但可永明（刘曜字）辈十数人在耳。汝且还，后年当来，见汝不久。"约回时，道经一国曰猗尼渠余国，引约入宫，赠皮囊一枚，曰："为吾遗汉皇帝。"约归置皮囊于机上，苏醒后，令左右于机上取皮囊开之，有一方白玉，题文曰："猗尼渠余国天王敬信遮须夷国天王，岁在摄提，当相见也。"约于是呈聪，聪说："若审如此，吾不惧死也。"后聪死，与此玉并葬云云。此事当然是不可信的，叫约编造此神话的可能是皇太弟或聪子，欲以此警聪，使之幡然改悔；此神话亦可能为赵国史官和苞之流的编造。[1]

《晋书·刘聪载记》还记："时东宫鬼哭，赤虹经天，南有一歧，三日并照，各有两珥，五色甚鲜；客星历紫宫入于天狱而灭。"汉掌天文历法的官员太史令康相借此自然现象，劝谏刘聪说："蛇虹见弥天，一歧南彻；三日并照；客星入紫宫。此皆大异，其征不远也。今虹达东西者，许洛以南不可图也。一歧南彻者，李氏当仍跨巴蜀，司马睿终据全吴之象，天下其三分乎！月为胡王，皇汉虽苞括二京，龙腾九五，然世雄燕、代，肇基北朔，太阴之变其在汉域乎！汉既据中原，历命所属，紫宫之异，亦不在他，此之深重，胡可尽言。石勒鸱视赵魏，曹嶷狼顾东齐，鲜卑之众星布

1　此事又见《太平御览》卷三八引《十六国春秋》。按，《晋书》可能据《十六国春秋》，而《十六国春秋》作者崔鸿又据前赵史官和苞所撰《汉赵记》。

燕代，齐、代、燕、赵皆有将大之气。愿陛下以东夏为虑，勿顾西南。吴蜀之不能北侵，犹大汉之不能南向也。今京师寡弱，勒众精盛，若尽赵魏之锐，燕之突骑自上党而来，曹嶷率三齐之众以继之，陛下将何以抗之？紫宫之变何必不在此守！愿陛下早为之所，无使兆人生心。陛下诚能发诏，外以远追秦皇、汉武循海之事，内为高祖图楚之计，无不克矣。”刘聪览之不悦。康相事实上是借自然现象，向刘聪分析了西晋亡后的形势，以对之进行劝谏。他指出据巴蜀的李雄、奄有江南的司马睿，加上包括二京的汉国，为天下三分之象。李雄、司马睿不能北侵，而汉国亦不能南下。对汉国威胁最大的应是石勒、曹嶷日益增大的势力。今汉国平阳寡弱，若石勒、曹嶷相继来攻，则汉国灭亡在即。康相的分析完全符合当时的形势和汉国危亡的所在，可是刘聪根本听不进去。

西晋灭亡，汉国衰弱，只有石勒的势力正悄悄地、稳步地扩展开来。正如康相的分析，石勒将成为汉国的最大威胁。石勒自嘉平四年（314）初杀王浚取幽州后，虽然也曾遭到自然灾害的冲击，但是他能团结臣僚，采取封建剥削方式，于九月命州郡阅实户口，户出帛二匹、谷二斛，使其统治地区逐渐安定下来。五年，勒将逯明攻茌平（今山东茌平西南），破东燕、酸枣（今河南原阳），徙降人二万余户于襄国。又遣将葛薄攻陷濮阳，杀太守韩弘。九月，刘聪遣使人范龛持节策命勒，赐以弓矢，加崇为陕东伯，得专征伐，拜封刺史、将军、守宰、列侯。[1]

1 见《晋书·石勒载记上》等。

汉建元二年（316）四月，石勒使石虎攻刘演于廪丘；段匹磾令弟文鸯率军来救，弗能进，虎遂陷廪丘，俘演弟启而还。七月，勒使石越召汉平阳司隶部人二十余万户于冀州。十一月，汉灭西晋后，石勒也加紧了对并州北部刘琨的进攻，围琨乐平太守韩据于坫城（今山西昔阳沾尚镇），据请救于刘琨。而自年初拓跋鲜卑内乱，代王猗卢为其子六修所杀，其部将军卫雄、箕澹等众三万人、马牛羊十万归琨，琨由是复振。韩据求救，琨新得猗卢之众，也欲以其锐气击勒，故不听箕澹、卫雄"闭关守险，务农息士"的劝告，悉发其众，命澹领步骑二万为前锋，自后继之。石勒先据险要，设伏击澹军，大败之，一军皆没，并州震骇。刘琨不能复守，因据蓟城的鲜卑段匹磾数遣人邀之，故率众从飞狐口（今山西灵丘西南）至蓟城，投段匹磾。石勒分徙阳曲、乐平民于襄国，置守宰而还。[1]这样，并州之地几乎全部落入石勒手中，并州与平阳相邻，汉国将会遇到石勒有力的挑战。

二 汉国的内乱和前赵的继立

汉麟嘉二年（317）正月，驻守长安的刘曜遣军击盘踞在弘农郡华阴（今陕西华阴）的西晋残余势力，击败晋弘农太守宋哲，哲弃城奔江东。[2]二月，刘聪又遣其从弟刘畅率步骑三万攻荥阳的李矩，矩屯军韩王故垒（在今河南新郑），相距七里。畅遣使招矩，因矩曾伪降刘曜，故先招之。李矩

1 《晋书·刘琨传》；同书《石勒载记上》；《资治通鉴》卷八九，晋愍帝建兴四年十一月条等。
2 《资治通鉴》卷九〇，晋元帝建武元年正月条。

见汉军猝至，未及防备，遂诈降畅。刘畅不设备，部将皆醉。矩欲夜袭畅营，而军士多惧汉军，矩乃遣将郭诵祷于子产祠，使神巫扬言："子产有教，当遣神兵相助。于是，军士踊跃争进，夜袭畅营，斩首数千级，畅仅以身免。"[1]后郭默又遣弟芝率众助李矩，矩乃与芝马五百匹，分军三道追击汉军，大获而还。[2]

这时，宋哲逃至建康，司马睿等方知长安失陷，愍帝被俘；睿臣僚皆劝其称帝，睿不许，只称"晋王"，始置百官，立宗庙、社稷。在黄河以北所余之西晋旧臣，如刘琨、段匹磾等一百多人联名遣使诣建康，上表劝进。甚至远在辽东的慕容部鲜卑首领慕容廆，为了扩展势力，收买汉族人心，也打起"晋"的旗号，遣长史王济浮海至建康劝进。因此，正如汉太史令康相所分析的那样，西晋政权虽然灭亡，汉国面临局势仍然十分严峻。

可是，汉国统治者对此似乎视而不见，统治阶级内部的争斗却越演越烈。同年三月，汉相国刘粲急欲除去争夺帝位的障碍，开始发难，命亲信王平对皇太弟刘乂说："适奉中诏，云京师将有变，敕裹甲以备之。"乂信以为真，令宫臣裹甲以居。刘粲急遣人告靳准、王沈等曰："向也王平告云东宫阴备非常，将若之何？"靳准告刘聪，聪大惊曰："岂有此乎！"王沈等同声曰："臣等久闻，但恐言之陛下弗信。"聪于是遣粲兵围东宫；粲又使靳准、王沈等收氐、羌酋长十余人，严刑拷问，悬首高格，烧铁灼目。氐、羌酋长原不过

1 《晋书·李矩传》；《资治通鉴》卷九〇，晋元帝建武元年二月条。
2 《晋书·李矩传》。

是乂任大单于时的部属，受刑不过，乃自诬与乂谋逆。刘聪对沈等说："而今而后，吾知卿等忠于朕也。当念为知无不言，勿恨往日言不用也。"于是诛乂素所亲厚大臣及东宫属僚数十人，这些人皆为靳准、王沈等一伙平日怨恨者。废太弟乂为北部王，粲阴使准杀之，又"坑士众万五千人，平阳街巷为之空"。聪闻乂死，大哭说："吾兄弟止余二人而不相容，安得使天下知吾心邪！"由于聪、粲滥杀无辜及氐、羌酋长，一时引起氐、羌部众的反抗，众有十余万落，聪以靳准为行车骑大将军率军镇压。

七月，大旱；司、冀、并、青、雍州大蝗，汉统治地区的平阳、冀、雍尤甚。靳准灭蝗，二子死之。又，黄河、汾水溢，漂千余家。[1]汉政权内部的所谓"东宫之变"，造成了严重的后果：它不仅使刘粲、王沈、靳准等最终掌握了汉国军政大权，而且宗室自相残杀，乂及其亲厚大臣、东宫卫士等死于非命，平阳为之一空，门阁宫殿荡然。更严重的是，滥杀氐、羌酋长等，引起了汉国内少数民族十余万人的反抗；人祸加上天灾，使汉国迅速走上衰亡之路。刘聪只好紧紧地依靠其子粲及靳准、王沈等来维持统治，以粲为皇太子，领相国、大单于，总摄朝政如故。[2]

接着，汉国又发生了镇守洛阳的赵固的叛变事件。自汉嘉平二年（312）聪以赵固镇守洛阳后，固与其长史周振不和，振经常向聪密谮固。李矩破刘畅时，从畅帐中获得刘聪与畅书，内令畅破矩后，过洛阳收斩赵固，以周振代守洛

1　以上所引均见《晋书·刘聪载记》；《资治通鉴》卷九〇，晋元帝建武元年三月、七月条等。

2　《晋书·刘聪载记》；《资治通鉴》卷九〇等，晋元帝建武元年七月条。

阳。八月，赵固袭杀晋卫将军华荟于临颍（今河南临颍北）。李矩遂将所获畅书示固，固见书后，即杀周振父子，率骑一千降，李矩仍令其还守洛阳。[1]这样，汉国东面的一个重要据点又失去了。

同年十一月，刘聪校猎于上林，以愍帝行车骑将军，戎服执戟前导，行三驱之礼。观者有指愍帝说：“此故长安天子也。”群众聚而观之，有父老悲泣者。刘粲见人心尤思晋，便对聪曰：“今司马氏跨据江东，赵固、李矩同逆相济，兴兵聚众者皆以子邺（愍帝）为名，不如除之，以绝其望。”刘聪云：“吾前杀庾珉辈，而民心犹如是，吾未忍复杀也，且小观之。”十二月，刘聪宴群臣于光极殿，使愍帝行酒洗爵；已而更衣，又使之执盖。原晋臣多涕泣，有失声痛哭者。尚书郎陇西辛宾更是抱愍帝大哭，聪命推出斩之。[2]刘聪这样做是为了借此观察原晋臣及晋人的态度。

时赵固与晋河内太守郭默会兵攻汉河东，至绛邑（今山西绛县西北），汉右司隶部民三万余人盗马负妻子奔降之。汉骑兵将军刘勋追击，杀万余人，固、默引归。刘颉于途中邀击，为赵固所败。刘聪命太子粲率将军刘雅[3]等步骑十万屯于小平津（在今河南孟津东），赵固扬言：“要当生缚刘粲以赎天子（愍帝）。”刘粲闻之，上表于聪曰：“子邺若死，民无所望，则不为李矩、赵固之用，不攻自灭矣。”刘聪至

1　《晋书·李矩传》；《资治通鉴》卷九〇，晋元帝建武元年八月条。
2　《晋书·刘聪载记》；同书卷八九《忠义·辛勉附宾传》等。
3　按，《刘聪载记》作“刘雅”，《晋书·李矩传》、《资治通鉴》卷九〇作“刘雅生”。从《载记》。

是杀愍帝于平阳。刘粲遣刘雅率军攻洛阳，赵固奔阳城山（今河南嵩山东北）。[1]

汉麟嘉三年（318）三月，愍帝被杀的消息传到建康，司马睿在群臣的拥戴下即帝位，改元太兴，史称"东晋"。时赵固求救于李矩，矩使郭默、郭诵救赵固，屯于洛汭（洛水入黄河处），遣耿稚、张皮偷渡黄河，袭刘粲。汉贝丘人王翼光[2]自厘城（今河南花园口附近）觇知，告粲，请为之备。粲以为赵固已败，自保不暇，不敢来袭，遂不设备。是夜，耿稚等袭粲营，粲奔溃，杀伤大半，据其营，获器械军资不可胜数。[3]粲败走阳乡（在今河南获嘉）。及天明，粲见张皮等人少，更与刘雅合兵攻之，刘聪又遣太尉范隆率骑来助，双方苦战二十余日。李矩率军来救，使壮士三千泛舟迎耿稚、张皮等。汉兵距守黄河，作长钩以钩船，连战数日不得渡。后李矩遣部将格增潜渡河入皮垒，杀牛马、焚营，夜突围而出，奔武牢（今河南成皋附近）。刘勋追击，战于河阳（今河南孟州西），击败耿稚军，死者三千五百人，投河死者千余人。[4]

是时，汉平阳蟗斯则百堂[5]发生火灾，烧死刘聪子会稽

1　《晋书·刘聪载记》；《资治通鉴》卷九〇，晋元帝建武元年十二月条。

2　按，《晋书·刘聪载记》几次出现"且丘王翼光"或"征虏将军贝丘王翼光"，1974年中华书局《晋书》标点本，均断为"贝丘王、翼光"，恐不确；贝丘应为其籍贯，此人姓王名翼光。《资治通鉴》卷九〇作"具丘王翼光"。

3　《晋书·李矩传》；《太平御览》卷三三六引和苞《汉赵记》等。

4　《晋书·李矩传》；同书《刘聪载记》等。又，此二书记载有出入，系各自隐去失败处，而扬得胜处，参酌用之。

5　《资治通鉴》卷九〇胡注："蟗斯则百堂，取蟗斯子孙众多；思齐，则百斯男之义。"

王衷以下二十一人。[1] 聪闻之，哀塞气绝，良久乃苏，乃以子骠骑大将军、济南王刘骥为大将军、都督中外诸军事、录尚书，卫大将军、齐王刘劢为大司徒。[2] 同年四月，刘聪见中常侍王沈养女（原为沈婢女）有妙色，遂立为左皇后。尚书令王鉴、中书监崔懿之、中书令曹恂等谏曰："……从麟嘉以来，乱淫于色，纵沈之弟女，刑余小丑（指王沈等宦官）犹不可尘琼寝，汙清庙，况其家婢邪！六宫妃嫔皆公子公孙，奈何一旦以婢主之，何异象榱玉簪而对腐木朽楹哉！臣恐无福于国家也。"聪大怒，使宣怀对絮说："鉴等小子，慢侮国家，狂言自口，无复君臣之礼，其速考竟！"于是送鉴于市，斩之。金紫光禄大夫王延驰入将谏，门者弗通。鉴等临刑时，王沈以杖叩之曰："庸奴，复能为恶乎！乃公何与汝事？"鉴瞋叱之曰："竖子！使皇汉灭者，坐汝鼠辈与靳准耳，要当诉于先帝，取汝等于地下。"崔懿之也曰："靳准枭声镜形，必为国患。汝既食人，人亦当食汝。"皆为聪所杀。刘聪又立中常侍宣怀养女为中皇后。[3]

正当刘聪杀戮大臣、自毁长城之时，名义上仍属汉的石勒，势力又有所增长。同年五月，投靠段匹磾的刘琨等，为段匹磾所杀，琨原将佐多投石勒。[4] 据青州的曹嶷，则早在麟嘉二年（317）六月就叛离汉国，上表劝司马睿称帝。后又以建康悬远，势援不及，与石勒相结，石勒授其为东州大

---

1 《太平御览》卷一一一九引《前赵录》"衷"作"康"。
2 《晋书·刘聪载记》。
3 《晋书·刘聪载记》；《资治通鉴》卷九〇，晋元帝太兴元年四月条。
4 《晋书·刘琨传》；《资治通鉴》卷九〇，晋元帝太兴元年五月条；《晋书·石勒载记上》。

将军、青州牧，封琅邪公。[1] 石勒即一面遣军与东晋争夺黄河两岸之地；一面则静观汉国的衰败，以便乘机扩展自己的势力。

同年七月，刘聪病重，灾异屡现，聪对粲说："吾寝疾惙顿，怪异特甚。往以约（即东平王刘约）之言为妖，比累日见之，此儿必来迎吾也。何图人死定有神灵，如是吾不悲死也。今世难未夷，非谅阇之日，朝终夕殓，旬日而葬。"又征刘曜为丞相，石勒为大将军，皆录尚书事，受遗诏辅政。曜、勒知粲、靳准等绝不会容己，固辞不奉诏。聪只好封曜为丞相，领雍州牧；勒为大将军，领幽、冀二州牧，勒辞不受。又以上洛王刘景为太宰，济南王刘骥为大司马，昌国公刘颙为太师，朱纪为太傅，呼延晏为太保，并录尚书事；范隆守尚书令、仪同三司，靳准为大司空、领司隶校尉，皆选决尚书奏事。七月十九日（癸亥）刘聪卒，次日刘粲即帝位，尊聪后靳氏为皇太后，樊氏号弘道皇后，武氏号弘德皇后，王氏号弘孝皇后；立妻靳氏为皇后，子元公为太子。大赦，改元汉昌。葬聪于宣光陵，谥曰昭武皇帝，庙号烈宗。[2]

刘粲，字士光。史称其"少而俊杰，才兼文武。自为宰相，威福任情。疏远忠贤，昵近奸佞。任性严刻无恩惠，距谏饰非。好兴造宫室，相国之府仿像紫宫，在位无几，作兼昼夜"。观前述刘粲之言行，史不诬也。粲即位后，因原聪后靳氏等均未满二十，有美色，粲晨夜烝淫于内，无复

1 《晋书·石勒载记上》。
2 《晋书·刘聪载记附粲传》；《资治通鉴》卷九〇，晋元帝太兴元年七月条。

哀戚。

靳准阴有异志，欲借粲之手，除去朝中掌权的诸刘氏，于是向粲进谗言："如闻诸公将欲行伊尹、霍光之事，谋先诛太保（呼延晏）及臣，以大司马（刘骥）统万机。陛下若不先之，臣恐祸之来也，不晨则夕。"粲不纳。准惧其言之不从，谓二靳氏曰："今诸公侯欲废帝，立济南王，恐吾家无复种矣。盍言之于帝。"二靳氏言于粲，粲信之；于是收太宰景、大司马骥、骥母弟车骑大将军吴王刘逞、太师颛、大司徒齐王劢，皆斩之。太傅朱纪、太尉范隆出奔长安，投刘曜。八月，粲治兵于上林，谋讨石勒。以丞相曜为相国、都督中外诸军事，仍镇长安，靳准为大将军、录尚书事。至此，刘粲就荒耽酒色，游宴后庭，军国之事，一决于准。靳准又矫旨封其从弟靳明为车骑将军，靳康为卫将军。[1]

靳准在做了上述准备之后，始谋发动变乱，取粲而代之。他因金紫光禄大夫王延耆德时望，而谋之于延。延不从，驰告刘粲，遇靳康，为其所拘。靳准见事即将败露，遂发难，带兵升光极殿，使甲士执刘粲，数而杀之。又将刘氏男女无论少长皆杀于东市。发掘刘渊、刘聪陵，戮渊尸，焚刘氏宗庙。靳准自号大将军、汉天王，称制，置百官。[2]靳准一族也系汉化之匈奴（屠各）[3]，其夺匈奴刘氏帝位，杀刘氏一族后，就企图利用广大汉族人心思晋的情绪，投附东晋，以巩固自己的统治地位。因此，他遣使告晋司州刺史

1 《晋书·刘聪载记附粲传》；《资治通鉴》卷九〇，晋元帝太兴元年七月条。
2 《晋书·刘聪载记附粲传》。
3 同上书，王延骂靳准为"屠各逆奴"，知靳氏为屠各。

李矩曰："刘元海屠各小丑，因大晋事故之际，作乱幽、并，矫称天命，至令二帝幽没虏庭。辄率众扶侍梓宫，因请上闻。"矩遣使告东晋元帝司马睿，元帝遣太常韩胤等奉迎梓宫（即怀、愍二帝灵位及尸）。[1] 在平阳，汉左光禄刘雅出奔西平城，原晋旧臣、汉尚书北宫纯、胡崧等招集晋人（汉人）保于东宫，靳康攻灭之。靳准欲以王延为左光禄大夫，延骂曰："屠各逆奴，何不速杀我，以吾左目置西阳门，观相国（刘曜）之入也，右目置建春门，观大将军（石勒）之入也。"准怒，杀延。[2]

靳准政变后，刘曜、石勒相继率军赶到平阳平乱。石勒先命张敬率骑五千为前锋，自统精锐五万继之，据襄陵（今山西临汾东南）北原，羌、羯降者四万余落。靳准数挑战，石勒坚壁以挫之。[3] 冬十月，刘曜率军抵赤壁（在今山西河津），太保呼延晏自平阳来归，与朱纪、范隆等共上尊号。曜即帝位，大赦境内，唯靳氏一门不在赦例，改元太初；以朱纪领司徒，呼延晏领司空，范隆以下悉复本位；署石勒为"大司马、大将军，加九锡，增封十郡，并前十三郡，进爵赵公"。[4] 石勒先攻平阳小城，平阳大尹周置等率杂户六千降，巴人及羌、羯降勒者前后十余万落，勒

---

1 《资治通鉴》卷九〇还记：靳准"谓安定胡崧曰：'自古无胡人为天子者，今以传国玺付汝，还如晋家。'崧不敢受，准怒，杀之"。按，《晋书·刘聪载记附粲传》云，北宫纯、胡崧引晋人保东宫，靳康攻灭之。是胡崧死于东宫，而非靳准交传国玺时所杀。从《晋书》。至于靳准遣使李矩事，则见《晋书·李矩传》。

2 《晋书·刘聪载记附粲传》。

3 《晋书·石勒载记上》。

4 《晋书·石勒载记上》；《晋书·刘曜载记》。

徙之于司州诸县。[1]

刘曜则令征北将军刘雅、镇北将军刘策屯汾阴（今山西万荣西），与石勒为掎角之势。时勒与曜皆有招怀靳准的打算，十一月，靳准先遣侍中卜泰奉乘舆、服御向石勒请和，勒乃送卜泰于刘曜，目的是使曜知城内无降其意，以挫曜军势。刘曜获卜泰，对其曰："先帝末年，实乱大伦，群阉挠政，诛灭忠良，诚是义士匡讨之秋。司空（靳准）执心忠烈，行尹、霍之权，拯济涂炭，使朕及此，勋高古人，德格天地。朕方宁济大艰，终不以非命及君子贤人。司空若执忠诚早迎大驾者，政由靳氏，祭则寡人。以朕此意布之司空，宣之朝士。"刘曜在这里盛赞靳准，不过是诱其降也。然后，曜又送卜泰还平阳，宣谕靳准等速降。石勒疑泰与曜有谋，欲杀泰，诸将劝勒说："今斩卜泰，准必不复降，就令泰宣汉要盟于城中，使相率诛靳准，准必惧而速降矣。"石勒乃从诸将议，遣还之。卜泰还平阳，说靳准降曜，准因杀曜母、兄，沉吟未从。

十二月，汉左右车骑将军乔泰、王腾、卫将军靳康等与卜泰杀靳准，推尚书令靳明为主，遣卜泰奉传国六玺降于刘曜。石勒大怒，遣令史羊升使平阳，责明等杀准。靳明斩羊升，石勒遂进军攻之，明出战，为石勒所败，枕尸二里。靳明筑城门坚守，不复出战。石勒又调石虎率幽、冀州兵十余万攻平阳小城。靳明求救于刘曜，曜遣征东大将军刘畅救

---

1 《晋书·石勒载记上》。又，《资治通鉴》卷九〇胡注云："巴，巴氏也。魏武平汉中，迁巴氏于关中，其后种类滋蔓，河东、平阳皆有之。"

之，为石勒所败。[1] 曜遣刘雅、刘策等迎靳明，明乃率平阳士女万五千归于曜，曜即退屯于粟邑。石勒进入平阳，焚宫室，使裴宪、石会修复渊、聪二墓，收粲已下百余尸葬之，徙浑仪、乐器于襄国，置守宰而还。[2]

刘曜下令诛杀靳明，凡靳氏男女无少长皆杀之；又见靳康女有美色，欲妻之，康女不从，号泣请死，曜哀之，免康一子死。[3] 曜还遣刘雅迎母胡氏丧于平阳，还葬于粟邑，号曰阳陵，谥曰宣明皇太后，起光世殿于前，紫光殿于后。

汉光初二年（319）二月，石勒遣左长史王修等献捷于汉，刘曜也遣其兼司徒郭汜[4]等持节署勒"太宰，领大将军，进爵赵王，增封七郡，并前二十郡"，拜王修及其副刘茂皆为将军，封列侯。勒舍人曹平乐[5]，从修出使，因留于汉。他对曜说："大司马遣王修等来，外表至虔，内觇大驾强弱，谋待修之返，将轻袭乘舆。"时刘曜势实残敝，恐王修等返后泄露，遂追还郭汜，停止封授，并斩修于市。三月，副使

1 《晋书·石勒载记上》；同书《刘曜载记》。按，《太平御览》卷三三六引和苞《汉赵记》云："光初二年，石勒召幽、冀之众十余万人，造攻车、飞梯攻平阳小城，今上（刘曜）遣骑万五千，曳柴扬尘，嗌于山谷，寻汾州向平阳，内外击之，勒师溃。"吴士鉴《晋书斠注》云："按，和苞所记，即是役。苞为刘氏之臣，故云勒溃。《载记》据石氏之史，故云杂户降勒，互相抵牾。证之《刘曜载记》亦云石勒怒甚。增兵攻靳明，明败，明率平阳士女万五千归于曜，曜命诛明。可知此战确为石氏胜而刘氏败也。和苞之言，殆非实录。"

2 《晋书·石勒载记上》。

3 《晋书·列女·靳康女传》。

4 《太平御览》卷三八二引《前赵录》曰："郭汜，字子游，上郡人也。父士为县卒……士纳之，生汜，长不满七尺，丑极。时当朴讷无慧，后为县卒，感愤游学，师事安平赵孔曜。曜见而伟之曰：'此生有公骨，其当贵达。'"

5 《资治通鉴》卷九一云曹平乐为王修舍人。此据《晋书·石勒载记上》。

刘茂逃回襄国，言修死状，石勒大怒说："孤兄弟之奉刘家，
人臣之道过矣，若微孤兄弟，岂能南面称朕哉！根基既立，
便欲相图。天不助恶，使假手靳准。孤惟事君之体当资舜求
瞽瞍之义，故复推崇令主，齐好如初，何图长恶不悛，杀奉
诚之使。帝王之起，复何常邪！赵王、赵帝，孤自取之，名
号大小，岂其所节邪！"遂杀曹平乐三族，置太医、尚方、
御府诸令。[1]这样，刘曜、石勒最后和解的可能已消失，双
方遂成敌国。

同年四月，刘曜从粟邑徙都长安，立妃羊氏（即原怀帝
羊皇后）为皇后，子熙为皇太子；封子袭为长乐王，阐为太
原王，冲为淮南王，敞为齐王，高为鲁王，徽为楚王。征诸
宗室皆晋封为郡王，缮宗庙社稷、南北郊。又尊高祖父亮为
景皇帝，曾祖父广为献皇帝，祖防懿皇帝，考曰宣成皇帝。
刘曜又下令曰："盖王者之兴禘始祖，我皇家之先，出自夏
后，居于北夷，世跨燕、朔。光文（刘渊）以汉有天下岁
久，恩德结于民庶，故立汉祖宗之庙，以怀民望。昭武（刘
聪）因循，遂未悛革。今欲除宗庙，改国号，御以大单于为
太祖，其速议以闻。"于是太保呼延晏等议曰："今宜承晋尹
子传号，以光文本封卢奴中之属城，陛下勋功懋于平洛，终
于中山。中山分野属大梁，赵也。宜革称大赵，遵以水行。"
曜从之，于是以冒顿配天，刘渊配上帝。[2]从刘曜君臣的话
中，知刘渊建国时用"汉"旗号，是为了借汉朝之名，以号
召汉族，把自己打扮成汉朝的继承者。但刘渊一族毕竟原是

---

1 《晋书·石勒载记上》。
2 《太平御览》卷一一九引《前赵录》；《晋书·刘曜载记》。

匈奴冒顿单于的后裔，到曜即位时，西晋灭亡，北方处于各族融合和割据之中，再用"汉"旗号，已经失去了意义。因此，刘曜提出"除宗庙，改国号"的问题，呼延晏等大臣以刘渊曾被封为"卢奴伯"，刘曜曾为"中山王"，中山原为赵国地，故建议改国号为"赵"，曜从之。因石勒建政权后，国号亦曰"赵"，故史家称刘曜继汉后所建政权为"前赵"，石勒政权为"后赵"。

前赵的兴衰

〖第六章〗

一　前赵的巩固及其向西北的扩展

刘曜于光初二年（319）四月定都长安，改国号为"赵"。石勒在群臣的劝进之下，也于同年十一月称"赵王"，依春秋列国、汉初侯王每世称元，改称"赵王元年"，始建社稷，立宗庙，营东西宫。并依魏王（曹操）在邺故事，以河内等二十四郡为赵国，太守皆为内史；以大单于镇抚百蛮。置并、朔、司三州，通置部司以监之。从此，石勒正式从汉赵国中分离出来，与刘曜的前赵形成对峙的局面。中国史家称石勒所建政权为"后赵"。

当时整个国内形势仍处于分裂割据的局面，主要割据势力大致有：今陕西关中及河南东部的前赵国；平阳以东，今山西、河北及河南北部的后赵政权；今山东一带是曹嶷的势力；今淮水以南是东晋政权；今四川一带是李氏大成政权；今甘肃河西地区是张氏的割据势力；今甘肃东南（秦州）是自称"晋王"的司马保的势力；其南还有氐族杨氏在仇池割据的势力。此外，在石勒后赵的东北，还有割据辽西的段氏鲜卑、割据辽东地区的慕容鲜卑；河套朔方一带还有逐渐兴起的铁弗匈奴刘氏；漠南及今山西北部的拓跋鲜卑的势力也正在崛起。

而前赵政权无论从统治的区域、人口，还是拥有的经济实力等方面看，都算不上当时最强大的政权；何况刘曜刚从已经崩溃的汉政权中分离出来，元气大伤，兵实疲敝，国内仍不安定。同年底，虽有陇右氐族首领蒲洪降于刘曜，曜拜其为率义侯；[1]但是也有黄石屠各路松多起兵于新平、扶风（治今陕西眉县东），附于秦州的晋王司马保。[2]按，黄石系地名，大致在今甘肃张家川回族自治县境内；"黄石屠各"，当为聚居于黄石的屠各匈奴，此屠各应指狭义的屠各，即原汉代休屠王部众。又，据《资治通鉴》卷九一胡注云："《水经注》：陇山西南，降陇城北，有松多川，盖松多据此，因以为地名。"松多川当距黄石不远，在今甘肃秦川县境内，因路松多据此川，故有松多川之名。松多附司马保后，保即"以其将杨曼为雍州刺史，王连为扶风太守，据陈仓（今陕西宝鸡东）；以张颛为新平太守，周庸为安定太守，据阴密（今甘肃灵台西）。松多下草壁（阴密东），秦陇氐、羌多归之"。[3]刘曜遣车骑将军刘雅、平西将军刘厚攻杨曼于陈仓，二旬不克；曜自率精锐向陈仓，屯于雍城（今陕西凤翔），太史令弁广明对曜云："昨夜妖星犯月，师不宜行。"乃止。乃今刘雅等摄围固垒，以待大军。[4]

光初三年（320）正月，刘曜从雍城向陈仓进攻。杨曼、王连相谋曰："谍者适还，云其五牛旗建，多言胡王自来，其锋恐不可当也。吾粮廪既少，无以支久，若顿军城下，围

---

1 《晋书》卷一一二《苻洪载记》；《资治通鉴》卷九一，晋元帝太兴二年条及胡注引《考异》。
2 《晋书·刘曜载记》。
3 《晋书·刘曜载记》；《资治通鉴》卷九一，晋元帝太兴二年条。
4 《晋书·刘曜载记》；《资治通鉴》卷九一。

人百日，不待兵刃而吾自灭，不如率见众以一战。如其胜也，关中不待檄而至；如其败也，一等死，早晚无在。"从杨曼等的话中，知这次战争对于刚建立的前赵的生存也是关系重大的。曜大军攻陈仓，曼、连等背城而战，为曜军所败，王连战死，曼逃至南氐（即仇池杨氏）。刘曜下陈仓后，又北上攻草壁，路松多不能守，奔陇城（在今甘肃张家川）；曜连拔草壁、阴密，进陷安定。晋王保惧，迁于桑城（今甘肃岷县东北）[1]，欲投河西张寔，氐、羌悉从之。刘曜遂振旅还长安，署刘雅为大司徒。[2] 此役的胜利，使刚建立的前赵，得以立足于关中。而保于桑城的晋王保及其将张春等欲投河西张寔，寔遣其将阴监将兵迎之，声言迎卫，其实惧保至河西危及自己的地位而拒之。[3]

二月，前赵的势力又被迫从河南洛阳一带，撤回到陕县（今河南三门峡）以西之地。自汉麟嘉三年刘粲击走赵固、李矩等的势力后，洛阳地区一直为汉政权所据有。刘曜继立后，以左中郎将宋始、振威将军宋恕、弘农太守伊安及赵慎等镇守洛阳及附近地区。光初三年二月，李矩、郭默等率军攻占洛阳东之金墉城。宋始、宋恕降石勒，勒遣石生率骑五千至洛阳，矩、默退还。后宋恕等四将复叛石勒，降李矩。矩遣郭默率军入洛。石生虏宋始一军，北渡黄河。于是

---

1 《水经注》卷二《河水》云："洮水又东北流，屈而径索西城（在岷县东）西。洮水又屈而北，径龙桑城西，而西北流……"《资治通鉴》卷九一胡注引此段，"龙桑城"作"桑城"，地当在今岷县东北。
2 以上均见《晋书·刘曜载记》；《资治通鉴》卷九一，晋元帝太兴三年正月条。
3 《晋书》卷三七《南阳模附保传》。

河南之民皆相帅归矩，洛阳遂空。[1]其间，刘曜署其大将军、广平王刘岳为征东大将军，准备镇洛阳，至渑池，三军疫甚；后因宋始等降石勒，刘岳回师镇陕城。[2]

时逃至桑城的司马保为张寔所拒，不得往河西，其将张春、杨次等与别将杨韬不和，劝保杀韬，并遣军击原保将陈安。保不从，五月，张春等囚保，杀之，立宗室子司马瞻为世子，称大将军。原保部众奔散，投河西张寔者达万余人。时踞陇城的原司马保将陈安降前赵，刘曜以陈安为大将军，使率军击司马瞻，杀之，张春奔枹罕（今甘肃临夏）。陈安执杨次于保柩前斩之。[3]前赵虽然消灭了踞秦州的晋王司马保的势力，但是陈安的势力增强了。陈安以前曾游离于保、大成政权和前赵之间，至此成为前赵向西扩展的主要障碍。

前赵建立的初期，主要的精力还是放在安定内部、巩固政权之上。同年六月，前赵将解虎、长水校尉尹车反，与巴酋句徐、库彭相结。[4]事发，曜乃杀虎、车，囚句徐、库彭等五十余人于阿房，将杀之。光禄大夫游子远[5]固谏，以为不可多杀。曜大怒，认为子远助"逆"，尽杀库彭等，而囚

---

1 《晋书·李矩传》；《资治通鉴》卷九一，晋元帝太兴二年二月条。

2 《晋书·刘曜载记》。

3 《资治通鉴》卷九一，晋元帝太兴二年五月条。按，《晋书·司马保传》云保为病死，今从《通鉴》卷九一。

4 《晋书·刘曜载记》作"徐库彭"，《资治通鉴》卷九一作"句徐、库彭"，从《通鉴》。

5 《太平御览》卷三七九引《前赵录》曰："游子远幼有姿貌聪亮，好学，年十五至洛阳，张华见而奇之曰：此儿雅洁洪方，精公才也。"下引《载记》曜骂子远为"大荔奴"，《资治通鉴》卷九一胡注："大荔，戎种落之名；子远盖戎出也。"按，大荔亦地名，春秋时有"大荔戎"，刘曜为匈奴，其称子远为大荔奴，故子远亦有可能为大荔早已汉化之大荔戎。

子远，尸放诸街巷中十日，乃投之于水。于是在关中的巴人群起反抗，推巴酋归善王句渠知为主，句渠知自建政权，国号"大秦"，改元曰平赵；四山氐、羌、巴、羯等应之者三十余万，关中大乱，城门昼闭，形势十分危急。游子远在狱中又上表谏，曜怒甚，毁其表曰："大荔奴不忧命在须臾，犹敢如此，嫌死晚邪？"命左右速杀之。刘雅、朱纪、呼延晏等谏曰："子远幽而尚谏者，所谓忠于社稷，不知死之将至。陛下纵弗能用，奈何杀之！若子远朝诛，臣等亦暮死，以彰陛下过差之咎。天下之人皆当去陛下蹈西海而死耳，陛下复与谁居乎？"曜意解，乃赦子远。

刘曜于是敕内外戒严，将亲自率军击句渠知。子远又谏曰："陛下诚能纳愚臣之计者，不劳大驾亲动，一月之中可使清定。"曜曰："卿试言之。"子远曰："彼匪有大志，希窃非望也，但逼于陛下峻网耳。今死者不可追，莫若赦诸逆人之家老弱没奚官者，使迭相抚育，听其复业，大赦与之更始。彼生路既开，不降何待！若渠知自以罪重不即下者，愿假臣弱兵五千，以为陛下枭之，不敢劳陛下之将帅也。不尔者，今贼党既众，弥川被谷，虽以天威临之，恐非年岁可除。"曜大悦，以子远为车骑大将军、开府仪同三司，都督雍、秦征讨诸军事，即日大赦。子远屯军于雍城，降者十余万，遂进军安定，反者皆降。唯句渠知宗党五千余家保于阴密，子远进击，灭之；遂引兵巡陇右，陈安郊迎。[1]

另有上郡氐、羌十余万落保崄不降，其酋大虚除权渠自号秦王。游子远进师至虚除权渠壁下，权渠率众来拒战，

---

1 《晋书·刘曜载记》；《资治通鉴》卷九一，晋元帝太兴三年六月条。

五战均败。权渠欲降，其子伊余大言曰："往刘曜自来，犹无若我何，况此偏师而欲降之。"率劲卒五万，晨压子远营。子远众将皆请出战，子远曰："吾闻伊余之勇，当今无敌，士马之强，复非其匹；又其父新败，怒气甚盛；且西戎剽劲，锋锐不可拟也。不如缓之，使气竭而击之。"于是坚壁不战。伊余有骄色，不复设备，子远乘机夜袭，至晨大风雾，大败伊余军，生擒伊余，悉俘其众。权渠大惧，以羌族风俗披发割面而降。子远请曜以权渠为征西将军、西戎公，分徙伊余兄弟及其部落二十余万口于长安。在西边的氐、羌等少数民族中，权渠势力最强，至是莫不归附。[1]

刘曜重用游子远，用招抚和镇压的两手，基本上扑灭了关中各地氐、羌等族的反抗，使政权得到巩固。刘曜于是大宴群臣于东堂，语及生平，泫然流涕。原来刘曜系渊族子，字永明，从小失去父母，由刘渊抚养。史称其"幼而聪慧，有奇度"。"性拓落高亮，与众不群。读书志于广览，不精思章句，善属文，工草隶。雄武过人，铁厚一寸，射而洞之，于时号为神射。尤好兵书，略皆暗诵。"刘聪奇之，每曰："永明，世祖、魏武之流，何数公足道哉！"曜年轻时，曾游于京师洛阳，因犯罪当斩，与曹恂奔于刘绥处，绥将其藏于书柜，载送于王忠，忠又将其遣送到朝鲜。后曜在朝鲜饥窘，变易姓名，为县卒。时崔岳为朝鲜令，见曜而异之，问明原委，给予衣食，资供书传，恩顾甚厚。后遇大赦，曜返回，隐居于管涔山（今山西管涔山）。汉赵史臣和苞等记载了曜在管涔山时的一个传说，云：曜尝夜闲居，有二童子

---

1 《晋书·刘曜载记》；《资治通鉴》卷九一，晋元帝太兴三年六月条。

入跪，说管涔王使小臣奉谒赵皇帝，献剑一口。曜取剑，以
烛视之，光泽非常，赤玉为室，背上有铭曰"神剑御，除众
毒"，剑随四时而变为五色云云。[1] 显然，这个传说是汉赵史
臣和苞为曜等编造的神话，不可信。尽管如此，上述关于刘
曜的出身、经历及文武才智的记载，还是可信的。在刘渊、
刘聪在位时，刘曜带兵转战各地，几乎成了汉国的主要支
柱，即是明证。刘曜即位后，不忘过去患难时对自己有恩的
人，即以崔岳为大司徒、曹恂为中书令、王忠为晋阳太守、
刘绥为太子洗马等。此次刘曜宴群臣，又想起了过去亡走朝
鲜之事，以上诸人虽然已经死去，曜仍追赠崔岳使持节、侍
中、大司徒、辽东公，曹恂大司空、南郡公，刘绥左光禄大
夫、平昌公，王忠镇军将军、安平侯，并加散骑常侍。[2]

　　刘曜还"立太学于长乐宫东，小学于未央宫西，简百姓
年二十五已下十三已上，神志可教者千五百人，选朝贤宿
儒明经笃学以教之"。按，刘曜所设"太学""小学"系仿
汉魏以来的旧制。如《太平御览》卷五三四引《晋诸公赞》
曰："惠帝时，裴頠为国子祭酒，奏立国子太学，起讲堂，
筑门阙，刻石写经。"曜还选"朝贤宿儒明经笃学以教之"，
"以中书监刘均领国子祭酒。置崇文祭酒，秩次国子。散骑
侍郎董景道以明经擢为崇文祭酒。以游子远为大司徒"[3]。这
一措施，是吸取传统的汉族文化的进步行动，应予以肯定。

　　与此同时，刘曜大兴土木，命作酆明观及西宫，建陵

---

1 《晋书·刘曜载记》；《太平御览》卷四五引《前赵录》等。
2 《晋书·刘曜载记》。
3 《晋书·刘曜载记》。又，同书卷九一《儒林·董景道传》云："曜征为太子
少傅、散骑常持，并固辞，竟以寿终。"此与《载记》异，从《载记》。

霄台于滈池，又将于霸陵西南营寿陵。[1]"召构殿巧手三千人，发阳平等十郡车牛五千乘，运土筑建德殿台。"[2]侍中乔豫、和苞谏曰："臣闻人主之兴作也，必仰准乾象，俯顺人时……奉诏书将营鄷明观，市道刍荛咸以非之，日一观之功可以平凉州矣。又奉敕旨复欲拟阿房而建西宫，模琼台而起陵霄，此则费万鄷明，功亿前役也。以此功费，亦可以吞吴、蜀，蹑齐、魏矣。陛下何为于中兴之日而蹈亡国之事！自古圣王，人谁无过！陛下此役，实为过举，过贵在能改……又伏闻敕旨将营建寿陵，周回四里，下深二十五丈，以铜为棺椁，黄金饰之，恐此功费非国内所能办也。……兴亡奢俭，固然于前，惟陛下览之。"刘曜大悦，下书说："'二侍中恳恳有古人之风烈矣，可谓社稷之臣也。非二君，朕安闻此言乎……今敕悉停寿陵制度，一遵霸陵之法……其封豫安昌子，苞平舆子，并领谏议大夫。可敷告天下，使知区区之朝思闻过也。自今政法有不便于时、不利社稷者，其诣阙极言，勿有所讳。'省鄷水囿以与贫户。"[3]

前赵光初四年（321）五月，终南山地震，长安有个好事之人刘终，借地震之机，伪造白玉方一尺，说是从地震中获得，白玉上刻有"皇亡，皇亡，败赵昌。井水竭，构五梁，咢酉小衰困嚣丧。呜呼！呜呼！赤牛奋靷其尽乎！"刘终将此玉献刘曜，借以邀功请赏。前赵群臣皆贺，以为白玉

---

1 《晋书·刘曜载记》。又，《资治通鉴》卷九一云：以子远为大司徒，录尚书事。

2 《太平御览》卷一七五引《赵书》。

3 《晋书·刘曜载记》。又，《太平御览》卷一一九引《前赵录》内和苞等言作寿陵"周回四十"，《晋书·载记》作"周回四里"，《前赵录》确。

上的文字是赵王石勒灭亡之征。刘曜自然高兴，遂斋七日而后受之于太庙，大赦境内，以刘终为奉瑞大夫。[1] 时中书监、国子祭酒刘均认为："臣闻国主山川，故山崩川竭，君为之不举。终南，京师之镇，国之所瞻，无故而崩，其凶焉可极言！昔三代之季，其灾也如是。今朝臣皆言祥瑞，臣独言非，诚上忤圣旨，下违众议，然臣不达大理，窃所未同。何则？玉之于山石也，犹君之于臣下。山崩石坏，象国倾人乱。'皇亡，皇亡，败赵昌'者，此言皇室将为赵所败，赵因之而昌。今大赵都于秦、雍，而勒跨全赵之地，赵昌之应，当在石勒，不在我也……此其诚悟蒸蒸，欲陛下勤修德化以禳之。纵为嘉祥，尚愿陛下夕惕以答之……"曜抚然改容。御史劾刘均狂言瞽说，诬罔祥瑞，请依律治罪。曜曰："此之灾瑞，诚不可知，深戒朕之不德，朕收其忠意多矣，何罪之有乎！"[2]

总之，刘曜继立以来，能重用游子远，转危为安；立太学、小学，置国子祭酒等，学习传统的汉族先进文化；纳乔豫、和苞之言，停鄷明观、西宫之兴作，改寿陵的营制，以省民力；对"祥瑞"的态度，接受群臣纳谏等。这一切都说明刘曜能听取臣下意见，还是比较有作为的。正因为如此，前赵政权才开始出现兴盛的景象。

---

1 《晋书·刘曜载记》。又，关于类似事迹他书记载甚多，如《太平御览》卷六八二引《赵书》曰："刘曜于龙门河水中得玉玺，文云'克昌'。曜以为天锡神玺，斋而受之。"又，同书卷六八二引《前赵录》曰："光初五年，并州牧安定王策献玉玺。一文曰'赵盛'。"又，《北堂书钞》卷一三一引《赵书》亦记类似之事。
2 《晋书·刘曜载记》等。

可是，刘曜在前赵政权本身的建设上并没有多大的建树。与前赵相邻的后赵石勒反而多有改革，使后赵较快地走上了富强的道路。光初二年（319）石勒称赵王以后，命法曹令史贯志删简律令，作"辛亥制"五千文；设律学祭酒、经学祭酒、史学祭酒、门臣祭酒，分掌法律、经学、史学、门禁。特别是以张离等为门生主书，"司典胡人出内，重其禁法，不得侮易衣冠华族，号胡为国人"；对于汉族世族等加以尊重和重用，吸收他们参与政治，扩大了后赵的统治基础和力量。在经济上，石勒还注意发展农业，"遣使循行州郡，劝课农桑"，恢复和发展其统治地区的封建经济。"又下书禁国人不听报嫂及在丧婚娶"，即革除原胡人较为落后的习俗等。[1]

正因为石勒采取了上述措施，其国力逐渐强盛，东征西战，疆域不断扩展。光初三年（320）石勒攻破晋在北方的最后一个据点厌次（今山东阳信南），擒邵续，败段匹磾。后又擒段匹磾于厌次，"于是冀、并、幽州，辽西、巴西诸屯结皆陷于勒"。在河南，石勒原与东晋北伐的祖逖互守边界，处于对峙状态。光初四年（321）八月祖逖死后，石勒的势力逐渐伸入兖、豫等州。后赵石勒的扩张，对前赵的威胁越来越大了。[2]

光初五年（322）初，前赵政权初步巩固后，刘曜即开始向外扩展。时前赵的东面是日益强盛的后赵石勒，刘曜自知力量有限，向东发展暂时是不可能的；西边是河西张氏政权

1　均见《晋书·石勒载记下》；《资治通鉴》卷九一，晋元帝太兴二年十一月条。
2　见《晋书·石勒载记下》。

和仇池氐族杨氏的割据势力以及原司马保部陈安的势力。氐族杨氏和陈安据有的陇右地区，是前赵向西扩张的必经之路，且势力较为弱小，自然成为前赵向西发展最早进攻的目标。

仇池氐族杨氏，自秦汉以来世居陇右，为豪族。东汉建安中（196～220），氐族杨腾为部落大帅，其子驹，始徙仇池（今甘肃西和西南）。曹魏时，驹后代千万，魏拜为百顷氐王。千万孙子名飞龙，晋武帝假以为"征西将军"（《魏书》作"平西将军"），还居略阳。

飞龙无子，养外甥令狐氏子为子，名戊搜（《魏书》作"茂搜"）。晋元康六年避齐万年起事，率部落四千家还保仇池，自号辅国将军、右贤王。愍帝在长安即位后，以戊搜为骠骑将军、左贤王。戊搜死，子杨难敌立，与弟坚头分部曲。难敌自号左贤王，屯下辨（今甘肃成县西北）；坚头号右贤王，屯河池（今甘肃徽县西北）。[1]刘曜破长安，司马保据天水，拜难敌征南将军，坚头为龙骧将军。[2]

光初五年二月，刘曜亲率军西进，击仇池杨难敌，难敌率军迎击，为曜军所败，退保仇池，仇池诸氐、羌多降于曜。原晋王保将杨韬保于南安（今甘肃陇西），闻刘曜军至，与陇西太守梁勋等降于曜，皆封列侯；曜并使侍中乔豫率甲士五千迁韬等及陇右万余户于长安。刘曜复攻仇池。时曜寝疾，兼疠疫甚，议班师回长安，恐杨难敌蹑后击之；及以其尚书郎王犷为光国中郎将使仇池，以说难敌降。难敌于是遣使称藩。刘曜大悦，署难敌为"使持节，侍中，假黄钺，都

1 《宋书》卷九八《氐胡传》；《魏书》卷一○一《氐传》等。
2 《华阳国志》卷二《汉中志》。

督益、宁、南秦、凉、梁、巴六州陇上西域诸军事，上大将军，益、宁、南秦三州牧，领护南氏校尉，宁羌中郎将，武都王，子弟为公侯列将二千石者十五人"[1]。

当时，自称秦州刺史、名义上臣属于前赵的陈安，请求朝见刘曜，曜以疾笃不许。陈安怒，以为曜已病死，遂大掠而归。曜病重，乘马舆而还，遣将呼延寔监辎重于后。陈安率精骑击之，寔被围，奔退无路，遂与其长史鲁凭皆为安所俘。安劝呼延寔降，寔骂曰："狗辈！汝荷人荣宠，处不疑之地，前背司马保，今复如此。汝自视何如主上？忧汝不久枭首上邽通衢，何谓大业！可速杀我，悬我首于上邽东门，观大军之入城也。"按，陈安原为南阳王司马模帐下都尉，西晋建兴三年（315）模败，陈安归模世子保于秦州，宠待甚厚。后为杨春所潜，还陇城，叛保降前赵。故寔骂其"前背司马保，今复如此"。陈安大怒，杀寔，以鲁凭为参军；又遣弟陈集及将军张明等率骑二万追刘曜。[2]曜遣卫军将军呼延瑜逆战，击斩陈集，尽俘其众。陈安惧，驰还上邽（今甘肃天水），曜至南安。

陈安又使其将刘烈、赵罕袭占汧城（今陕西陇县），西州氏、羌悉降安。至此，陈安士马强盛，众十余万，自称使持节、大都督、假黄钺、大将军、雍、凉、秦、梁四州牧、凉王，以赵募为相国，领左长史。参军鲁凭对陈安大哭说："吾不忍见陈安之死也。"安怒，杀鲁凭。刘曜对凭之死十分惋惜，说："贤人者，天下之望也。害贤人，是塞天下之情……

---

1 《晋书·刘曜载记》。
2 《晋书·刘曜载记》。又，《资治通鉴》卷九一"二万"作"三万"。

陈安今于招贤采哲之秋，而害君子，绝当时之望，吾知其无能为也。"尽管如此，陈安据陇右，得氐、羌各族的支持，众十余万。这对前赵的西进仍然是一个很大的打击。恰于此时，原属陈安的休屠王石武[1]以桑城降前赵，刘曜大喜，署王石武为使持节、都督秦州陇上杂夷诸军事、平西大将军、秦州刺史，封酒泉王。[2]史称王石武为"休屠"，即屠各，原为汉休屠王部众，狭义的屠各，与刘渊一族所称的屠各有区别。

同年四月，刘曜皇后羊氏卒。羊氏，《晋书》卷三一有传，内云："惠羊皇后讳献容，泰山南城人。"永康元年晋惠帝立为皇后，刘曜攻占洛阳后，俘羊氏。曜即帝位，以其为皇后，有殊宠，"颇与政事"，生子三人：熙、袭、阐。[3]刘曜还于此年颁布了一些有利于生产发展的措施。如"始禁无官者不听乘马；禄八百石已上妇女乃得衣锦绣；自季秋农功毕，乃听饮酒；非宗庙社稷之祭不得杀牛[4]，犯者皆死。"刘曜临太学，引试学生之上第者拜郎中等。[5]与此同时，刘曜也大兴土木，干了一些劳民伤财的事。如于此年十二月，曜

1　按，过去史籍及今人均断为"休屠王、石武"，即此人姓石，名武，或虎（应为"虎"，唐人避讳改作"武"）。近年来在甘肃张家川出土一方北魏王真保墓志，内云真保高祖王擢，"赵显美侯石虎之子"，王擢为休屠，内云之石虎即"休屠王石武"。见陈仲安《王真保墓志考释》，载《魏晋隋唐史论集》第二辑，中国社会科学出版社，1983；及拙作《甘肃张家川出土的北魏王真保墓志试析》，《四川大学学报》1978 年第 3 期。

2　《晋书·刘曜载记》。

3　《晋书·刘曜载记》。又，同书《羊后传》云其"生曜二子而死"，从《载记》。

4　《晋书·刘曜载记》。按，原书掉"非"字，见标点本《晋书》卷一〇三校勘记［五］，中华书局，1974。

5　《晋书·刘曜载记》。

为葬其父及妻，亲至粟邑规度之。征发劳役，负土为坟，其下周回二里，作者日夜兼作，继以脂烛，怨呼之声盈于道路。游子远谏曰："……伏惟陛下圣慈幽被，神鉴洞远，每以清俭恤下为先，社稷资储为本。今二陵之费至以亿计，计六万夫百日作，所用六百万功。二陵皆下铜三泉，上崇百尺，积石为山，增土为阜，发掘古冢以千百数，役夫呼嗟，气塞天地，暴骸原野，哭声盈衢，臣窃谓无益于先皇先后，而徒丧国之储力……陛下飨舜、禹、周公之美，惟陛下察焉。"曜竟不纳。[1]从子远的谏辞中，知刘曜此举，动用民夫六万，耗费以亿计。在仅有关中等不大地区的前赵，这的确是丧财伤民、徒损国力之举。更为严重的是，一向纳谏的刘曜，竟开始听不进臣下的劝谏。这一切给前赵政权的发展蒙上了一层阴影。

刘曜又使刘岳等率骑一万，迎父及弟晖丧于太原。疫气大行，死者十三四。曜遂葬其父，号永垣陵，葬妻羊氏，号显平陵。大赦境内殊死已下，赐人爵二级，孤老贫病不能自存者帛各有差。[2]

光初六年（323）六月，陈安围前赵征西将军刘贡于南安，赵酒泉王、休屠王石武从桑城引兵攻上邽，以解南安危。陈安闻之，即急驰归上邽，遇王石武于瓜田（在上邽南），石武以寡不敌众，奔保张春故垒（在上邽附近）。陈安引军追击，扬言："叛逆胡奴！要当生缚此奴，然后斩刘贡。"石武闭垒坚守。这时，刘贡率军击败陈安后军，俘斩

---

1 《晋书·刘曜载记》;《太平御览》卷八七六引《十六国春秋》等。
2 《晋书·刘曜载记》;《太平御览》卷八七六引《十六国春秋》等。

万余。陈安驰还救援，为贡击败；石武又率军至，陈安大溃，收骑八千，奔于陇城（在今甘肃张家川回族自治县）。刘贡欲乘胜追击，石武劝贡说："穷寇归兵，不可追也。我士卒连胜，皆已怠矣。以骄急之卒，当致死之众，恐无万全之利。"贡以为乘胜追击，皆一当十，衰沮之众不可挡也，遂躬先士卒，战辄败之，围陈安于陇城。[1]七月，刘曜亲征陈安，围安于陇城。陈安频出挑战，累为曜所败，死八千余人。[2]安帐下小将刘牙、赵牢、路松多坚戍不下，城内得安死力。[3]刘曜见一时难以攻克，于是遣右军将军刘斡攻克平襄（今甘肃通渭西），陇上诸县悉降。曜又曲赦陇右殊死已下，唯陈安、赵募不在其例，以孤立和瓦解陈安的势力。

陈安遂留杨伯支、姜冲儿等守陇城，自率数百骑突围而出，欲引上邽、平襄之众还解陇城之围。当他出围后，方知上邽被围、平襄失守，乃南走陕中（在陇城南）。刘曜遣其将军平先、丘中伯率劲骑追击，多次击败陈安。安与壮士十余骑于陕中与赵军格战，他左手执七尺大刀，右手执丈八蛇矛，近战则刀矛俱发，远战则左右驰射，杀敌甚多。前赵将军平先也十分骁勇，壮健绝人，勇捷如飞，与陈安搏战，夺安蛇矛而退。会日暮，大雨，陈安弃马，与左右五六人登逾山岭，藏匿于溪涧，赵军寻索未得。次日，陈安遣将石容出觇赵兵，为赵辅威将军呼延青部下（《载记》作"呼延清"）

---

1 《太平御览》卷二九九引萧方等《三十国春秋》，内"刘贡"误作"刘贲"。又，见《晋书·刘曜载记》等。

2 《晋书·刘曜载记》。

3 《太平御览》卷四六五引《赵书》等。

所获，拷问安所在，容不肯言，赵兵杀之。雨停后，呼延青令搜索山间，发现陈安，遂杀之于涧曲。接着，安将杨伯支斩姜冲儿，以陇城降；别将宋亭斩赵募，以上邽降。刘曜遂徙秦州大姓杨、姜诸族二千余户于长安。陇右氐、羌各族纷纷降附，并送质任。[1] 曜又以南安赤亭羌酋姚弋仲为平西将军，封平襄公。[2]

陈安，字虎侯，陇西成纪（今甘肃静宁威戎镇）平庄人，家世农民，少慷慨，东游京师。颇学书字，读《魏书》，见许褚而慕之，乃自字虎侯。永嘉之乱，附司马模、司马保。史称其"骁壮果毅，武干过人，多力善射，持七尺刀，贯结，奔及驰马"[3]。又"善于抚接，吉凶夷险与众同之"[4]。故为赵军所杀，陇右一带有谣曰：

> 陇上健儿曰陈安，躯干虽小腹中宽，爱养将士同心肝。骢骏骏马戏锻鞍，七尺大刀配齐镶，丈八蛇矛左右盘，十荡十决无当前。百骑俱出如云浮，追者千万骑悠悠，战始三交失蛇矛，十骑俱荡九骑留，弃我骢骢攀岩悲，天大降雨逅者休。阿呵呜呼奈子何！阿呵呜呼奈子何！[5]

---

1 《晋书·刘曜载记》；《资治通鉴》卷九二。按，《十六国春秋辑补》卷八记曜灭陈安在光初七年（324），《晋书·明帝纪》记作太宁元年（323）七月，《资治通鉴》同。《辑补》误也。
2 《资治通鉴》卷九二，晋明帝太宁元年七月条。
3 《太平御览》卷三六二、三八六引《十六国春秋》。
4 《晋书·刘曜载记》。
5 按，关于陇上歌陈安之词，《资治通鉴》卷九二又云作"壮士之歌"，胡注亦引有，词大同而小异。又，《北堂书钞》卷一二四引《灵鬼志》、《艺文类聚》卷一九引《赵书》、《太平御览》卷四九六引和苞《汉赵记》等均有歌词，亦大同小异。此处引自《太平御览》卷四六五引《赵书》。

此歌悲壮、感人，史称刘曜闻此歌而嘉伤，命乐府歌之。[1]

陈安虽出身贫民，观其一生所作所为，不过是作为十六国初据有秦州的一支割据势力，先后反复于晋残余势力和前赵之间，最后为西进的前赵政权所灭。近年来，国内有的论著将陈安誉为秦陇人民反抗前赵武装起义的首领，加以歌颂，还说陈安领导的各族人民起义动摇了刘曜政权的基础，促使前赵军队瓦解等。[2]无论从陈安起兵反赵的目的还是性质等方面来看，这种说法都是欠妥的。

刘曜灭陈安，取陇右之后，即从陇右向西击河西张氏政权。曜先遣将刘咸攻张氏将韩璞于冀城（今甘肃甘谷东），呼延晏攻张氏宁羌护军阴鉴于桑壁（在南安界）。有临洮（今甘肃岷县）人翟楷、石琮等逐令长，以县应曜，河西大震。前赵前锋刘岳也抵达黄河（今兰州一线黄河），与张氏军队相持于河上。时凉州牧张寔已死，其弟张茂继任。刘曜后又从陇上长驱至河，史称曜"戎卒二十八万五千，临河列营，百余里中，钟鼓之声沸河动地，自古军旅之盛未有斯比"。曜扬声欲百道俱渡，直取姑臧（今甘肃武威），张茂临河诸戍望风奔退，凉州大怖，人无固志。张茂内部和战意见不一，参军马岌劝茂亲征，长史汜祎不同意，并云"宜斩岌以安百姓"。马岌曰："汜公书生糟粕，刺举近才，不惟国家大计。且朝廷旰食有年矣，今大贼自至，不烦远师，遐迩之情，实系此州，事势不可以不出。且宜立信勇之验，以副秦、陇之望。"茂从之，乃出屯于石头（在姑臧东），问计

1 《晋书·刘曜载记》。
2 见前引林幹《匈奴史》。

于参军陈珍,珍曰:"曜虽乘威怙众,恩德未结于下,又其关东离贰,内患未除,精卒寡少,多是氐、羌乌合之众,终不能近舍关东之难,增陇上之戍,旷日持久与我争衡也。若二旬不退者,珍请为明公率弊卒数千以擒之。"陈珍能透过刘曜二十八万大军的极盛景象,看到前赵存在的困难和致命的弱点。

张茂大悦,以珍为平虏护军,率步骑一千八百救韩璞。刘曜诸将均请渡河取姑臧,曜对自己的弱点也很清楚,他说:"吾军旅虽盛,不逾魏武之东也。畏威而来者,三有二焉。中军宿卫已皆疲老,不可用也。张氏以吾新平陈安,师徒殷盛,以形声言之,非彼五郡之众所能抗也,必怖而归命,受制称藩,吾复何求!卿等试之,不出中旬,张茂之表不至者,吾为负卿矣。"果然,茂惧,遣使称藩,献马一千五百匹,牛三千头,羊十万口,黄金三百八十斤,银七百斤,女妓二十人,及诸珍宝珠玉、方域美货不可胜计。曜大悦,遣大鸿胪田崧署茂"使持节、假黄钺、侍中、都督凉南、北秦、梁、益、巴、汉、陇右、西域杂夷匈奴诸军事、太师、领大司马、凉州牧、领西域大都护、护氐羌校尉、凉王"[1]。

在取得一连串的胜利后,刘曜竟自河西遣其将作大匠胡元增其父、妻二陵高九十尺。百姓苦役不堪,甚至传说其陵前石人开口说话,云:"慎。"[2]

1 以上见《晋书》卷八六《张轨附茂传》;《晋书·刘曜载记》。按,《张茂传》所记与《载记》有异,云茂遣珍救韩璞,后"募发氐、羌之众,击曜走之,克服南安"。从《载记》《资治通鉴》。
2 《晋书·刘曜载记》;《北堂书钞》卷一六〇引《前赵录》。

刘曜平陈安后，还遣镇西将军刘厚兵临仇池，杨难敌内怀危惧，与弟坚头奔汉中。[1]刘厚追击，获其辎重千余两，士女六千余人，还于仇池。曜以大鸿胪田崧为镇南大将军、益州刺史，镇仇池；以刘岳为侍中、都督中外诸军事，进封中山王。[2]难敌遂降李氏大成政权，赵军退回仇池后，李雄安北将军李稚受难敌赂，不送难敌于成都，反遣其返武都。难敌遂据险叛，李稚等率军击之，败还。[3]难敌于是等待时机，准备重据仇池。

综上所述，前赵继汉而立后，对内镇压了关陇巴、氐、羌等族的反抗，于政治、经济多有改革，使政权逐渐巩固。光初六年（323），前赵向西北扩张，灭陈安，取陇右，占领仇池，威震河西，使其西部疆界直达今甘肃兰州黄河一带。可以说前赵进入了它极盛的阶段。然而，由于前赵政权基础较为薄弱，统治者开始滥用民力，战事屡起，加重了各族人民的负担，国内阶级矛盾和民族矛盾逐渐尖锐。所以，事实上前赵极盛之时，已经埋下了衰败的种子，走向了衰落的道路。

二 前赵的灭亡及其原因

刘曜灭陈安，取陇右、仇池后，时有"黑匿郁鞠部"[4]首领郁鞠送曜子胤还于曜。刘胤字义孙，史称其"美姿貌，善机对"，年十岁，刘聪见而奇之，劝曜立为世子，另封曜子

1 《晋书》卷一二一《李雄载记》云难敌奔葭萌（今四川广元南）。
2 《晋书·刘曜载记》。
3 《晋书·李雄载记》；《资治通鉴》卷九二，晋明帝太宁元年八月条。
4 按，黑匿郁鞠部当为匈奴部族之一。详细考证见内田吟风《北亚细亚史研究——匈奴篇》，第340页注（6）。

俭（字义真）为临海王。后靳准之乱，胤没于黑匿郁鞠部，陈安败后，胤言于郁鞠。郁鞠大警，资给衣马，遣子送于曜。曜悲喜，以郁鞠忠款，署使持节、散骑常侍、忠义大将军、左贤王。[1] 时刘曜已立刘熙为太子，胤虽少遭大难，而风骨俊茂，多力善射，骁捷如风云。刘曜因此特别喜爱胤，大臣们也希望胤能被立为皇太子。曜对群臣曰："义孙可谓岁寒而不凋，涅而不淄者矣。义光（熙）虽先已树立，然冲幼儒谨，恐难乎为今世之储贰也，惧非所以上固社稷，下爱义光。义孙年长明德，又先世子也，朕欲远追周文，近踪光武，使宗庙有太山之安，义光飨无疆之福，于诸卿意如何？"其太傅呼延晏等皆以为改立太子，"为国家无穷之计"，表示赞同。

而左光禄大夫卜泰、太子太保韩广等进曰："……窃以诚废太子，非也……皇子胤文武才略，神度弘远，信独绝一时，足以拟踪周发；然太子孝友仁慈，志尚冲雅，亦足以堂负圣基，为承平之贤主。何况储宫者，六合人神所系望也，不可轻以废易。陛下诚实尔者，臣等有死而已，未敢奉诏。"曜默然。刘胤亦泣曰："慈父之于子也，当务存尸鸠之仁，何可替熙而立臣也。陛下谬恩乃尔者，臣请死于此，以明赤心……"因嘘唏流涕，悲感朝臣。刘曜也因刘熙为羊后所生，不忍废之，于是乃止。遂追赠前妻、胤生母卜氏为元悼皇后，卜泰，胤之舅，拜上光禄大夫、仪同三司、领太子太傅；封胤为永安王，署侍中、卫大将军、都督二宫禁卫诸军事、开府仪同三司、录尚书事，领太子太傅，号曰皇子，命

1 《晋书·刘曜载记》。

熙于胤尽家人之礼。[1]刘曜在处理皇太子废立问题上，听从了大臣及胤的劝告，没有废太子熙，这就避免了以后为争夺皇位而发生的内讧，直到前赵灭亡，其内部未曾重蹈刘渊、刘聪死后争夺皇位之覆辙。

光初七年（324）初，前赵开始把注意力转向东边，与石勒等争夺河南。

在前赵向西北扩张的时候，东边的后赵石勒也不断向四周扩张。光初五年（322）七月，后赵石虎攻拔泰山（治奉高，今山东泰安东），执杀晋守将徐龛；晋兖州刺史郗鉴惧，自邹山（今山东邹县东南）退屯合肥。"徐、兖间垒壁多送任请降，皆就拜守宰。"[2]十月，因东晋祖逖已死，石勒屡攻河南，攻拔襄城（今河南襄城）、城父（今安徽亳州南）、围谯（治今安徽亳州），东晋豫州刺史祖约不能御，退屯寿春（今安徽寿县）。后赵遂取陈留郡，"梁、郑之间复骚然矣"[3]。光初六年（323）三月，石勒遣军攻东晋下邳（今江苏邳州南），徐州刺史卞敦等退保盱眙（今江苏盱眙东北）。八月，石虎攻陷青州，刺史曹嶷降，后为勒所杀。[4]七年（324）二月，石勒遣石瞻复攻东晋下邳、彭城（今江苏徐州），取东莞（治今山东沂水北）、东海（治今山东郯城），徐州刺史刘遐自彭城退保泗口（今泗水入淮河处）。[5]与此同

---

1 《晋书·刘曜载记》。

2 《晋书·石勒载记下》。按，内"兖州刺史"原作"刘退"，误，见标点本《晋书》卷一〇五校勘记［九］，中华书局，1974。

3 《资治通鉴》卷九二，晋元帝永昌元年十月条。

4 《晋书·石勒载记下》；《资治通鉴》卷九二，晋明帝太宁元年八月条。

5 《晋书·石勒载记下》；《资治通鉴》卷九三，晋明帝太宁二年正月条。

时，后赵石勒养子、司州刺史石生攻杀前赵河内太守尹平于新安（今河南渑池东），克垒壁十余，降掠五千余户而归。石生又攻许昌、颍川，俘获万余，降者二万；后攻晋将郭诵于阳翟（今河南禹县），为诵所击败。石鉴率军来救，败东晋司州刺史李矩、颍川太守郭默等。[1] 从此，前、后赵始起战端，河东、弘农间百姓无以聊生。[2]

此年三月，刘曜也企图从东南方向来加强对石勒的战争，命其将康平攻东晋魏兴郡（治兴晋，今陕西白河北），达于南阳（今河南南阳）。[3] 时刘曜与石勒的势力相当，双方对峙于河东、弘农间；曜自然希望与河西张氏政权保持和好。五月，河西张茂病死，茂兄寔子骏继立，刘曜遣使拜张骏上大将军、凉州牧、凉王。十二月，张骏遣参军王骘聘于前赵，曜对之曰："贵州必欲追踪窦融，款诚和好，卿能保之乎？"骘回答说："不能。"曜侍中徐邈曰："君来和同，而云不能，何也？"骘曰："齐桓贯泽之盟，忧心兢兢，诸侯不召自至。葵丘之会，骄而矜诞，叛者九国。赵国之化，常如今日可也，若政教陵迟，尚未能察迩者之变，况鄙州否！"刘曜因骘讲了实话，对左右说："此凉州高士，使乎得人！"礼遣之。[4]

光初八年（325）三月，刘曜立皇后刘氏。时上郡（治夏阳，今陕西韩城）北有北羌王盆句徐，原附前赵，为安国将军。石勒将石他（《资治通鉴》作"石佗"）自雁门（今山

---

1 《晋书·石勒载记下》；《资治通鉴》卷九三，晋明帝太宁二年正月条。

2 《晋书·石勒载记下》。

3 《晋书》卷六《明帝纪》。

4 《晋书·张轨附骏传》。

西代县西南）出上郡，攻盆句徐，俘三千余落，获牛、马、羊百余万而归。刘曜大怒，于次日至渭城，遣中山王刘岳追之，自屯于富平（今陕西富平），为岳声援。岳与石他大战于河滨（今内蒙古托克托南），杀石他，后赵兵死者六千余人，振旅而还。[1]

正当前赵与石勒不断争战之时，在武都的氐王杨难敌乘机袭仇池，执前赵镇守仇池的田崧。难敌劝崧降，崧不屈，骂难敌，顾排一人，夺其剑，刺难敌，不中，为难敌所杀。[2]

四月，石勒西夷中郎将王腾[3]袭杀后赵并州刺史崔琨、上党内史王奋，据并州降前赵。五月，石勒将石生进屯洛阳，攻掠河南，晋司州刺史李矩、颍川太守郭默等屡败，又缺食，于是降附于前赵。刘曜乘机遣中山王刘岳攻石生于洛阳，配以近郡甲士五千，宿卫精卒一万，从孟津渡黄河；又以镇东将军呼延谟率荆、司之众，自崤（崤山，在今河南三门峡东）、渑池（今河南洛宁西北）而东，欲会李矩、郭默共攻石生。刘岳攻克孟津、石梁（在洛北）二戍，斩获五千余级，进围石生于洛阳北金墉城。

石虎率步骑四万，从成皋关出，与刘岳大战于洛阳西。岳兵败，岳本人中流矢，退保石梁，石虎作堑栅围之。岳众饥甚，杀马而食。石虎又败呼延谟，杀之。刘曜自率大军来援刘岳，石虎率骑三万来拒。曜前军将军刘黑大败石虎将石聪于八特坂（今河南新安东函谷关东坂）。曜屯于金谷（在

---

1 《晋书·刘曜载记》；《资治通鉴》卷九三，晋明帝太宁三年三月条。

2 《晋书·刘曜载记》；《资治通鉴》卷九三，晋明帝太宁三年三月条。

3 《晋书·石勒载记下》"王腾"作"王胜"，从《晋书·刘曜载记》、《资治通鉴》卷九三，晋明帝太宁三年四月条。

洛阳），夜军中无故大惊，溃散，乃退至渑池。夜中又惊，士卒奔溃，遂败回长安。

六月，石虎并力攻围刘岳于石梁，岳无援被执；虎又攻叛降前赵的并州刺史王腾，执而杀之。于是送岳及其将佐八十余人，氐、羌三千余人于襄国，坑王腾及刘岳士卒共一万六千人。刘曜还长安，素服郊次，七日乃入城。[1]郭默复为石聪所败，逃奔建康。李矩见将士欲降石勒，亦率众南归，死于途中。矩长史崔宣率其余众二千降后赵。于是石勒尽有司、豫、徐、兖之地，以淮河与东晋为界。[2]而前赵与后赵争夺河南洛阳一带地区的斗争最终失败，退回到新安、渑池以西之地。

刘曜返长安后，灾异屡现，曜命公卿各举博识直言之士一人。司徒刘均举参军台产。曜亲临东堂，遣中黄门策问，台产极言其故，曜览之大悦，引见东堂，访以政事。台产流涕嘘晞，以灾变为由，具陈政化之阙，辞旨谅直。刘曜改容礼之，拜产为博士祭酒、谏议大夫，领太史令。其后台产所言皆应验，曜更重之，岁中三迁，历位尚书、光禄大夫、太子少师，位特进，金章紫绶，爵关中侯。[3]刘曜又署其子胤为大司马、大单于，进封南阳王，以汉阳诸郡十三为国。置单于台于渭城，置左右贤王以下，皆以胡、羯、鲜卑、氐、羌豪杰为之。[4]按，单于台之设，在刘渊、刘聪时，至是曜

1　以上见《晋书·刘曜载记》；《资治通鉴》卷九三，晋明帝太宁三年五月、六月条。
2　《晋书·李矩传》；《资治通鉴》卷九三，晋明帝太宁三年六月条。
3　《晋书》卷九五《艺术·台产传》；《晋书·刘曜载记》。
4　《晋书·刘曜载记》。

又复置，以刘胤为大单于，实行"胡、汉分治"。

光初九年（326）十月，刘曜还没有从与石勒战争失败中恢复过来，就又开始发动新的战争。刘曜遣将黄秀、帛成从商洛一带向东晋酂县（今湖北丹江口均县镇东南）进攻，顺阳太守魏该率众奔襄阳（今湖北襄阳）。[1]次年（光初十年，327）五月，前赵又欲夺回仇池，遣武卫将军刘朗率骑三万袭杨难敌于仇池，不克，掠三千余户而归。[2]

而此时河西的张骏，因前赵为石勒所败，乃去前赵官爵，复称晋大将军、凉州牧，并遣武威太守窦涛、金城太守张阆、武兴太守辛岩、扬烈将军宋辑等率众数万，与韩璞会合，攻掠前赵秦州诸郡。前赵南阳王刘胤将兵来击，屯狄道（今甘肃临洮）。张骏枹罕护军辛晏告急，张骏遣韩璞、辛岩[3]来救。璞军进至沃干岭（在狄道西），辛岩主张速战，云："我握众数万，藉氐、羌之锐，宜速战以灭之，不可以久，久则变生。"韩璞不同意，说："自夏末以来，太白犯月，辰星逆行，白虹贯日，皆变之大者，不可以轻动。轻动而不捷，为祸更深。吾将久而毙之。且曜与石勒相攻，胤亦不能久矣。"于是夹洮河岸与刘胤相持七十余日。十月，韩璞等军粮竭，遣辛岩运粮于金城（今甘肃兰州西）。刘胤闻之，大悦，对其下曰："韩璞之众十倍于吾，羌胡皆叛，不为之用。吾粮廪将悬，难以持久。今虏分兵运粮，可谓天授吾也。"于是率骑三千，袭辛岩于沃干岭，冠军将军呼延那

1 《晋书》卷七《成帝纪》；《资治通鉴》卷九三，晋成帝咸和元年十月条。
2 按，《晋书·刘曜载记》系此事及下述刘胤攻河西事于晋咸和三年（328），《晋书·成帝纪》、《资治通鉴》卷九三均系于成和二年，从后者。
3 《晋书·刘曜载记》"辛岩"作"辛晏"，误，说见吴士鉴《晋书斠注》。

鸡率亲御郎二千骑绝其运路，辛岩溃，韩璞败，死者二万余人。胤乘胜追击，渡过黄河，攻陷令居（今甘肃永登东南），入据振武（今甘肃武威东），河西大振。张阆、辛晏率其众数万降前赵，皆拜将军，封列侯，张骏遂失河南（黄河之南）之地。[1]

光初十一年（328）初，刘曜夜梦三人，金面丹唇，东向逡巡，不言而退，曜拜而履其迹。及晨，曜召公卿以下议此梦，朝臣皆贺，以为吉祥。唯太史令任义却借此对刘曜进行劝谏，他说："三者，历运统之极也。东为震位，王者之始次也。金为兑位，物衰落也。唇丹不言，事之毕也。逡巡揖让，退舍之道也。为之拜者，屈伏于人也。履迹而行，慎不出疆也。东井，秦分也；五车，赵分也。秦兵必暴起，亡主丧师，留败赵地。远至三年，近七百日，其应不远。愿陛下思而防之。"刘曜大惧，于是躬亲二郊，饰缮神祠，望秩山川，靡不周及；大赦殊死已下，复百姓租税之半。[2]

此年一至五月，关中长安无雨，旱。七月，后赵石勒遣石虎率众四万自轵关（今河南济源西）西击前赵河东之地，河东应之者五十余县，遂进攻蒲坂。刘曜将发兵拒石虎，又恐西边张骏、仇池杨难敌乘虚攻长安，于是先遣河间王刘述发氐、羌之众屯于秦州。然后，曜亲率内外精锐水陆诸军救蒲坂，自潼关[3]北渡黄河；石虎惧，引师而退。

---

1 《晋书·张骏传》；同书《刘曜载记》；《资治通鉴》卷九三，晋成帝咸和二年五月条；《太平御览》卷三三二引《十六国春秋》。
2 《晋书·刘曜载记》。
3 《晋书·刘曜载记》作"卫关"，《太平御览》卷一一九引《前赵录》作"潼关"是。

曜追之于高候（今山西闻喜），与石虎激战，大破其军，斩虎将石瞻，枕尸二百余里，收资仗亿计。石虎奔至朝歌（今河南淇县）。曜由大阳（今山西平陆南）渡过黄河，攻石生于金墉城，决千金堨以灌之；又分遣诸将攻汲郡（治今河南卫辉东）、河内，后赵荥阳太守尹矩、野王太守张进等降，襄国大震。[1]

冬十一月，石勒欲自率军救洛阳，其左右长史、司马郭敖、程遐等固谏曰："刘曜乘胜雄盛，难与争锋，金墉粮丰，攻之未可卒拔。曜悬军千里，势不支久。不可亲动，动无万全，大业去矣。"石勒怒，叱遐等出，而谋于徐光，光曰："刘曜乘高候之势而不能进临襄国，更守金墉，此其无能为也。悬军三时，亡攻战之利，若鸾旗亲驾，必望旌奔败。定天下之计，在今一举。今此机会，所谓天授，授而弗应，祸之攸集。"时在襄国的著名僧人佛图澄亦劝石勒亲征。石勒遂使内外戒严，有谏者斩，命石堪、石聪及豫州刺史桃豹等各率军会荥阳，使石虎进据石门（在荥阳附近），以左卫石邃都督中军事。石勒统步骑四万趣金墉，从大堨渡黄河。时黄河流澌风猛，石勒军至而冰泮清和，舟楫无阂，顺利渡河。石勒以为天助，命名为灵昌津（即延津，在今河南卫辉东黄河处）。[2]石勒对徐光说：刘曜如果盛兵于成皋关迎击，是为上策；阻洛水以防阻大军，为中策；若坐守洛阳，则为下策，必为我所擒获。于是集诸军于成皋，共有步卒六万，骑二万七千，见曜无守军，大喜，以为天助，遂卷甲衔枚，

---

1 《晋书·刘曜载记》等。
2 《晋书·石勒载记》;《太平御览》卷六八、卷七一引《异苑》。

诡道兼程，出于巩（今河南巩义）、訾（东訾城，在巩义西南）。[1]

而刘曜自围金墉后，久不能下，不抚士卒，只知与嬖臣饮博，左右有谏者，皆怒杀之。后闻石虎进据石门，石勒自率大军渡过黄河，才开始议增荥阳戍卫，杜黄马关（在成皋）。俄而戍守洛水一带的斥候与石勒前锋交战，擒一羯族士兵，刘曜问羯兵曰："大胡（指石勒）自来邪，其众大小复如何？"羯兵曰："大胡自来，军盛不可当也。"刘曜色变，有惧意。于是解金墉之围，而列军于洛阳西，南北十余里。石勒望见，益喜，谓左右曰："可以贺我矣！"于是率步骑四万自宣阳门入洛阳，升故太极前殿，令石虎引步卒三万，自城北而西，攻曜中军，石堪、石聪等各以精骑八千，自城西而北，击其前锋，大战于西阳门。石勒则自率军出闾阖门，三路夹击前赵军。刘曜自小贪酒，末年尤甚；将出战，饮酒数斗，其常乘赤马无故蹋顿，乃改乘小马。及出战，又饮酒斗余，列阵于西阳门外。石堪因而挥军攻击，前赵军大溃，刘曜昏醉奔退，曜体壮，小马不胜载，马遂陷于石渠，坠于冰上，为石堪所擒获。前赵军全线奔溃，石勒追击，斩首五万余级，枕尸于金谷。勒下令曰："所欲擒者一人耳，今已获之，其敕将士抑锋止锐，纵其归命之路。"乃班师回襄国。[2]

刘曜见石勒后，说："石王，忆重门之盟不？"[3]石勒避而

---

1 《晋书·石勒载记》；《资治通鉴》卷九四，晋成帝咸和三年十一月条。

2 以上见《晋书·石勒载记下》；同书《刘曜载记》；《太平御览》卷六八引《赵书》等。

3 《资治通鉴》卷九四胡注云："据《水经注》，重门城，在河内共县故城西北二十里。此盟当在怀帝永嘉四年同围河内之时。"

不答，令徐光答曜曰"今日之事，天使其然，复云何邪"，遂囚曜于河南丞廨，使医李永为其治伤，同载马舆返襄国。时有北苑市三老孙机求见刘曜，石勒许之。孙机进酒于曜曰："仆谷王[1]，关右称帝皇。常持重，保土疆。轻用兵，败洛阳。祚运穷，天所亡。开大分，持一觞。"曜曰："何以健邪，当为翁饮。"石勒闻此，凄然改容曰："亡国之人，足令老叟数之。"乃将刘曜安置于襄国永丰小城，给其妓妾，严兵围守。又遣原前赵被俘将刘岳、刘震等骑马率随从，衣色鲜丽，以见曜。曜慨然曰："久谓卿等为灰土，石王仁厚，全宥至今。而我杀石他，负盟之甚。今日之祸，自其分耳。"于是留宴岳等，终日而去。石勒又命曜寄书其太子熙等，令其速降。曜作书令熙与诸大臣匡维社稷，勿以其被擒为意。石勒览而恶之，遂杀曜。[2]

刘曜被擒后，在长安的前赵太子熙、大单于胤、刘咸等皆破胆，惧后赵军进军关中，共同商议弃长安，而西保秦州。尚书胡勋曰："今虽丧主，国尚全完，将士情一，未有离叛，可共并力距险，走未晚也。"刘胤不从，怒其沮众，杀之，于是军民涣散，难以收拾。

光初十二年（329）二月，刘熙等率百官奔上邽，关中诸征镇亦皆弃所守而从，一时关中大乱。前赵将军蒋英、辛恕拥众数十万据长安，遣使降于后赵。石勒遣石生率洛阳之众赴长安，兵不血刃占领了前赵的国都长安。八月，刘胤及刘遵率众数万从上邽攻后赵石生于长安，陇东、武都、安

1　按，"仆谷"，应即"屠各"之异译。
2　《晋书·刘曜载记》等。

定、新平、北地、扶风、始平诸郡戎（少数民族）、夏（汉族）皆起兵响应胤。刘胤进军至仲桥（今陕西礼泉），石生固守长安。石勒遣石虎率骑二万救石生。九月，石虎大破刘胤军于义渠（今甘肃宁县西北），胤奔还上邽。石虎乘胜追击，枕尸千里。上邽溃，石虎俘太子刘熙及南阳王胤及诸将相、卿校公侯已下三千余人，皆杀之。"徙其台省文武、关东流人、秦、雍大族九千余人于襄国，又坑其王公等及五郡屠各五千余人于洛阳。"[1] 前赵至此灭亡。

匈奴刘氏所建的汉赵政权，从刘渊于西晋永安元年（304）称汉王起，永嘉二年（308）称帝；东晋建武二年（318）刘曜继立后改国号"汉"为"赵"，直至东晋咸和四年（329）为后赵石勒所灭，前后历三主（渊、聪、曜），凡二十六年。史家统称汉、赵为"前赵"，以与石勒所建的后赵相区别。[2]

综观汉赵国三主，开国的刘渊及最后的刘曜，均应为十六国时期较为杰出的人物。《晋书·刘曜载记》后附史臣对两人之评价，对刘渊曰："况元海人杰，必致青云之上，许以殊才，不居庸劣之下。是以策马鸿骞，乘机豹变，五部高啸，一旦推雄，皇枝相害，未有与之争衡者矣……若乃习以华风，温乎雅度，兼其旧俗，则罕规模。"西晋末年，国内阶级矛盾、民族矛盾激化，统治阶级内乱，民不聊生；刘渊利用各族人民反抗西晋腐朽的统治的斗争，集匈奴五部，摧毁了西晋腐朽王朝，首开内迁少数民族在内地建立政权之

---

1 《晋书·刘曜载记》。
2 如北魏崔鸿所撰《十六国春秋》（已佚，有辑本）就将汉、赵合称为"前赵"。唐刘知几《史通》亦合称之为"前赵"。

风。由于匈奴刘氏汉化已深，故其所建政权无论在政治、经济和文化诸方面，均"习以华风"，"兼其旧俗"，规模宏大，对以后十六国的其他政权影响甚大。《晋书》附史臣所论，基本上是公允的。

可是，历代封建史家又多从大汉族主义思想出发，对匈奴族刘渊的评论也有一些污蔑和失实之处。如《太平御览》卷四九二引王隐《晋书》曰："刘渊残虐，所在城邑无不倾败，流离死散，殆无孑遗。"刘渊是在与西晋统治阶级生死搏斗中建立政权的，对西晋的宗室及统治阶级成员进行杀戮，史籍记载很多；至于所在城邑无不倾败，对一般人民滥杀，使之"流离死散，殆无孑遗"，显系夸大失实之词。与此相反，前述刘渊对其将乔晞滥杀介休令贾浑一家，就十分愤怒，追还乔晞，降秩四等，收浑尸礼葬之。还有的封建史家把北方十六国分裂割据的形成归罪于刘渊，说什么"提封天下，十丧其八……抑元海为之祸首云"[1]。此说亦不确，西晋末年形成的割据形势之根本原因，应是东汉末年以来世族制度的形成和自给自足的以宗族乡里为纽带的豪族经济的发展，坞堡的林立形成了封建割据的经济基础。王权的衰落，更助长了封建割据之风的形成和发展。总之，西晋亡后，北方形成十六国的分裂割据局面，并不取决于刘渊个人的行动和意志，而是有其深刻的经济基础和政治原因。所以，把十六国分裂割据的祸殃推到刘渊身上，是毫无道理的。相反，刘渊能顺应历史的发展，借助各族人民反晋的斗争，推翻腐朽的西晋王朝，建立政权，是有一定历史功绩的。

1　见《晋书·载记·序》。

《晋书》所附史臣对刘曜的评价，则比刘渊更高一些，内云："曜则天资虓勇，运偶时艰。用兵则王翦之伦，好杀亦董公之亚。而承基丑类，或有可称。子远纳忠，高祗暂偃；和苞献直，鄞明罢观。而师之所处，荆棘生焉。自绝强藩，祸成劲敌。天之所厌，人事以之。骇战士而宵奔，酌戎杯而不醒。有若假手，同乎拾芥。"刘曜于汉国危亡之际，平定内乱，再建前赵，定都长安；其为政也，能纳谏改过，安定内部，运偶时艰；修太学、小学，置祭酒，吸收汉族先进文化；禁暴虐，注意农业生产，重信义；等等。故史臣亦不得不云其政"或有可称"者。而刘曜本人有军事才干，用兵则有古名将王翦之风，天性虓勇，其政可称。总之，他与石勒、苻坚、慕容廆等一样，是十六国时期少数民族中杰出的人物之一。

刘曜政治较为修明，前赵政权又得人心[1]，何以灭亡如此之速？且刘曜进攻后赵洛阳，先获大胜，如其回军自保，还不至于亡国；所以前赵灭亡是否带有偶然的因素？从历史事实看，刘曜确是轻用兵，进围洛阳，骄兵不设守戍，加之战略战术失误，为石赵所擒；而太子刘熙等又丧胆退却，以致亡国。这一切的确带有很大的偶然性。正因为如此，过去封建史家多以前赵灭亡系天命，即所谓"天之所厌，人事以之"，故和苞、崔鸿及《晋书》撰者多用地震、梦幻、灾荒等现象，来预兆前赵的灭亡。这是封建迷信和唯心史观的表现，不可信据。但是，历史的偶然性是寓于必然性之中的，从当时形势来分析，前、后赵势必发生你死我活的斗争，不

---

1 如刘胤从上邽攻长安石生，关中陇右诸郡戎夏皆应之，可见前赵还是比较得人心的。

是你吃掉我，就是我吃掉你。而无论从政治，还是经济的实力来讲，后赵都略高一筹。

　　前赵衰弱的重要因素是刘曜在后期滥用民力和财力，为其父、妻修建陵墓，又频频发动对陇右、河西、仇池及后赵的战争，"师之所处，荆棘生焉"；相反，后赵对内进行一系列改革，重用汉族士大夫，用律令，开小学于襄国，大力吸收汉族先进文化；阅实人口，采用封建剥削制度，铸丰货钱，以利商贾；占有较为富庶的幽、并、兖、豫、青、徐等州。前、后赵两个政权虽然均顺应历史发展潮流，相应进行一些改革，但是后赵的改革较为全面和彻底，这是后赵能最后灭亡前赵的根本原因。刘曜进攻洛阳失败以致亡国，看起来是偶然的，但它会为后赵所灭，则是必然的。

汉赵国的政治制度

【第七章】

一 承袭汉魏以来的职官制度

汉赵政权是由内迁的匈奴南单于后裔刘氏所建的，南单于后裔及部众自东汉迁入内地，一直到晋末，经历了二百多年时间，先后处于汉、魏、晋历代王朝的统治之下，其社会地位发生了变化，已逐渐汉化。因此，他们在西晋末年于内地建立政权之际，必然采取原来汉族所建政权的模式，基本承袭汉魏以来的政治制度，而又杂以旧俗。

在刘渊建立政权之前，南迁于并州等地的南匈奴基本保持了原部落的形式，魏晋统治者分其为五部，以匈奴贵族任各部"帅"或"都尉"，其内部也保存了原来南匈奴的官爵名号。关于南匈奴的官爵名号，前已引述。刘渊父刘豹就为南匈奴的左贤王，任左部帅；其从祖刘宣为南匈奴右贤王。渊也曾为左贤王，后又被任为北单于。西晋永安元年（304）刘渊建立政权前夕，据离石，称大单于，以子原右贤王聪为鹿蠡王，还有"左于陆王刘宏、右于陆王刘景、左独鹿王刘延年"等。左、右于陆王，左独鹿王号，不见前引《后汉书·南匈奴传》所记官号。按，匈奴原有于陆王号，见《后汉书》卷四七《班超附勇传》，内云勇曾击走匈奴伊蠡王于伊和谷。此"伊蠡王"，应即于陆王之异译。至魏末晋初，南匈奴部内官号有所变革，据《晋书·北狄匈奴传》记："其国号有左贤王、右贤王、左奕蠡王（奕蠡王即谷蠡王）、右奕蠡王、左于陆王、右于陆王……左独鹿王、右独鹿王……凡十六等，皆用单于亲子弟也。"刘宏、刘景、刘延年均为刘渊族人，左、右于陆王、独鹿王，在十六等之内。

到刘渊正式建立汉政权后，原来匈奴的官制就逐渐为汉魏以来汉族政权的一套官制所替代。[1] 不久，刘渊又设单于台，统"六夷"部落，单于台的建置，是沿匈奴旧制而来。关于单于台，容后专门研讨，现仅就汉赵承袭汉魏以来的职官做一分析。所谓"职官"，即指汉赵国的政治机构。中国传统的史学，从《后汉书》开始的历代"正史"中，有所谓的"百官志""职官志"等，就是专门记述历朝官制的。由于有关十六国的史籍大多散佚，因此，我们已不能窥其官制的全貌。清代学者万斯同曾撰《伪汉将相大臣年表》，对汉赵国的官制做了些整理和研究的工作。但其年表仅据《晋书》载记，多有阙遗，且按年排列，不易了解其全貌，故有重新研究的必要。

大致言之，汉赵国的官制也是逐渐发展和完善的。汉的前期与后期、汉与前赵都有所差异。汉国的官制到刘聪嘉平四年（314），达到了较为完善的阶段，而刘曜继立的前赵，承汉之制，又小有改革。由于汉赵国共存二十六年，我们只有利用现存史籍，对汉赵国的职官做一详细的探讨。为了叙述的方便，使人一目了然，我们根据汉魏以来职官的特点，将汉赵国

---

[1] 从史籍看，似乎仍保留有匈奴原有的官号。如《晋书·索綝传》云有"呼日逐王呼延谟"等。

的职官分成中枢、军事、地方三大系统加以论述。

（一）中枢之官

自刘渊称汉王，正式建立政权后，即首先采用汉朝的官制，设丞相、御史大夫、太尉及六卿等中枢之官。见于记载的如下。

丞相 此官始置于秦，有时又分为左、右丞相，职"掌丞天子助理万机"[1]。魏、晋沿用不改，有时又称为"相国"。汉赵国任此职者刘宣、刘粲、刘曜等。汉嘉平四年（314），汉王刘聪曾以子粲为相国，总百揆，省丞相以并相国。刘粲即位后，也曾以曜为相国，此三人皆为刘渊子孙，因此丞相一职"皆非复寻常人臣之职"也[2]。

太尉 秦、汉均置，主管全国军政，与丞相、御史大夫并称"三公"。东汉时与司徒、司空，并称"三公"。《晋书·职官志》云："太尉、司徒、司空，并古官也。自汉历魏，置以为三公。及晋受命，迄江左，其官相承不替。"汉国始建，即以左于陆王刘宏为太尉，后任此职的有范隆、王彰、刘咸、刘易等。

御史大夫 秦汉时官名，其职位次于丞相，掌监察、执法兼掌重要文书图籍。西汉时，与丞相、太尉合称三公。《汉书·百官公卿表》曰："御史大夫，秦官，位上卿，银印青绶，掌副丞相。有两丞、秩千石。"汉国初建，以崔游为御史大夫，崔游固辞不就。后任此职的有呼延翼、陈元达等。

司徒、大司徒 《通典》卷二〇《职官二》云："……周

---

1 《汉书》卷十九上《百官公卿表》。
2 《晋书》卷二四《职官志》。

时，司徒为地官，掌邦教。秦置丞相，省司徒，汉初因之。至哀帝元寿二年罢丞相，置大司徒。后汉大司徒主徒众教以礼义，凡国有大疑大事与太尉同……魏黄初元年改为司徒。晋司徒与丞相通职，更置迭废，未尝并置。至永嘉元年始，两置焉。"汉国于永凤元年（308）渊称帝后，即置大司徒，仿晋永嘉时与丞相并置。任此职的有刘欢乐、刘聪、马景、刘殷、刘裕、刘乂、任颙、刘雅、刘劢、游子远、崔岳（追赠）、刘绥、刘昶、刘述（以上大司徒），刘雄、朱纪（以上司徒），郭汜（兼司徒）等。

司空、大司空 《通典·职官》云："司空，古官……秦无司空，置御史大夫，汉初因之。至成帝绥和元年，始更名御史大夫曰大司空……魏初又置司空，冠绶及郊庙之服与太尉同。"汉赵国任此职的有刘延年、呼延晏、朱纪、王育、呼延翼、靳准、曹恂（追赠）、卜泰（以上大司空），呼延晏、马景、刘景、刘均（以上司空）。

太宰、太师 《晋书·职官志》曰："太宰、太傅、太保，周之三公官也。魏初唯置太傅，以钟繇为之，末年又置太保，以郑冲为之。晋初以景帝讳故，又采《周官》官名，置太宰以代太师之任，秩增三司，与太傅、太保皆为上公，论道经邦，燮理阴阳，无其人则阙。"汉赵国的太宰、太师任此职者为刘景、刘颛、范隆、张茂（以上太师），刘曜、刘欢乐、刘延年、刘易、刘雅、王祥[1]（以上太宰）。

太傅 汉赵国任此职的有朱纪、崔玮、刘景、王育、刘

---

[1] 《太平御览》卷四一三引《十六国春秋·前赵录》曰："太宰王祥字季海，性至孝……"

欢乐、刘洋、呼延晏等。

太保 汉赵国任此职的有刘殷、王育、刘延年、许遐、任颛、刘昶、呼延晏、傅祗（追赠）。

大司马 《晋书·职官志》曰："大司马，古官也。汉制以冠大将军、骠骑、车骑之上以代太尉之职，故恒与太尉迭置，不并列。及魏有太尉，而大司马、大将军各自为官，位在三司上。晋受魏禅，因其制……"汉赵沿魏、晋之制，大司马与太尉并置，任此职的有刘景、刘聪、刘洋、刘和、刘曜（行大司马、大司马）、刘雅、刘丹、刘骥、张茂、石勒、刘胤等。

以上所述从丞相至大司马（除御史大夫外），位皆上公。前引《晋书·刘聪载记》记汉嘉平四年，聪"于是大定百官：置太师、丞相，自大司马以上七公，位皆上公，绿綟绶、远游冠"。此七公是：刘粲丞相、刘景太师、王育太傅、任颛太保、马景大司徒、朱纪大司空、刘曜大司马。吴士鉴《晋书斠注》引《晋略》曰："丞相、太师、太傅、太保、大司徒、大司空、大司马，然其时又有太宰河间王易、太尉范隆，是公不止七也。"按，晋初所谓"八公"，无汉赵所指"七公"中的丞相，太师为太宰，多太尉、大将军二公。汉刘聪时的"七公"即有所指，时虽有太尉、太宰、大将军等，恐无寓于"七公"之列，《晋略》所论似可考虑。

开府仪同三司 《晋书·职官志》曰："开府仪同三司，汉官也。殇帝延平元年，邓骘为车骑将军，仪同三司；仪同之名，始自此也。及魏黄权以车骑将军开府仪同三司；开府之名，起于此也。""三司"，即指"三公"，意为非三公而给予三公同等待遇者，往往用于加官。汉赵沿魏、晋之制，任此官者为范隆、陈元达、卜泰、晋怀帝（以上仪同三司），刘曜、游子远、石勒、刘胤（开府仪同三司）等。

特进 《晋书·职官志》曰："特进，汉官也。二汉及魏、晋以加官从本官车服，无吏卒。太仆羊琇逊位，拜特进，加散骑常侍，无余官，故给吏卒车服。其余加特进者，唯食其禄赐，位其班位而已，不别给特进吏卒车服，后定令。"汉赵国承晋制，置特进，有此号者为王弥、晋怀帝、綦毋达、台产等。

上述丞相以下、诸公及开府等均有属吏，汉赵以上诸公及开府领大将军者之属吏，见于记载的如下。

长史，左、右长史 如鲁徽之为赵染长史，鲁凭为呼延寔长史，刘敏元原为太尉长史，周振为赵国长史，曹嶷原为王弥左长史，张宾为石勒右长史等。

参军 如卢谌曾为刘粲参军，台产原为司空刘均参军等。

司马 如刘惇曾为卫军大将军刘劢司马。

从事中郎 如王皮为大将军从事中郎等。

汉赵国也承袭了魏晋以来于中枢设尚书、中书、门下三省及御史台的机构，现分叙如下。

尚书省

录尚书事 《晋书·职官志》云："录尚书，按，汉武时，左右曹诸吏分平尚书奏事，知枢要者始领尚书事……尚书有录名，盖自（赵）熹、（牟）融始，亦西京领尚书之任，犹唐、虞大麓之职也……自魏晋以后，亦公卿权重者为之。"汉赵国承汉、魏以来之制，设录尚书事一职，任此职的先后有朱纪、刘聪、刘粲、呼延晏、刘骥、靳准、刘殷、游子远、刘咸、刘胤、刘昶、刘颢等。

录尚书六条事 《晋书·刘聪载记》记聪曾以刘延年为"录尚书六条事"。《资治通鉴》卷八九胡注云:"录尚书六条事始见于此。沈约《志》曰:晋康帝世,何充《让录表》云:'咸康中,分置三录,王导录其一,荀崧、陆晔各录六条事。'……余按:宋元嘉以后,江夏王义恭、始兴王濬、南谯王义宣皆录尚书六条事……如杜佑之言,则六条盖六曹也。沈约以何充《表》'各录二条'为'各录六条',致有此误。"则录尚书六条事一职,系最早始于汉赵国,六条者,尚书六曹也。

尚书令 《通典·职官四》云:"……后汉众务悉归尚书,三公但受成事而已。尚书令主赞奏事,总领纪纲,无所不统……"汉赵国任此职的有范隆(守尚书令)、朱纪、刘隆、任颛、王鉴、靳明、刘欢乐等。

尚书左、右仆射 《晋书·职官志》曰:"仆射,服秩印绶与令同。按,汉本置一人,至汉献帝建安四年,以执金吾荣郃为尚书左仆射,仆射分置左右,盖自此始。经魏至晋,迄于江左,省置无恒,置二,则为左右仆射,或不两置,但曰尚书仆射。"汉赵国同晋,任左仆射的有范隆、刘殷、马景;任右仆射的有朱纪、王育、呼延晏等。

尚书 《晋书·职官志》云:"列曹尚书,按,尚书本汉承秦置,及武帝游宴后庭,始用宦者主中书,以司马迁为之,中间遂罢其官,以为中书之职。至成帝建始四年,置中书宦者,又置尚书五人,一人为仆射,而四人分为四曹,通掌图书秘记章奏之事,各有其任……"汉赵国任此职的有吏部尚书任颛,尚书田密、王琰、田歆、北宫纯、胡崧、王犷、台产、郝述、胡勋等。

左右选曹尚书 《晋书·刘聪载记》云汉嘉平四年"省吏部，置左右选曹尚书"，并典选举。按，《通典》《晋书》《宋书》所记，汉、魏、晋各朝均置各曹尚书，无选曹尚书，东汉吏曹掌选举。故左右选曹尚书，也为汉赵时始置。

尚书左右丞 《晋书·职官志》曰："左右丞，自汉武帝建始四年置尚书，而便置丞四人。及光武始减其二，唯置左右丞，左右丞盖自此始也。自此至晋不改。晋左丞主台内禁令，宗庙祠祀朝仪礼制。选用署吏，急假；右丞掌台内库藏庐舍，凡诸器用之物，及禀振人租布，刑狱兵器，督录远道文书章表奏事。"汉赵国任此职者，仅见"尚书左丞裴整"。

尚书郎 《通典·职官四》云："郎官谓之尚书郎，汉置四人，分掌尚书事。"汉赵国任尚书郎者，仅见辛宾一人。

中书省

中书监、令 中书监为中书省最高长官，《晋书·职官志》记："中书监及令，按，汉武帝游宴后庭，始使宦者典事尚书，谓之中书谒者，置令、仆射……（魏）文帝黄初初改为中书，置监、令，以秘书左丞刘放为中书监，右丞孙资为中书令；监、令盖自此始也。及晋因之，并置员一人。"汉赵沿魏、晋制，置中书监、令。任中书监的有范隆、朱纪、崔懿之、刘均；任中书令的有曹恂等。

中书侍郎、黄门郎 《晋书·职官志》记："中书侍郎，魏黄初初，中书既置监、令，又置通事郎，次黄门郎。黄门郎已署事过，通事乃署名……及晋，改曰中书侍郎，员四人。中书侍郎盖自此始也。"按，汉赵国承晋置中书侍郎，亦置黄门郎。见于记载的有黄门郎傅恂、韦谀[1]，中书侍郎刘敏元[2]等。

门下省

侍中 侍中为门下省最高长官，《晋书·职官志》曰："侍中……秦取古名置侍中，汉因之……魏、晋以来置四人，别加官者则非数。掌傧赞威仪，大驾出则次直侍中护驾……备切问近对，拾遗补阙。"汉赵国任侍中（或加官此号）者有刘殷、王育、王弥、石勒、刘乘、卜幹、卜泰、刘岳、乔豫、和苞、杨难敌、张茂、徐邈、刘胤、刘昶、卜珝（辞不受）、崔岳（追赠）等。

散骑常侍 《宋书》卷四〇《百官志下》云："散骑常侍，四人。掌侍左右。秦置散骑，又置中常侍散骑，并乘舆车后。中常侍得入禁中。皆无员，并为加官……魏黄初初，置散骑，合于中常侍，谓之散骑常侍，始以孟达补之。"汉赵国散骑常侍、中常侍并置，任散骑常侍的有曹恂、王忠（追赠）、刘绥、郁鞠、董景道等。

中常侍 汉赵国亦置中常侍，以宦者为之。见于记载的有王沈、宣怀、俞容等。

给事中 《晋书·职官志》云："给事中，秦官也。所加或大夫、博士、议郎，掌顾问应对，位次中常侍。"汉赵国任此职的有傅纯、傅粹。

给事黄门侍郎 《宋书·百官志下》云："给事黄门侍郎，四人。与侍中俱掌门下众事。"汉赵国有黄门侍郎，任

1　见《晋书》卷九〇《儒林·韦谀传》。

2　《晋书》卷八九《忠义·刘敏元传》。

职者有陈元达、崔懿之、乔诗、乔度等。[1]

散骑侍郎 《宋书·百官志下》记："散骑侍郎，四人。魏初与散骑常侍同置。魏、晋散骑常侍、侍郎与侍中、黄门侍郎共平尚书奏事，江左乃罢。"汉赵国任此职者有董景道、王桑。

汉赵国也承汉魏以来于中枢设"九卿"或"列卿"的职官，见于记载的有如下几种。

太常 《宋书·百官志上》云："太常，一人……秦改曰奉常，汉因之。景帝中六年，更名太常。应劭曰：'欲令国家盛大常存，故称太常。'前汉常以列侯忠孝、敬慎者居之，后汉不必列侯也。"汉赵国任太常一职的有朱纪、靳冲、梁胥、杨轲（辞不受）。

太史令 《宋书·百官志上》曰："太史令，一人。丞一人。掌三辰时日祥瑞妖灾，岁终则奏新历。"汉赵任此职者有宣于修之、康相、弁广明、台产、任义等。

国子祭酒、博士 《晋书·职官志》记："晋初承魏志，置博士十九人。及咸宁四年，武帝初立国子学，定置国子祭酒、博士各一人，助教十五人，以教生徒。博士皆取履行清谆、通明典义者……"汉赵有国子祭酒刘均、博士张师等。

崇文祭酒 据《晋书·刘曜载记》云：曜"置崇文祭酒，秩次国子"，以董景道为崇文祭酒。

博士祭酒 其职与上述国子、崇文祭酒同，刘曜曾以台产任此职。

光禄大夫（卿），左、右光禄大夫 《后汉书》卷二五

---

1 《晋书·忠义·辛勉传》。

《百官志》云：光禄勋，卿一人，中二千石。本注曰：掌宿卫宫殿门户。又曰："光禄大夫，比二千石……凡大夫、议郎皆掌顾问应对，无常事，唯诏令所使。凡诸国嗣之丧，则光禄大夫掌吊。"光禄大夫分左右，始于晋初："光禄大夫银章青绶，其重者加金章紫绶，则谓之金紫光禄大夫。旧秩比二千石。"[1]汉赵国有光禄大夫范隆、朱纪、单冲、庾珉、王俊、卜珝、晋愍帝、游子远、台产、辛勉（辞不受），左光禄大夫刘景、刘雅、张寔、刘绥、卜泰，右光禄大夫陈元达、刘殷，金紫光禄大夫王延，上光禄大夫卜泰等。

左中郎将　此官为光禄勋所统属，《后汉书·百官志二》云："左中郎将，比二千石。本注曰：主左署郎。"汉赵任此职的有宋始。

大中大夫　《后汉书·百官志二》云："太中大夫，千石。本注：无员。"汉赵国有大（太）中大夫公师彧、辛谧（辞不受）。

谏议大夫　《后汉书·百官志二》注引胡广曰："光禄大夫，本为中大夫，武帝元狩五年置谏大夫为光禄大夫，世祖中兴，以为谏议大夫。又有太中、中散大夫。此四等于古皆为天子之下大夫，视列国之上卿。"汉赵国任谏议大夫的有台产、乔豫、和苞等。

奉瑞大夫　《晋书·刘曜载记》云终南山地震，长安人刘终献白玉方，曜封其为"奉瑞大夫"。

卫尉　《晋书·职官志》云："卫尉，统武库、公车、卫士、诸冶等令，左右都候，南北东西督冶掾。"汉赵任此职

---

1 《晋书·职官志》。

的有呼延晏、梁芬、刘锐。

廷尉 《晋书·职官志》记："廷尉，主刑法狱讼，属官有正、监、评，并有律博士员。"汉赵任此职的有陈元达、乔智明。

大鸿胪 《宋书·百官志上》云："大鸿胪，掌赞导拜授诸王。秦世为典客，汉景帝中六年，更名大行令，武帝太初元年，更名大鸿胪。鸿，大也。胪，陈也。"汉赵任此职者有范隆、李弘、田崧。

宗正 《晋书·职官志》云："宗正，统皇族宗人图谍，又统太医令史，又有司牧掾员。"汉赵宗正仅见史籍记有呼延攸一人。

少府 《宋书·百官志上》曰："少府，一人。丞一人。掌中服御之物。秦官也，汉因之。掌禁钱以给私养，故曰少府。"汉赵国任此职者有陈休。

大司农 《宋书·百官志》云："大司农，一人。丞一人。掌九谷六畜之供膳羞者……周则为太府，秦治粟内史，汉景帝后元年，更名大农令，武帝太初元年，更名曰大司农。"汉赵任此职者有卜豫、朱诞、卜翙等。

将作大匠 《宋书·百官志上》云："将作大匠，一人。丞一人。掌土木之役……晋氏以来，有事则置，无则省。"汉赵任此职者有靳陵、胡元。

都水使者 《晋书·职官志》云："都水使者，汉水衡之职也。汉又有都水长丞，主陂池灌溉，保守河渠，属太常。"汉赵有都水使者，又有左都水使者，任前者的是支当，后者是刘摅。

左国史 《史通》卷一二《古今正史》曰："十六国史，

前赵刘聪时，领左国史公师彧撰高祖（刘渊）本纪及功臣传二十人，甚得良史之体。"左国史一职，相当于晋时专修史书的著作郎。《晋书·职官志》云："著作郎，周左史之任也。"汉赵以史官名为"左国史"，当从周之"左史"而来。

汉赵国也承魏晋以来"御史台"之制，设有以下官职。

御史中丞 按，《宋书·百官志下》云："御史中丞，一人。掌奏劾不法。""哀帝建平二年，复为御史大夫。元寿二年，又为大司空，而中丞出外为御史台主。历汉东京至晋因其制，以中丞为台主。"[1]汉赵任此职者有浩衍（一作诸衍）、殷凯（一作段凯）。

汉魏以来，继承皇位的太子（或太弟）有东宫各官职，汉赵国东宫官属亦承此，见于记载的如下。

太子太傅 《晋书·职官志》记："太子太傅、少傅，皆古官也。泰始三年，武帝始建官，各置一人，尚未置詹事，官事无大小，皆由二傅，并有功曹、主簿、五官。""及愍怀建官，乃置六傅，三太、三少，以景帝讳师，故改太师为太保，通省尚书事，詹事文书关由六傅。"汉赵有太子太傅卜泰、刘胤。

太子少傅 汉赵有太子少傅董景道。

太子太师 汉赵有太子太师卢志。

太子少师 汉赵任此职者为台产。

詹事 此官为东宫太傅属官，《宋书·百官志下》云："太子詹事一人。丞一人。职比台尚书令、领军将军。詹，

---

1 《晋书·职官志》。

省也。"汉赵任此职的有曹光[1]、鲁繇[2]。

太子洗马 《晋书·职官志》云："洗马八人，职如谒者秘书，掌图籍。释奠讲经则掌其事，出则直者前驱，导威仪。"汉赵任此职者有刘绥。

东宫舍人 《晋书·职官志》云："舍人十六人，职比散骑、中书等侍郎。"汉赵任此职者为荀裕。

汉赵国承汉制于中宫（即后宫，皇后居处）置各种官员，见于记载的如下。

中宫仆射、中黄门 《后汉书·百官志四》云："中宫黄门冗从仆射一人，六百石。本注曰：宦者。主中黄门冗从。"汉赵所置中宫仆射、中黄门可能即由汉代中宫冗从仆射而来，亦宦者任之。见于记载的有中黄门陵修、中宫仆射郭猗等。

还应特别指出的是，汉赵承魏晋以来实行的封建"五等爵制"，封王极滥。诸王只有食邑，而无实权，只有兼职后方有职有权。汉赵所封诸王侯，绝大部分是匈奴刘氏一族，其余则是割据一方的归降首领或少数民族首领。见于记载的如下。

王 始安王、中山王、秦王刘曜，安邑王刘钦，汝阴王、上洛王刘景，楚王刘聪，梁王刘和，陈留王刘欢乐，江都王刘延年，长乐王刘洋，上郡王刘俊，齐王刘裕，鲁王刘隆，北海王、北部王刘乂，曲阳王刘贤，永安王刘安国，西阳王刘璇，西昌王刘锐，河内王、晋王刘粲，河间王刘易，

1　见《太平御览》卷三七四引《前赵录》曰："刘聪以谗匿故，诛詹事曹光……"
2　见《水经注》卷四《沁水》。

彭城王刘翼，高平王刘悝，勃海王刘敷，济南王刘骥，燕王刘鸾，楚王刘鸿，齐王刘劢，秦王刘权，魏王刘操，赵王刘持，襄陵王刘摅，代王刘恒，吴王刘逞，颍川王刘朗，零陵王刘皋，丹阳王刘旭，蜀王刘京，九江王刘坦，临川王刘晃，东平王刘约，会稽王刘康（衷），安定王刘策，中山王、广平王刘岳，中山王刘雅，安阳哀王刘厉，长乐王刘袭，太原王刘闿，淮南王刘冲，齐王刘敞，鲁王刘高，楚王刘徽，永安王、南阳王刘胤，临海王刘俭，河间王刘述，汝南王刘咸等（以上均为匈奴刘氏一族）。

此外，还有亲汉王张䚤督、平晋王石勒、武都王杨难敌，屠各王石武为酒泉王，张茂为凉王，羌酋盆句徐为北羌王等。

公 石勒为汲郡公、上党郡公，王弥为东莱公、齐公，呼延翼为雁门郡公，刘虎为楼烦公，晋怀帝为平阿公、会稽郡公，王彰为定襄郡公，曹恂为南郡公，刘颢为昌国公，虚除权渠为西戎公，崔岳辽东公，刘绥为平昌公，姚弋冲为平襄公，刘昶为河南郡公等。

侯 晋愍帝为怀安侯，蒲洪为率义侯，李景年为梁邹侯，王忠为安平侯，台产为关中侯，张阆、辛晏、梁勋、杨韬等皆封列侯等。

伯 石勒曾为陕东伯。

子 乔豫为安昌子，和苞为平舆子。

又，《晋书·刘曜载记》还云：曜葬父、妻后，"大赦境内殊死已下，赐人爵二级……"也就是说，汉赵政权也承秦汉以来民爵之制。《汉书·百官公卿表》列汉承秦民爵二十级，汉赵民爵情况已不可考。

（二）军事之官

汉赵军事之官，除上述汉魏以来"三公"，"八公"中的大司马、太尉外，见于记载的如下。

大将军 《晋书·职官志》曰："大将军，古官也。汉武帝置，冠以大司马名，为崇重之职。及汉东京，大将军不常置，为之者皆擅朝权……及晋受命，犹依其制，位次三司下；后复置，在三司上。"汉赵承晋制，置大将军，先后任此职的有刘和、刘粲、刘敷、刘约、刘骥、靳准、刘岳、陈安、石勒、杨难敌（以上大将军），张骏（上大将军）等。

骠骑大将军、骠骑将军 《通典》卷三四《职官》云："汉武帝元狩二年始用霍去病为骠骑将军。光武中兴，以景丹为骠骑大将军，位在三公下。明帝初即位，以弟东平王苍有贤才，以为骠骑将军，以王故，位在公上。魏、晋、齐并有之。"汉赵国任此职的有刘易、刘骥、石勒（以上骠骑大将军），王彰、刘述（以上骠骑将军）。

车骑大将军、车骑将军、左右车骑将军 《通典》卷二九《职官》云："汉文帝元年始用薄昭为车骑将军，后汉章帝即位，西羌反，以舅马防行车骑将军征之……和帝即位，以舅窦宪为车骑将军，征匈奴，始赐金紫，次司空……魏车骑为都督，仪与四征同，若不为都督，虽持节，属四征者，与前后左右杂号将军同。"汉赵国任车骑大将军的有刘曜、刘聪、刘逞、游子远、靳准（行车骑大将军），任车骑将军的有刘雅、靳明、晋愍帝（行车骑将军）等。此外，汉赵还有左、右车骑将军，分由乔泰、王腾担任。

卫大将军、卫将军 《宋书·百官志上》云："卫将军，一人。汉文帝元年，始用宋昌为卫将军。三号位亚三司。汉章帝建初三年，始使车骑将军班同三司……汉末奋威将军，晋江右伏波、辅国将军，并加大而仪同三司。"汉赵有卫大将军刘胤，卫将军刘翼、靳康。

抚军大将军、抚军将军　《晋书·职官志》云："骠骑、车骑、卫将军、伏波、抚军、都护、镇军、中军……等大将军……开府者皆为位从公。"则晋有抚军大将军，汉赵任此职者为刘义、刘粲，曾任抚军将军者为刘聪等。

龙骧大将军　见上引《晋书·职官志》。汉赵刘曜曾任此职。

都护大将军　见上引《晋书·职官志》。汉赵刘贤曾任此职。

中军大将军　《宋书·百官志上》云："中军将军，一人。汉武帝以公孙敖为之，时为杂号。"晋时有中军大将军，开府者位从公。[1]汉赵王彰曾任此职。

冠军大将军、冠军将军　《宋书·百官志上》云："冠军将军，楚怀王以宋义为卿子冠军。冠军之名，自此始也。"晋有冠军大将军，开府者位从公。[2]汉赵任此职者为乔智明。任冠军将军的有乔晞、呼延朗、呼延那鸡等。

"四征"大将军、"四征"将军　《通典》卷二九《职官》云："四征将军，皆汉魏以来置。加大者始曰方面，征东将军、征西将军、征南将军、征北将军各一人。魏黄初中，位次三公。"汉赵有征东大将军石勒、王弥、刘岳、刘畅，征北大将军刘灵、刘雅；征东将军刘操，征西将军刘骥、刘

1　见《晋书·职官志》。
2　见《晋书·职官志》。

厚、虚除权渠、刘贡，征南将军刘悝等。

"四镇"大将军、"四镇"将军 《宋书·百官志上》云："镇东将军，一人。后汉末，魏武帝居之。镇南将军，一人。后汉末，刘表居之。镇西将军，一人，后汉初平三年，韩遂居之。镇北将军，一人。"四征、四镇，加大字，晋代也置，开府者位皆从公。[1]汉赵有镇东大将军石勒、王弥，镇南大将军田崧，镇西大将军韦忠；镇东将军綦毋达、呼延谟，镇北将军靳冲、刘策、刘丰。

"四安"大将军、"四安"将军 《宋书·百官志上》云："安东将军，一人。后汉末，陶谦为之。安南将军，一人。安西将军，一人。后汉末段煨为之。安北将军，一人。鱼豢曰：'镇北、四安，魏黄初、太和中置。'"汉赵有安东大将军石勒、安南大将军赵染、安北大将军赵固，行安东将军曹嶷、安西将军刘雅（一作安平将军）、安北将军赵固。

"四平"大将军、"四平"将军 《宋书·百官志上》云："四平，魏世置。"汉赵有平东大将军石勒，平西大将军王石武，平北大将军王桑；平西将军赵染、刘厚、姚弋冲，平北将军刘灵、王桑、卜翔。

灭晋大将军 此为汉赵所置，可能与"四平"等大将军同等。任此职的有刘景。

前军大将军、右军将军 《晋书·职官志》云："左、右前后军将军，按，魏明帝时有左军，则左军魏官也，至晋不改。武帝初又置前军、右军，泰始八年又置后军，是为四军。"汉赵曾以呼延晏为前军大将军攻洛阳，刘黑曾任前军

1　见《晋书·职官志》。

将军，刘斡曾为右军将军。

忠义大将军 此为汉赵赐有功的其他民族首领的封号，如郁鞠就有此号。

前将军、右将军 《宋书·百官志上》云："左将军、右将军、前将军、后将军。左将军以下，周末官，秦、汉并因之，光武建武七年省，魏以来复置。"汉赵有前将军刘景、刘丰，右将军刘参。

建武将军 《宋书·百官志上》云："建武将军，魏置。"刘曜最初即任此职。

虎牙将军 《通典》卷二九《职官》云：杂号将军中有"虎牙"，注曰："后汉光武以盖延为之。"汉赵刘钦、李景年曾为虎牙将军。

武卫将军 《宋书·百官志上》云："武卫将军，无员。初魏王始置武卫中郎将，文帝践阼，改为卫将军，主禁旅，如今二卫，非其任也。晋氏不常置。"汉赵任此职的有刘钦、高乔、令狐泥、刘朗、刘璠、刘盛。

平晋将军 此为汉赵所置杂号将军之一，刘厉曾任此职。

左、右卫将军 《晋书·职官志》云："左、右卫将军，按，文帝初置中卫及卫，武帝受命，分为左、右卫，以羊琇为左，赵序为右。"汉赵有左卫将军马景、卜崇，右卫将军刘安国。

护军将军 《晋书·职官志》记："护军将军，按，本秦护军都尉官也。汉因之，高祖以陈平为护军中尉，武帝复以为护军都尉，属大司马。……魏初，因置护军将军，主武官选，隶领军，晋世则不隶也。"汉赵任此职者为马景。

平虏将军 汉赵杂号将军，刘景、卜休曾任此职。

辅汉将军 汉赵杂号将军，石勒、张寔曾任此职。

卫军将军 任此职的有刘和、呼延瑜。

征虏将军 《宋书·百官志上》云："征虏将军，汉光武建武中，始以祭遵居之。"汉赵任此职的有呼延颢、邢延、王翼光。

镇远将军 汉赵有镇远将军梁伏疵。

讨虏将军 汉赵任此职者为傅虎。

荡晋将军 汉赵有荡晋将军兰阳。

冠威将军 汉赵任此职者为卜抽。

中护军将军 中护军将军可能指汉赵中宫的护军将军，任此职者为靳准。

骑兵将军 汉赵任此职者为刘勋。

振威将军 《宋书·百官志上》云："振威将军，后汉初，宋登为之。"汉赵任此职者为宋恕。

镇军将军 汉赵以刘袭、王忠任之。

辅威将军 汉赵以呼延青人任之。

安国将军 汉赵以盆句徐任之。

以上自建武将军以下均为杂号将军。史籍中还记载了汉赵国无名号的将军或将，计有：綦毋豚、吕逸、苏铁、刘五斗、赵慎、呼延寔、平先、黄秀、帛成、蒋英、辛恕、刘儒、简令、张平、康平、刘狱、乔嵩、张阆、辛晏等。

长水校尉 《宋书·百官志下》云："长水，胡部落名也。胡骑屯宣曲观下。韦曜曰：'长水校尉，典胡骑，厩近长水，故以为名。长水，盖关中小水名也。'"汉赵任此职者为尹车。

平羌校尉 《晋书·职官志》云："护羌、夷、蛮等校尉，按，武帝置南蛮校尉于襄阳，西戎校尉于长安……"汉赵以韦忠为平羌校尉。

护南氐校尉 刘曜曾以杨难敌为护南氐校尉。

校尉、东夷校尉 汉赵曾以石勒为校尉或东夷校尉。

光国中郎将、宁羌中郎将 《通典》卷二九《职官》有"杂中郎将"，如使匈奴中郎将、平越中郎将、武卫中郎将等。汉赵承此置光国中郎将，以王犷任之，置宁羌中郎将，以杨难敌任之。

汉赵也承汉魏以来"持节都督"的制度。《宋书·百官志上》云："持节都督，无定员。前汉遣使，始有持节。光武建武初，征伐四方，始权时置督军御史，事竟罢。建安中，魏武帝为相，始遣大将军督军……魏文帝黄初二年，始置都督诸州军事，或领刺史。三年，上军大将军曹真都督中外诸军事，假黄钺，则总统外内诸军矣。明帝太和四年，晋宣帝征蜀，加号大都督……晋世则都督诸军为上，监诸军次之，督诸军为下。使持节为上，持节次之，假节为下。"汉赵国承晋制，有持节都督。如刘渊曾以前将军刘景为"使持节、征讨大都督、大将军"击刘琨，以王弥"都督六州诸军事"，以石勒为"持节、平东大将军"；刘聪曾以卫尉呼延晏为"使持节、前锋大都督"，以刘曜为"假黄钺、大都督、督陕西诸军事"，以卜珝为"使持节、平北将军"；刘曜曾以崔岳为"使持节、侍中、大司徒、辽东公"，以杨难敌为"使持节，侍中，假黄钺，都督益、宁、南秦、凉、梁、巴六州陇上西域诸军事"，以休屠王石武为"使持节、都督秦州陇上杂夷诸军事"，以河西张茂为"使持节，假黄钺，侍中，都督凉南、北秦、梁、益、巴、汉、陇右、西域杂夷匈奴诸军事"等。

除上述汉赵军事之官外，《晋书·刘聪载记》云，汉嘉平四年（314），聪大定百官，置七公，又"置辅汉、都护、中军、上军、辅军，镇、卫京、前、后、左、右、上、下军，辅国、冠军、龙骧、武牙大将军，营各配兵二千，皆以诸子为之"。又，《资治通鉴》卷八九晋愍帝建兴二年（314）云聪"又置辅汉等十六大将军"。若上引《晋书》中，"上军"大将军记载重复的话，那么正好是十六大将军。内辅军（或抚军）、都护、中军、龙骧、冠军、前军等大将军及辅汉、镇军、右军、虎牙等将军，前有叙述外，其余卫京、后军、左军、上军、下军、辅国等大将军任职者，不见记载。

（三）地方之官

汉赵国的地方之官及其疆域，变动较大。大致言之，在汉刘聪嘉平四年（314）以前和刘曜建前赵之后，汉赵政权的地方行政制度基本上同于魏晋以来的州郡制。嘉平四年刘聪对地方行政制度进行了一些改革，一直到汉政权灭亡、前赵继立为止。清代学者洪亮吉所撰《十六国疆域志》卷一《前赵》，大致将汉赵的地方行政区划分成刘渊、刘聪和刘曜三个时期，进行论述。这种分法是欠妥的，因为刘聪于嘉平四年对地方行政制度进行改革，在此之前汉国的地方行政制度与之有很大差别。而刘曜建立前赵，地在平阳之西关陇地区，与汉国的地方行政区划又有很大的差别。据此，我们将汉赵国的地方之官分成以下三个时期，加以论述。

1. 嘉平四年前（304～314）汉政权的地方之官

司隶校尉 《晋书·王弥传》云：弥降刘渊后，渊封其为"司隶校尉、侍中、特进"。同书《刘聪载记》记:"时愍帝即位长安,聪遣刘曜及司隶乔智明、武牙李景年等寇长安。"又,《资治通鉴》卷八七晋怀帝永嘉四年(310)刘渊临死前,以北海王刘乂"领司隶校尉"。这是关于汉嘉平四年改革前设置司隶校尉的记载。据《晋书·职官志》云:"司隶校尉,按,汉武初置十三州,刺史各一人,又置司隶校尉,察三辅(即京兆、冯翊、扶风)、三河(即河东、河内、河南)、弘农七郡,历汉东京及魏晋,其官不替。"汉嘉平四年前所置司隶校尉系承魏晋而来,以京都平阳为中心,管附近若干郡,具体设置已不可考。

雍州牧 《晋书》卷一四《地理志上》"并州"条云:"及永兴元年,刘元海僭号于平阳,称汉,于是并州之地皆为元海所有。元海乃以雍州刺史镇平阳,幽州刺史镇离石。"《十六国疆域志》卷一引《前赵录》:"嘉平二年,聪雍州刺史赵固。"[1] 又,《晋书·刘聪载记》记刘曜于嘉平元年攻陷长安,聪封其为"雍州牧、中山王"。刘曜所任雍州牧,已镇长安,而非平阳了。

幽州牧 上引《晋书·地理志》云刘渊以"幽州刺史镇离石"。《资治通鉴》卷八七晋怀帝永嘉六年(312)记:聪追赠曾救过刘曜的傅虎为"幽州刺史"。又于汉嘉平元年以石勒为"幽州牧"。

并州刺史 《资治通鉴》卷八八晋怀帝永嘉六年(312),汉攻陷晋阳,聪"以前将军刘丰为并州刺史,镇晋阳"。后刘丰为猗卢所杀,曜等退回平阳。又,聪还曾封石勒为"并

---

1 此说有误,详见下。

州牧"，此系虚衔，非实指。

冀州刺史 《资治通鉴》卷八七晋怀帝永嘉四年云："夏，四月，王浚将祁弘败汉冀州刺史刘灵于广宗，杀之。"如此，汉赵冀州刺史似治广宗。又，《水经注》卷四"沁水"条曰："刘聪以詹事鲁繇为冀州（刺史），治此（随氏县）。"则此又为汉冀州另一治所。此外，石勒据襄国后（312），聪以勒为"冀州牧"，此为原冀州之地，故聪以冀州牧授勒。

青州牧、徐州牧 《资治通鉴》卷八六怀帝永嘉元年（307）记：王弥降刘渊后，渊拜其为"镇东大将军、青、徐二州牧"，后以其为青州牧。原弥长史曹嶷，后也被封为"青州牧"。

荆州刺史 《资治通鉴》卷八七怀帝永嘉六年（312）记："聪以（赵）固为荆州刺史，领河南太守，镇洛阳。"则嘉平四年前，刘聪所置荆州，治洛阳。

梁州刺史 《资治通鉴》卷八七怀帝永嘉五年（311）记："（贾）疋遂袭汉梁州刺史彭荡仲，杀之。"胡注："荡仲，安定卢水胡也，据后荡仲子天护，汉以为凉州刺史，此'梁'当作'凉'。"又，同书卷八八永嘉六年有"汉以天护为凉州刺史"一句。按，时凉州为张氏所据，疋活动于关中，荡仲父子应为汉梁州刺史，其地大约在安定，胡注误。

又，《十六国疆域志》卷一于刘聪时，列雍州，下云"《前赵录》：嘉平二年，聪雍州刺史赵固"；又列豫州，下云"《前赵录》：嘉平二年，聪豫州刺史王桑"。考《资治通鉴》卷八八"怀帝永嘉六年"条记：赵固、王桑欲归平阳，惧刘琨兄子刘演邀击，遂降。"琨以固为雍州刺史，桑为豫州刺史"，后固归平阳，聪以其为荆州刺史，镇洛阳。如此，则《疆域志》所引有误，今从《通鉴》，不列豫州。

2. 汉嘉平四年至麟嘉三年（314～318）的地方之官

司隶校尉、左右司隶 《晋书·刘聪载记》云：嘉平四年，聪"置左右司隶，各领户二十余万，万户置一内史，凡内史四十三……置御史大夫及州牧，位皆亚公"。按，刘聪这一措施，乃是对汉魏以来地方行政制度的重大改革。其所置左右司隶各领二十余万户，以万户为单位，置一内史，共四十三内史，即四十三万户，几乎包括了当时汉国实际控制的地区；以"万户"为行政单位，乃是按秦汉以来北方匈奴等民族以万户为行政单位的旧俗。即是说，此时汉国统治者以汉魏以来地方行政制度的名义（即"司隶校尉"），恢复了其祖先匈奴以万户为单位的地方行政组织，是糅合了汉胡地方行政组织特点的新形式。当时左右司隶能辖四十三万户人口，是汉国不断从四周掠迁而来的，其中主要是"晋人"（汉族）。这种"复旧"的措施，晋人当然是不习惯的，加之汉国统治阶级对他们的压迫和剥削，一有机会，他们就采取逃亡的形式进行反抗。如《晋书·刘聪载记》云：麟嘉元年，"河东大蝗……平阳饥甚，司隶部人奔于冀州二十万户"；又记麟嘉二年，赵固、郭默攻汉河东，"右司隶部人盗牧马负妻子奔之者三万余骑"。

《十六国疆域志》卷一云："聪又分置左右司隶部，则左司隶，盖部司州平阳诸郡；右司隶，盖部荆州河南诸郡地。"按，聪于此时置左右司隶，原设雍、荆等州似已废除。又，左右司隶的机构，近来有学者撰文说，应称为"司隶寺"，主要根据是《晋书·刘聪载记》中有"聪宫中鬼夜哭，三日而声向右司隶寺"[1]。按，同书又记有"司隶部人"，"犬与豕交于相国府门……又交于司隶、御史门"。司隶寺可能为司隶部所属机构，而"司隶部"似乎才是司隶的机构，下又分设左、右司隶部。据文献所记，原任汉国廷尉、黄门郎的陈元达曾任过"左司隶"，其余不见记载。

刘聪置左右司隶部的同时，似乎仍保留了"司隶校尉"一职。《资治通鉴》卷九〇晋元帝太兴元年（318）记：聪寝疾，封靳准为"大司空、领司隶校尉"。此司隶校尉，可能直接领左右司隶，具体情况因史籍阙载，不得而知。

又，据《晋书·地理志》载："及刘聪攻陷洛阳，置左、右司隶……又置殷、卫、东梁、西河阳、北充五州，以怀安新附。"则除左、右司隶之外，聪还设立五州，与前引《载记》还设"州牧"是一致的。

殷州刺史 《十六国疆域志》卷一引《水经注》云："河内怀县有殷城。"下注云："《图经》：在今武涉县东南。""昔刘曜以郭默为殷州刺史，督缘河诸军事，治此。乐史《太平寰宇记》：获嘉县，西晋曾立为殷州。按，此西晋，即指刘聪时。"刘聪时，确曾置殷州，《太平御览》卷五一九引《三十国春秋》记："前赵殷州刺史杜广初为刘景厥卒……"

卫州刺史 《十六国疆域志》卷一云："按，聪所置卫州，当在朝歌县。"

东梁州刺史 按，刘聪在嘉平四年前曾设梁州，以卢水胡彭荡仲为刺史。后又置东梁州，可能即原梁州。

1 见冯君实《十六国官制初探》，《东北师大学报》（哲学社会科学版）1984年第4期。

西河阳州刺史 《晋书》卷九六《列女·王广女传》云："广仕刘聪，为西扬州刺史。"[1]《十六国疆域志》卷一曰："西阳州，疑即西河阳，或《地志》及《列女传》有一误也。"

北兖州刺史 无考。

3. 前赵时地方之官（318～326）

并州牧 《太平御览》卷六八二引《前赵录》曰："光初五年，并州牧、安定王策献玉玺一，文曰赵盛。"则前赵置并州，其治所在蒲坂。[2]

秦州牧、凉州牧 《晋书·地理志》云：刘曜徙都长安，"以秦、凉二州牧镇上邽"。则前赵置秦、凉二州，均镇上邽。前赵还曾以休屠王石武为秦州刺史，以杨难敌为益、宁、南秦三州牧，以河西张茂为凉州牧等。杨难敌、张茂所领南秦州、凉州牧，都是名义上的。

益州刺史 《晋书·刘曜载记》云：曜曾以田崧为益州刺史，镇仇池。

朔州牧 《晋书·地理志》云：刘曜以"朔州牧镇高平（今宁夏固原）"。

幽州刺史 《晋书·地理志》云：刘曜以"幽州刺史镇北地"。

殷州刺史 见前述。

以上是汉赵国州一级地方行政设置情况，至于州以下郡一级单位，见于史籍的如下。

平阳大尹 按，《后汉书·百官志》云："凡州所监都为

1　此事又见《太平御览》卷四一八引《十六国春秋》。

2　见《晋书·地理志》。

京都，置尹一人，二千石，丞一人。"汉赵承汉制，于京都平阳，置平阳大尹。《晋书·石勒载记上》云：石勒攻平阳小城，"平阳大尹周置等率杂户六千降于勒"。平阳，时为汉国京都，刘聪置左右司隶之后，是否还置"尹"？或为靳准杀刘粲后所置，亦未可知。

弘农太守　《晋书·李矩传》云："时弘农太守尹安、振威将军宋始等四军并屯洛阳，各相疑阻，莫有同志……"《资治通鉴》卷九一，晋元帝太兴三年（320）条记尹安、宋始等四军为"赵将"，即前赵守洛阳四将，则尹安为前赵弘农太守。又，《疆域志》引《前赵录》还记有"弘农太守呼延谟"。

河内太守　《晋书·石勒载记》云："石生攻刘曜河内太守尹平于新安，斩之。"《资治通鉴》卷九三，晋明帝太宁二年（324）记此事，唯"河内太守尹平"作"河南太守尹平"。从尹平在新安情况看，《载记》所记较确。

河南太守　见前述，聪曾以赵固为荆州刺史，领河南太守，镇洛阳。

太昌郡（太守）《太平寰宇记》卷四八引《十六国春秋》曰："刘元海僭号称汉，初理于蒲子，后徙平阳，又于此置太昌郡，以蒲子属焉。"则汉赵曾设太昌郡，治蒲子。

巨鹿太守　《太平御览》卷四二四引《前赵录》云："张寔为巨鹿太守，治任威强，路不拾遗，曾欲以寔为司徒、太保，皆垂涕固辞。"刘聪时石勒据襄国，巨鹿在襄国北，或此时聪遣寔至巨鹿为太守，抑或此巨鹿为侨治郡？不得而知。

晋阳太守　《晋书·刘曜载记》记有"晋阳太守王忠"。

阳平等十郡（太守）《太平御览》卷一七五引《赵书》

云:"刘曜召捕殿巧手三千人,发阳平等十郡车牛五千乘,运土筑建德殿台。"按,阳平郡可能设在关中,因史料阙如,无考。

汉阳等十三郡（太守）《晋书·刘曜载记》曰:曜以子胤为大司马,进封南阳王,"以汉阳诸郡十三为国"。汉阳诸郡十三,内有汉阳郡（治今甘肃天水附近）,余十二郡则有安定、北地、略阳、天水、南安、陇西、陇东、武都、新平、金城、阴平、始平郡。事实上此十二郡有的不在前赵的统治下,胤之封不过是名义上的而已。

此外,汉赵在其统治地区内,先后沿魏晋旧例设置郡县甚多。《十六国疆域志》卷一据汉赵攻占地区,还列有:平阳郡（领县十一）、汲郡（领县六）、顿屯郡（领县四）、魏郡（领县八）、太原郡（领县十三）、上党郡（领县十）、西河国（领县四）、乐平郡（领县五）、新兴郡（领县五、护军一）、长乐国（领县一）、齐郡（领县六）、济南郡（领县一）、东莱国（领县六）、东平国（领县七）、河东郡（领县八）、荥阳郡（领县八）、京兆郡（领县九）、冯翊郡（领县八,护军一）、扶风郡（领县八）、上郡（寄治夏阳）等。其中包括汉国所属石勒、王弥、曹嶷等所据有郡县。汉赵是否沿魏晋之旧制,于占领地区内置以上郡县?还不能完全肯定。故以上《疆域志》所列郡县,只可作参考之用。

至于汉赵国在发展过程中疆域的变化,在前面叙述其历史时,已有简约的叙述,此不赘述。唯其最盛时的疆域,正如顾祖禹《读史方舆纪要》卷三所述:是"东不逾太行,南不越嵩、洛,西不逾陇坻,北不出汾、晋"。这只是汉赵最盛时期,即汉建元二年（316）灭西晋,取关中地区之后,至麟嘉三年刘聪死时，所领有的实际统治区域，不包括当时名义上臣属于汉国的石勒、曹嶷所控制的地区。

又，还应指出的是，汉赵国从开始建立起，就采用了汉魏以来使用的年号制度，一共有九个年号，现分叙如下。

元熙，刘渊年号（304 年 10 月～308 年 9 月），凡五年。

永凤，刘渊年号（308 年 10 月～309 年元月），凡二年。

河瑞，刘渊年号（309 年 2 月～310 年 6 月），凡二年。

光兴，刘聪年号（310 年 7 月～311 年 5 月），凡二年。

嘉平，刘聪年号（311 年 6 月～315 年 2 月），凡五年。

建元，刘聪年号（315 年 3 月～316 年 10 月），凡二年。

麟嘉，刘聪年号（316 年 11 月～318 年 6 月），凡三年。

汉昌，刘粲年号（318 年 7 月～9 月），凡一年。

光初，刘曜年号（318 年 10 月～329 年 8 月），凡十二年。

又，《魏书·刘聪传》云："曜得黑兔，改年为太和。"时在光初五年左右。按，钟渊映《历代建元考·总论》云："魏收《魏书》载曜得黑兔，改年太和。然纪年太和者，石高祖勒也。曜号光初，迄年十二，无改太和事。当时同国号赵，又境土相接，传闻缪戾，收因误书尔。"此说是。

通过以上对汉赵国主要职官的分析，可以得出汉赵承袭汉魏以来职官制度的几个特点。

1. 从汉赵国建立之始，刘渊称汉王、皇帝，其政权机构从中枢到地方，主要是继承了汉、魏、晋以来内地政权的制度。各个职官的名称、职能，均无多大的变更。在刘渊建立政权初期，由于渊以汉朝刘氏的外甥自居，打着"汉"旗号，以号召广大的汉族，因此在政治制度上相应地恢复了汉朝的制度，最明显的是改国号为"汉"，中枢之官以丞相、太尉、御史大夫为首，即汉的"三公"，分别由刘宣、刘宏和崔游任之，下设九卿，如以范隆为大鸿胪，朱纪为太常等。只是到刘渊称帝时，才吸收了魏晋以来的官制，逐渐完善。

2. 汉赵国承继汉魏以来的职官制度，较为全面。仅从以上见于记载的各种职官来看，就几乎与西晋等王朝的职官一致。中枢之官，"三公""七公"之外，尚书、中书、门下三省，御史台等齐全；军事之官，各种名目的大将军、杂号将军、持节都督等也应有尽有；地方之官，沿汉魏以来所行郡县制及封王制，也十分完备。因此，可以说汉赵政权全面承继了汉魏以来的职官制度，是一个基本上汉化了的封建政权。不仅如此，汉赵政权对原汉魏的职官还有所发展，影响到后世。如前述的"录尚书六条事""左右选曹尚书"及一些杂号将军等。

3. 汉赵政权还曾对汉魏以来的州郡制做了一些改革，即在原来州郡制的名义下，杂以匈奴的旧制。这就是前述刘渊于嘉平四年（314）置左右司隶，以司隶之名以统"万户"，而万户作为地方行政的建置，它带有匈奴等北方游牧民族政权的特点。虽然这种改革，到刘曜继立后即废止，但是这种屠杂汉胡行政制度的改革，在中国历史上也是引人注目的。

4. 为了对汉赵国职官制做进一步分析，有必要对任职官员的族属及其他情况进行全面的了解。故列表进行分析，表见附录一。

在所列《汉赵职官表》中，据现存史籍辑出263名汉赵官员，大致可分为五种情况：一是匈奴刘渊一族任职官员 44 人，二是刘氏宗族任职官员 30 人，三是其他匈奴族任职官员 40 人，四是汉族任职官员 131 人，五是其他少数民族任职官员 18 人。从以上诸表，可以进一步分析出汉赵职官制度的另一特点，即汉赵政权是由内迁的匈奴贵族所建立的，匈奴族始终是汉赵国的统治民族。这不仅体现在刘渊一族一直是汉赵国的最高统治者，称王称帝，而且其政权各级官吏中，见于文献的匈奴族共 114 名，尽管从数量上看比汉族任职官员略少，但其绝大多数担任国家政治、军事的要职，掌握了军国的大权。这还不算下面将要叙述的另一套官制（单于台），其完全由匈奴人掌握。这一特点，乃是十六国时期氐、羌、羯胡、鲜卑等少数民族所建政权共有的。因此，十六国时期由内迁匈奴刘氏所建的汉赵国，其统治民族应是内迁的、已经逐渐汉化的匈奴族，这是毫无疑问的。

但是，在汉赵政权中，史籍所载汉族官员的人数占了全部官员的一半以上，而且位至"七公"及大将军的占全部官员总数的百分之八强，这的确是十分引人注目的。产生这种情况的原因：一是建立政权的内迁匈奴刘氏本身就已经逐渐汉化，他们利用汉魏以来统治各族人民的办法来进行统治，为了维护和巩固自己的统治，就不得不吸收汉族上层参加政权。二是汉赵国统治的地区主要是汉族人民聚居之地，汉族人口占全国绝大多数。汉赵政权的建立，正是刘渊打着"汉"旗号，号召广大汉族推倒西晋的结果。如果汉赵统治者不笼络、利用汉族士大夫和世族豪门，那么他们的统治是根本无法维持的。所以，汉赵统治者从建立政权开始，就极力网罗汉族士大夫、世族豪门，如一开始就重用范隆、朱纪、崔懿之、崔游等。这种情况，在十六国时，凡是由内迁少数民族所建政权均是如此。而因汉赵统治者匈奴刘氏汉化渐深，建立政权之地又是汉族聚居和经济发达的地区，故而显得更为突出。

正因为如此，有的学者称汉赵国或十六国时少数民族所建政权是以匈奴或其他少数民族为主体与汉族的联合专政，即所谓的"胡汉联合专政"[1]。此说虽有一定的道理，但中国很早以来就是一个统一的多民族国家，综观中国历史，凡是入主中原等汉族聚居地区的少数民族所建政权，包括后来的元、清等政权，都有大量的汉族官员。同样，在汉族建立的政权中，也有少数民族的官员。这是多民族国家中必然出现的现象，如按上述学者的论点，他们都可称为"汉胡联合专政"或"胡汉联合专政"，这是毫无意义的。同时，所谓的"胡汉联合专政"的提法，似乎抹杀了这些国内统治民族与被统治民族的界限，抹杀了尖锐的民族矛盾的存在。而如汉赵国等政权，正是因国内阶级矛盾和民族矛盾的激化，国力衰弱走向灭亡的。

二 单于台——汉赵统治其他少数民族的机构

汉赵国的职官，除了上述一套承袭汉魏以来的职官系统之外，还设有一套专门统治其他民族的官制，即所谓的"单于台"。据《晋书·刘元海载记》的记载，刘渊称帝后六年，即河瑞二年（310），曾以子聪为"大司马、大单于，并录尚书事，置单于台于平阳西"。此为汉赵国设置单于台之始。聪即位后，以其异母弟刘乂为皇后单氏所生，封"乂为皇太

---

1 见前引冯君实《十六国官制初探》。

弟，领大单于、大司徒"[1]，即是说，聪即位后，单于台的建置仍然存在，此时的大单于由皇太弟刘乂担任。汉嘉平四年（314），聪置左右司隶，又设"单于左右辅，各主六夷十万落，万落置一都尉"。此时刘乂仍为大单于。同年十一月，聪即以子粲"为相国、大单于，总百揆"[2]，说明此时刘乂失宠，其所任大单于一职，改由粲继任。至麟嘉二年，刘粲害乂，诬其谋反，"遣（王）沈、（靳）准收氐、羌酋长十余人，穷问之，皆悬首高格，烧铁灼目，乃自诬与乂同造逆谋"。《资治通鉴》卷九〇胡注云："乂（乂）为大单于，氐、羌酋长属焉，故皆服事东宫。"此事亦可证，粲为大单于前，乂一直领大单于之职。七月，聪则正式以粲"为皇太子……领相国、大单于，总摄朝政如前"[3]。刘曜继立后，很长一段时间内，单于台似已废置，一直到光初九年，史称曜才以子刘胤为大单于，"置单于台于渭城，拜大单于，置左、右贤王以下，皆以胡、羯、鲜卑、氐、羌豪杰为之"[4]。

以上就是现存史籍关于汉赵国单于台的记述，仅数条而已。这给我们研究单于台制带来了极大的困难。现仅据此，对单于台制做一简约的分析。

1. 汉赵国单于台的设置，并未贯穿于汉赵国的始终，一般说来，是在汉或赵建立，确定了汉魏以来的职官制之后才设置的。因此，我们虽说汉赵国施行的是两套官制，胡汉分治，但实际上以汉魏以来的官制为主，以单于台为辅。

1 《晋书·刘聪载记》。
2 《资治通鉴》卷八九。
3 《晋书·刘聪载记》、《资治通鉴》卷九〇。
4 《晋书·刘曜载记》。

2．汉赵国的单于台一般设置在其国都附近，如刘渊、刘聪时，都平阳，则单于台置于平阳西；前赵都长安，单于台设于长安附近的渭城（今陕西咸阳渭城）。以后，后赵石勒所设单于台，也在其国都襄国。[1]

3．单于台的最高长官为"大单于"，此名系沿袭匈奴旧制而来，一般由将要继承君位的储主担任。如刘渊时，以子聪为大单于；刘聪在位时，以皇太弟乂、子粲为大单于；刘曜在位时，以子胤为大单于。后赵石勒称帝前，自兼大单于，称帝后，以子石弘为大单于；石虎即立后，以子石宣为大单于等。[2]因此，大单于的地位仅次于皇帝，掌握着军国大权。《晋书》卷一〇六《石季龙载记上》记，石虎（季龙）曾私谓其子邃曰："主上（石勒）自都襄国以来，端拱指授，而以吾躬当矢石……成大赵之业者，我也。大单于之望实在于我，而授黄吻婢儿（指弘），每一忆此，令人不复能寝食。待主上晏驾之后，不足复留种也。"从此，亦知大单于地位之重要。

大单于所在地可能仍沿旧俗称"单于庭"，《晋书·石勒载记下》记勒曾"命徙洛阳晷影于襄国，列之于单于庭"。

大单于之下，汉国置"单于左、右辅"，刘曜曾任单于左辅，陈元达任单于右辅；前赵则改左、右辅为"左、右贤王"。所谓"左、右辅"，即原匈奴旧制大单于之下的"左、右贤王"而稍变其名，到刘曜时则径直称作"左、右贤王"。在左、右贤王以下，汉时则以左、右辅各主六夷十万落，万

1　见马长寿《氐与羌》，上海人民出版社，1984，第31～38页。
2　林幹《匈奴史》等谓刘聪曾自任大单于，误。前述石勒称帝后，不复兼大单于，而以大单于授其子弘。因此，一般说来，大单于由将要继承君位的储主担任。

落置一"都尉"。此都尉，也系汉国借用魏晋以来内迁匈奴五部，每部设"都尉"这一名称。值得注意的是，单于台所辖的"六夷"，以其原有的部落组织为基本单位，而不像晋人以"户"为单位。到刘曜时，左、右贤王以下，可能废"都尉"之名，仍沿匈奴旧俗，以"万户长"之类的名称代之。万落的长官无论叫都尉，还是其他名称，任职者"皆以胡、羯、鲜卑、氐、羌豪杰为之"。

4. 单于台统治的人民，是"六夷"，即除汉族以外的各少数民族，而且主要是以游牧或畜牧业为生的、以部落为组织形式的少数民族或统称为"胡"的民族。六夷中的"胡"，具体指匈奴，主要是那些仍保持着游牧生活、汉化不深的匈奴部落，如上述的黑匿郁鞠部等。至于早已入居内地，汉化既深，且已从事农耕的匈奴，则不在此列。羯，指羯胡，原匈奴统治下的部族，石勒即羯胡，其源于西域胡人。[1] 前述石勒投奔的张訇督、冯莫突亦可能是羯胡。鲜卑，汉赵国所统六夷中也有，如刘渊初即位有上郡四部鲜卑陆逐延附之，即是。氐、羌，乃是汉赵六夷中人数众多的两族，他们分布的地区主要在雍州（关中地区），如前述的氐酋单征及其子单冲，刘渊皇后即征之女；另有氐酋蒲洪，即后前秦苻氏的祖先。又如羌酋虚除权渠、北羌王盆句徐等。巴人，或称巴氐，系曹操平汉中后迁至关中等地，前赵时反抗刘曜的巴酋句徐、库彭等即是。《晋书·刘曜载记》云，曜滥杀巴酋，引起"巴氐尽叛，推巴归善王句渠知为主，四山羌、氐、巴、羯应之者三十余万"；又云："上郡氐、羌十余

1　参见唐长孺《魏晋南北朝史论丛》，第 414～426 页。

万落保峻不降，酋大虚除权渠自号秦王。"可见汉赵国内氐、羌、巴人之众。

5. 汉赵国的单于台系沿匈奴政治制度而来，如其最高首领称"大单于"，下设"左、右辅"（左、右贤王），以"万落"为行政单位，以"落"计户等。因此，按其性质来讲，单于台不仅是军事组织，而且是带有家属、牲畜财产的部落组织，与原来匈奴社会组织基本相同。正因为如此，汉赵的军队大部分出于单于台所统之六夷之中，故大单于基本掌握了汉赵的军队，地位十分重要。

除此而外，在汉赵未置单于台的时期，对一些归附的"六夷"部落首领，也赠以官爵。这些官爵名称，主要是原部落首领的称号或原匈奴官号，或杂以汉魏以来的官号。见于记载的如下。

亲汉王、都督部大 《晋书·石勒载记》云：勒说"胡部大张㖆督、冯莫突"等降渊，渊"署㖆督为亲汉王，莫突为都督部大"。亲汉王为仿汉魏以来王爵之制，都督部大则为莫突原号"部大"[1]，加"都督"而成。

率义侯 《资治通鉴》卷九一，晋元帝太兴二年（319）曜即位长安后，有略阳氐酋蒲洪降附，曜以洪为率义侯。此时，曜未置单于台，率义侯之封也只是名义上的爵位，时蒲洪在陇西略阳，前赵势力还未达于此。

征西将军、西戎公 如前所述，上郡羌酋虚除权渠为游子远击败后，降刘曜，曜以其为征西将军、西戎公。

平西将军、平襄公 《资治通鉴》卷九二，晋明帝太宁

---

1 《资治通鉴》卷八六，晋怀帝永嘉元年条胡注云："胡人一部之长，呼为部大。"

元年（323）记曜杀陈安后，陇右氏、羌皆送质任降，曜"以赤亭羌酋姚弋仲为平西将军、平襄公"。时前赵未设单于台，弋仲为以后建后秦的姚氏祖先。

散骑常侍、忠义大将军、左贤王 《晋书·刘曜载记》云：光初六年黑匿郁鞠送曜子还，曜封其首领郁鞠为"使持节、散骑常侍、忠义大将军、左贤王"，其左贤王之号显为原匈奴官号。此时曜还未设单于台，此左贤王非单于台之左贤王，只是一个荣誉称号。

北羌王、安国将军 《晋书·刘曜载记》记有降刘曜的北羌王、安国将军盆句徐，时曜也未设单于台。

三 关于"胡汉分治"问题

在分别探讨了汉赵国的两套官制及其特点之后，再总观汉赵政治制度的特点，就比较清楚了。正如过去许多论著中所说，汉赵国政治制度最突出的特点是"胡汉分治"，即设置胡汉两个系统的官制，分别统治汉族和胡族（六夷）。产生这种"胡汉分治"的原因，不外乎汉赵统治的地区既有人数众多以农业为主的汉族，又有从汉代以来陆续内迁、仍以游牧或畜牧为生的六夷部落；加之汉赵的统治者是内迁汉化之匈奴，他们既有维持匈奴旧习及制度的一面，又有因汉化而接受传统汉族文化和礼仪制度的一面。

因此，面对国内经济、文化及习俗相异的胡汉人民，汉赵统治者设置两个系统的官制，分别统治胡汉人民。这是时代的产物，即在十六国特定的历史条件下，才能产生这种"胡汉分治"。可是，有的学者却认为："大凡一个人数少而文化经济上又相对落后于被统治族的统治者，当其建立统治的最初阶段，往往采取武装殖民，以本族部落兵为主要统治力量，对被征服族进行军事统治，于是采取了族的分治，周统治商族实行的'国''野'之分，就表现了这一点。十六国时期的某些政权的统治者，也正是基于这种情况而实行了胡汉分治。"[1]事实证明，汉赵统治者正式置单于台，实行胡汉分治，不是在初期，而是在其盛时，而且对被统治族（汉族）不是实行"军事统治"。至于说"大单于及单于台的设置，是胡族落后国家机构形式在中原的残留，反映了民族压迫的存在"[2]，或者说这样"一个人为的胡汉分治的落后政策，阻碍民族融合的进程"[3]，那就更值得商榷了。

自战国秦汉以来，北方游牧民族匈奴所建政权与内地汉族所建政权的政治、经济、文化制度，都是根据各自民族的特点而形成的。两者各有其特点及其在人类社会发展过程中的作用。当然从社会性质方面看，有封建制度与奴隶制度的区别，但在制度本身的形式等方面是各有特色的，那种简单地称北方游牧民族政权的政治机构为"落后国家机构形式"的看法是不够妥当的。同时，用内地汉族那一套制度去管理北方少数民族之不合适，如同用北方少数民族政权的制度去统治内地的汉族之不合适。在汉赵国强盛时，六夷部落归附既众，完全用汉魏以来的统治机构去管理他们，就有些不合时宜。因此，汉赵统治采用和改造过去匈奴的旧制，设单于台专门管理"六夷"部众。这应该说是汉赵统治因地制宜的一种措施，而不应视为"胡族落后国家机构在中原的残留"。

1　见前引冯君实《十六国官制初探》。

2　见前引冯君实《十六国官制初探》。

3　万绳楠：《魏晋南北朝史论稿》，安徽教育出版社，1983，第136页。

事实上，自秦汉以来，内地汉族政权对于归附的一些边远的少数民族部落，同样设置"属国"，或各种"都尉""校尉""中郎将"，因地制宜地加以管理，且基本保持他们的部落组织形式，以其原部落豪酋为官员。这些措施和制度，其性质基本上与汉赵国的"单于台"制相同。

至于说设单于台，实行胡汉分治，就是"分而治之"，反映和加重了民族压迫，也不够确切。因为由内迁匈奴所建的汉赵政权里，匈奴是统治民族，汉族及其他少数民族均是被统治民族。因此，汉赵国内民族矛盾，主要是匈奴与汉族和其他少数民族的矛盾。而置"单于台"，主要是汉赵匈奴统治者为了加强对除汉族以外的各少数民族的管理和统治，以区别于对经济、文化和习俗不同的汉族的统治；它的设置与胡汉之间的民族矛盾似无直接的关系。其次，如果我们仔细分析汉赵所置单于台的情况，就会发现，其实行的"胡汉分治"与南凉那种"署晋人于诸城，劝课农桑以供军国之用，我则习战法以诛未宾"[1]的"胡汉分治"，有本质的不同，不能混而为一。因为南凉的"我则习战法"的"我"是指"国人"，即秃发鲜卑族，是南凉政权的统治民族，而不包括氐、羌等其他少数民族。故其"胡汉分治"，是指国人秃发鲜卑与汉族及其他各族人民的分治，即：一是统治民族，专以征战为事；二是被统治民族，以农耕、牧畜为业，以供军国之用。而汉赵国的"胡汉分治"，是以六夷与汉族分治，与南凉是有本质区别的。

至于说汉赵国的胡汉分治是否阻碍了民族融合的进程，

1　见《晋书》卷一二六《秃发利鹿孤载记》。

我们认为，内迁的各少数民族与汉族日益接触，融合自然是历史发展的趋势。如果汉赵统治者不采取"胡汉分治"的政策，而是用强迫同化的所谓统一的管理政策（这实际上是行不通的），才是真正违背历史发展、阻碍民族融合的。因为，用强迫同化促进民族融合，并不比采取"胡汉分治"以顺应各民族自然融合的趋势更为进步。

总之，对汉赵国置单于台，实行胡汉分治，应作新的评价。我们认为，单于台的设置，乃是汉赵统治者改造匈奴旧制，以适应新的历史时代要求的产物，这在中国封建社会的政治史上是可为称道的。在十六国民族关系复杂的特定历史条件之下，汉赵的单于台制，为十六国前期许多少数民族所建政权所继承，如上述的后赵，即早在称帝前，就"以大单于镇抚百蛮"[1]，后赵建平元年（330）石勒称赵天王后，以子弘为大单于。后燕慕容盛曾"立燕台，统诸部杂夷"[2]，《资治通鉴》卷一一一胡注云："二赵（前后赵）以来，皆立单于台以统杂夷，盛仍此立之。"至慕容熙即位，径直"改北燕台为大单于台，置左右辅，位次尚书"[3]。还有一些政权，如前秦、后秦、前燕、冉魏、西秦、南凉、北燕、夏国、仇池等，史籍虽未记载他们设置单于台，但是其君主或太子在初期均曾称"大单于"，或有"左右辅""左右贤王"之号，借以号召其他少数民族。尽管如此，因未见史籍记载其设单于台一套机构，故不能说这些政权也实行了这种胡汉分治。

---

1 《晋书·石勒载记》。

2 《资治通鉴》卷一一一，晋安帝隆安四年十二月条。

3 《晋书》卷一二四《慕容熙载记》。

第 七 章
汉赵国的政治制度

我们很赞同冯君实先生在其《十六国官制初探》一文中所述，不应忽视对十六国官制的研究，历代有关史书，如《通典》之类"不录十六国官制，是由于视这些政权为'僭伪'，这实属偏见"。通过前面对十六国中汉赵政治制度（主要是官制）的初步探讨，更加觉得冯先生的这个见解是完全正确的。汉赵国不仅在承继和发展汉魏以来的官制方面有一定的成绩，而且创造了与汉魏以来官制并行的单于台制，对以后中国封建王朝有一定的影响，它代表了一个时代的特点，应引起我们足够的重视。

汉赵国的社会形态

〖第八章〗

一　汉赵国的社会经济及社会性质

如前所述，内迁匈奴最集中的并州五部，其部落组织到晋初只是一种形式，部分匈奴已由原来的游牧转向农耕，有的变为汉族世家豪门的"佃客""部曲"，有的沦为奴婢。在入居内地漫长的二百多年时间内，内迁匈奴的经济逐渐由牧畜转向农耕，由原来奴隶制形态的部落组织向封建化过渡。这一过程，是他们逐渐汉化的过程，也就是我们探讨汉赵国社会经济和社会性质的前提。

汉赵政权建立后，在政治上基本承袭了汉魏以来的封建政治制度；在经济上，它面临的情况如何，又将会采取什么样的政策呢？

西晋末年，特别是经过八王之乱，黄河中下游地区，包括今天的陕西、山西、河南、山东等地，社会经济已经遭到严重的破坏。如赵王伦"自兴兵六十余日，战所杀害仅十万人"；镇邺城的成都王颖及齐王冏等与赵王伦大战，颖军败于黄桥，死者八千余人，赵王伦战死的士卒一万四千余人；齐王冏与张泓战于阳翟（今河南禹州），"百姓创痍，饥饿冻馁"[1]。张方攻陷洛阳，"大掠，死者万

---

1 《晋书·成都王颖传》。

计"[1]。后成都王颖进兵洛阳，张方决千金堨，水碓皆涸，
"公私穷踧，米石万钱"[2]。张方退回长安时，"掠洛中官私奴
婢万余人而西。军中乏食，杀人杂牛马肉食之"[3]。还有镇守
幽州的王浚，助赵王伦攻成都王颖于邺，其将祁弘率鲜卑
攻克邺城，"士众暴掠，死者甚多"，"鲜卑大略妇女，浚
命敢有挟藏者斩，于是沉于易水者八千人"[4]。至于汉魏以来
经济较为发达的关中长安一带，自西晋元康九年（299）以
氐帅齐万年为首的各族人民起事以后，饥馑日甚，造成了
洛阳、天水等六郡流民的大迁徙。后河间王颙镇长安，连
年参加八王争权的战争，又用兵镇压益州流民起义，致使
关中经济日益凋敝。正因为如此，自永嘉以来，中原土地
荒芜，人民大量流徙，形成庞大的流民队伍，辗转各地，
终于酿成各地流民的大起义。

西晋永安元年（304），刘渊起兵建立政权后，汉国把
主要精力用于灭晋及对付拥镇各地的西晋诸王，连年争战，
干戈不息，进一步加剧了中原地区经济的残破。以洛阳、长
安两京地区为例：汉光兴二年（311），刘聪遣曜等攻洛阳，
晋军前后十二败，"死者三万余人"，"时城内饥甚，人皆相
食，莫有固志"，王弥等入洛阳，"纵兵大掠"[5]，一度使洛阳
地空。又，汉嘉平三年（313）晋愍帝即位于长安，"时诸郡

---

1 《资治通鉴》卷八五，晋惠帝太安二年九月条。
2 《资治通鉴》卷八五，晋惠帝太安二年十一月条。
3 《资治通鉴》卷八五，晋惠帝永兴元年正月条。
4 《晋书·王浚传》。
5 《晋书·刘聪载记》。

百姓饥馑，白骨蔽野，百无一存"[1]。总之，晋末以来，黄河中下游地区经济遭到严重破坏，以前历史家往往怀有民族偏见，将破坏中原经济的责任完全推到匈奴所建的汉赵政权身上，这是有失公允的。

面对中原经济遭到严重破坏的局势，汉赵统治者将采取一些什么样的经济措施呢？由于史籍阙载，我们只能根据一些只鳞片爪的资料对汉赵国的社会经济状况及其采取的经济措施做一分析。

自东汉末年以来，随着封建割据的形成和发展、世家大族的兴起，许多以族为组织的坞堡出现了，由此农民人身依附关系加强，成为所谓的佃客、部曲。到晋末，坞堡的组织已不限于同族，坞堡的生产方式也大致采取了屯垦的形式，成为军事、经济相结合的政治实体。[2]《晋书》卷一〇〇《苏峻传》曰："永嘉之乱，百姓流亡，所在屯聚，峻纠合得数千家，结垒于本县（长广）。于时豪杰所在屯聚，而峻最强。"同书卷六三《邵续传》亦云："时天下渐乱，续去县还家，纠合亡命，得数百人……绥怀流散，多归附之。"刘渊起兵前后，由于中原经济遭到严重破坏，农民被迫离开土地，形成了庞大的流民队伍；有的被迫揭竿而起；有的随附晋朝官吏移地就食，号称"乞活"；有的则投归苏峻、邵续之流的坞主，结垒自保。因此，汉政权建立后，不仅要以全力对付西晋朝廷和诸王的势力，而且要与遍布各地的坞堡作战。汉政权每扩展一步，都必须战胜一些坞堡，控制人口和

1　《晋书·贾疋传》。

2　参见万绳楠《魏晋南北朝史论稿》，第 137 ~ 139 页。

粮食。如《晋书·刘元海载记》就说，渊即位初，曾"进据河东，攻寇蒲坂、平阳，皆陷之。元海遂入都蒲子，河东、平阳属县垒壁尽降"。又，同书《刘聪载记》亦云，聪即位后，曾令王弥、刘曜率军长驱入洛川，"周旋于梁、陈、汝、颍之间，陷垒壁百余"。时属汉的石勒"南寇襄阳，攻陷江西垒壁三十余所"，"陷冀州郡县保壁百余，众至十余万"等。[1] 其中所记之"垒壁""保壁"，就是上述的坞堡。

汉政权对降附的坞堡，一般是封其坞主以将军、都尉之号，以其精壮补充兵员，掠夺坞内粮食，其余则仍在原处进行农业生产，以供军国之用。如汉永凤元年（308），汉石勒、刘灵攻占汲郡、魏郡、顿丘，"百姓望风降附者五十余垒，皆假垒主将军、都尉印绶，简其强壮五万为军士，老弱安堵如故"[2]。对于攻陷的坞堡，则采取任命戍主、坞主，掠夺粮食，简派兵士的政策。如《晋书·刘聪载记》云："曜还师攻郭默于怀城，收其米粟八十万斛，列三屯以守之。"郭默实际上是刘琨假署晋朝官职的坞堡主，他与李矩、魏该等联合，一直与汉国对抗。总之，汉赵政权对其所控制的各地坞堡（垒壁），无论是以原坞主为将军、都尉，或另遣官吏进行管理，都基本保持了原坞壁内部的封建生产关系。或屯垦，或以家庭为单位分散经营小块土地，定期向汉赵政府缴纳租赋，并服徭役和兵役。

汉赵国建立后，在经济方面面临的最大困难还是劳动力的严重缺乏。永嘉以来，中原地区人口大量流徙，如刘琨于

---

1 《晋书·石勒载记上》。
2 《资治通鉴》卷八六，晋怀帝永嘉二年十一月条。

永嘉元年（307）为并州刺史，上任时沿途所见，百姓"流移四散，十不存二，携老扶弱，不绝于路"，时"并土饥荒，百姓随（司马）腾南下，余户不满二万"[1]。汉赵国先后以平阳、长安为国都，为了解决劳动力和兵员的问题，统治者采取了大批掠迁人口的措施。即每攻占一地，先掠夺大量的人口，强迫迁入国都附近易于控制的地区，以增加劳动力和兵员。这种掠迁人口，亦并非始于汉赵国，早在东汉末年各地军阀混战时已经开始，以后三国鼎立、西晋八王之乱时，均有过掠迁人口的事件。不过，在十六国时期，北方各割据政权互相争夺的形势之下，这种掠迁人口的事，几乎成了每一个政权必然采取的措施之一。[2] 现据文献所载，将汉赵掠迁人口的情况列表如下。

汉赵掠迁人口统计

编号	时间（公元）	掠迁对象	人数	迁徙地点	资料出处
1	311	呼延晏掠洛阳王公以下子女	二百余人	平阳	《晋书·刘聪载记》
2	311	刘曜掠池阳百姓	万余人	长安	同上
3	312	长安及四周郡县士女	八万余口	平阳	同上；《资治通鉴》卷八八
4	312	怀县士民	二万余户	平阳	同上
5	312	晋阳士民	？	平阳	同上
6	320	上郡氐、羌伊余兄弟及其部落	二十余万口	长安	《晋书·刘曜载记》

1 《晋书·刘琨传》。
2 参见唐长孺《魏晋南北朝史论丛》，第 157～160 页；关尾史郎《南凉政权与徙民政策》，《史学杂志》第 89 编第一号，1980。

续表

编号	时间 （公元）	掠迁对象	人数	迁徙 地点	资料出处
7	322	陇右百姓	万余户	长安	同上
8	323	秦州大姓杨、姜诸族	二千余户	长安	同上
9	323	仇池士女	八千余人	仇池*	同上
10	324	仇池民	三千余户	长安	《资治通鉴》卷九三；《晋书·刘曜载记》

* 此系前赵镇西将军刘厚追击氐王杨难敌，掠回士女于仇池。

上表所列仅是现存史籍有记载的，未见于记载的一定很多。除了掠迁人口外，还有大量的流民、少数民族部落投归汉赵国，如前所述，汉国都于左国城时，"二旬之间众已五万"，"晋人东附者数万"。因此，到嘉平四年刘聪置左右司隶及单于台时，平阳、河东等地户口达六十三万户，其中从事农业的人口有四十三万户。前赵建都长安，关中人口激增，仅上郡氐、羌就有十余万落；赵光初六年（323）刘曜攻河西，军队达二十六万之众。总之，在短短的几年之内，平阳、长安两都，先后集中了数十万人口，真是不容易的事。

人口的增加，说明汉赵国通过各种手段控制了大批的劳动力，统治者可能将大量荒地及无主之地分配给从事农业的流民，定期征收赋役，基本上沿袭了魏晋以来的封建剥削方式。《晋书·刘曜载记》曾云：曜"省酆水囿以与贫户"。酆水囿，当为前赵于今西安西沣水所建园苑，刘曜将此地分给贫户耕种，说明前赵还曾将一些荒地、园苑分给农民耕种。汉赵对这些自耕农民或坞堡内的农民（佃客、部曲），也征收租税和调发服役。如属汉的石勒曾在汉嘉平四年（314）"以幽、冀渐平，始下州阅实人户，户赀二匹，租二斛"[1]。此时石勒仍属汉国，因其占领幽、冀二州，故依汉国之制开始阅实户口，收取租赋。又，史载前赵刘曜曾"复百姓租税之半"[2]。这一切都证明汉赵国是按魏晋以来的封建方式对从事农业的广大汉族农民征收租税的。广大汉族人民负担的徭役十分繁重，汉赵统治者无限制地调发徭役，滥用民力，致使其国力衰弱。这是汉赵最后为后赵所灭的原因之一。刘聪时，皇太子、相国刘粲"好兴造宫室，相国之府仿像紫宫，在位无几，作兼昼夜，饥困穷叛，死亡相继"。刘曜即位后，为其父、妻营造陵墓，费至亿计，计六万夫，百日作，用六百万功，"役夫呼嗟，气塞天地，暴骸原野，哭声盈衢"[3]。后曜又遣将作大匠胡元增二陵高九十尺。又，曜召构殿巧手三千人，发阳平等十郡车牛五千乘，运土筑建德殿台。[4]

尽管如此，由于汉赵的京都平阳及后来的长安一带，集中了大量的农业人口，在一个时期内，此两地的农业生产与遭到严重破坏的中原其他地区相较，还是有所恢复和发展的。特别是刘曜即位以后，还采用了一些促进农业生产发展的措施，如上述减免百姓租税之半，以及"禁无官者不听乘马，禄八百石已上妇女乃得衣锦绣，自季秋农毕，乃听饮酒，非宗庙社稷之祭不得杀牛，犯者皆死"等。汉赵国还设

---

1 《晋书·石勒载记上》。
2 《晋书·刘曜载记》。
3 《晋书·刘曜载记》。
4 《太平御览》卷一七五引《赵书》。

置了"大司农""都水使者"等农官；前者主要"掌诸钱谷
金帛诸货币"[1]，后者"主陂池灌溉，保守河渠"[2]。汉元熙二年
（305）离石大饥，刘渊徙至黎亭就谷，使大司农卜豫运粮
接济。当然，由于汉赵国连年征战及滥用民力，农业发展
是十分缓慢的；同时由于人口过于集中，一遇灾害，后果
十分严重。最突出的例子是前述平阳左右司隶部，遇蝗灾，
"民流殍者什五六"，"平阳饥甚，司隶部人奔于冀州二十万
户"[3]。

汉赵国还因政治或军事等原因，而修筑了一些城镇。除
了前述刘渊修筑京都平阳城及刘聪修筑平阳西的西平城以
外，见于记载的还有如下城镇。

鹅城 《元和郡县图志》卷一三河东道清源县（今山西
清徐）下云："鹅城，在县东南二十二里。《晋阳春秋》曰：
'永嘉元年，洛阳步广里地陷，有二鹅，色黄苍者飞冲天，
白者不能飞。苍杂色，故夷之象，刘曜以为己瑞，筑此城以
应之。'"[4]疑刘曜为刘渊之误。

大于城 同上书文水县（今山西文水）条云："大于城，
在县西南十一里。本刘元海筑，令兄延年镇之，胡语长兄为
大于，因以为名。"

八门城 同上书西河县（今山西汾阳）条云："八门城，
在县北十五里。刘元海遣将乔嵩攻西河，筑营自固，营有八

---

1 《后汉书·百官志》。
2 《晋书·职官志》。
3 《资治通鉴》卷八九，晋愍帝建兴四年七月条；《晋书·刘聪载记》。
4 按，《太平寰宇记》卷四"清源县"条《晋阳春秋》作《晋阳秋》，是。又，
"故夷之象"作"胡夷之象"，是。

门，因名。"

在汉赵社会中，从事农业、手工业、牧业生产的还有奴隶。奴隶的来源主要是战俘，其次是犯罪的官吏、士民被充入奚官者。《晋书·刘曜载记》记：长水校尉尹车与巴酋等谋反，曜杀之，氐、羌、巴人尽叛。游子远谏曰"……今死者不可追，莫若赦诸逆人之家老弱没奚官者"，可见汉赵对犯罪者的家属使没入奚官，即为官奴，从事生产。

汉赵国内还有大量从事游牧或畜牧业的"六夷"，最多的是氐、羌、巴、羯，其次是乌丸、鲜卑、卢水胡等。在政治上，因归降或被征服的六夷日益增多，故汉赵统治者设单于台进行管理，单于左、右辅（左、右贤王）以下，均由六夷原首领担任。六夷部落，主要从事游牧、畜牧，其中有一小部分亦从事农业或半农半牧。《晋书·刘曜载记》记：归降前赵的北羌王、安国将军盆句徐，为后赵石他所击，"俘三千余落，获牛马羊百余万而归"。则盆句徐的部落主要从事畜牧，石他所掠的牲畜达百余万头，可见他们的畜牧业是十分发达的。六夷部落首先要向汉赵统治者送"质任"，如刘曜攻占陇右灭陈安后，"氐、羌悉下，并送质任"。其首领不仅接受汉赵的官爵，而且要到大单于处服役供职；刘聪时，大单于刘义被诬谋反，粲等收氐、羌酋长严刑拷问，因他们曾在刘义的东宫服事供职之故。汉赵统治者可能还定期向六夷部落征收贡赋，征发部众参加战争。如乌丸张伏利度随石勒降刘渊后，渊即以伏利度部众配给石勒为军。又，《晋书·刘曜载记》云曜"率中外精锐以赴之，行次雍城"；"中"，当指晋人及汉化之匈奴部队，"外"，则专指"六夷"部落兵。

综上所述，知汉赵国在经济制度等方面基本上也承袭了
汉魏以来内地的封建制度；其国内社会经济主要是农业，其
次是畜牧业；其社会的生产方式，也沿袭了汉魏以来内地的
生产方式。汉赵国政权是一个地地道道的封建政权。

二　汉赵国的阶级关系和民族关系

汉赵之社会形态既然属封建社会，其国内的阶级关系和
民族关系也就比较容易了解了。汉赵政权系由内迁匈奴所
建，匈奴为统治民族，其封建贵族属于封建统治阶级的上层
部分，其次汉族世族豪门及一些其他民族的首领、豪酋，也
成为统治阶级的组成部分。而广大的汉族农民（晋人）、各
少数民族部民，则成为被统治阶级。汉赵封建统治阶级与被
统治阶级的矛盾，就是汉赵社会的基本矛盾，即封建地主阶
级和农民阶级的矛盾。

可是，由于汉赵国内民族关系复杂，作为统治民族的是内
迁的匈奴族，被统治民族主要是人口众多、文化发达的汉族
以及其他少数民族。汉、匈之间，匈奴与其他各族之间的民
族矛盾是存在的。而汉赵国内阶级矛盾与民族矛盾往往交织
在一起，形成一种错综复杂的局面，即社会的阶级斗争往往
带有民族斗争的色彩。比如上述平阳、河东蝗灾，司隶部人
二十余万逃奔冀州投石勒的事件，司隶部人绝大部分是晋人
（汉族），灾荒是促使他们以逃亡的方式进行反抗的直接原因，
但最根本的原因还在于汉赵匈奴统治者对他们残酷的剥削和
压迫。他们的反抗斗争是阶级矛盾同时也是民族矛盾尖锐的
反映。又如前赵光初三年，因刘曜滥杀巴酋引起关中四山氏、
羌、巴、羯二十余万人起事，这一事件应是汉赵匈奴统治者

对这些少数民族施行阶级压迫和民族压迫的结果。后在游子远以抚为主的方针之下，氐、羌等起义失败，刘曜又强迁上郡氐、羌首领伊余等部二十余万于长安，以便于控制。

从汉赵政权的历史来看，一般说来，其国内的民族矛盾比之后赵，还是较为缓和的。这可能与其统治者刘氏及整个内迁匈奴汉化程度较深有关。在汉国初期，刘渊打着"汉"旗号，一时还得到汉族人民的拥护，胡汉之间的矛盾还不突出。可是，在汉国攻占洛阳、长安两京，滥杀晋朝君臣及士民之后，汉胡民族之间的矛盾开始日趋尖锐。加以各地坞堡打着"晋"旗号，拥众自立，与汉赵相对抗，使胡汉之间的矛盾进一步加深。汉赵统治者对汉族官吏及百姓也处处防范，怀有戒心。汉刘粲即位后，为靳准所杀，"尚书北宫纯、胡崧等招集晋人，保于东宫，靳康攻灭之"[1]。这一事件即反映了汉族官吏和人民在汉国内乱时，聚众自保的情况，说明胡汉之间的矛盾还是比较尖锐的。

任何事物都有两面性。汉赵国内的民族关系，既有矛盾的一面，也有同一的一面。也就是说，汉赵国的建立，使胡汉两族（甚至更多的其他少数民族）处于一个统一的政权之中。这对于内迁匈奴及其他少数民族的进一步汉化，起了一定的促进作用。黄烈先生在其《五胡汉化与五胡政权的关系》[2]一文中，论述了"五胡政权不能不反过来对本族社会起严重影响，加深本族内部的分化，促进本族与汉族社会发生广泛的联系，从而导致本族共同体的解体"。文内论述的各

---

1 《晋书·刘聪载记附粲传》。

2 文载《历史研究》1963 年第 3 期。

点，基本上符合五胡政权中汉赵国内的情况，汉赵政权建立的本身，就加速了国内各民族融合。对此，我们参考黄烈先生的论点，做进一步分析。

建立汉赵政权的内迁匈奴，作为一个"族的共同体"，事实上早在晋末已经基本上解体；所谓并州"五部匈奴"，不过是保留了族的共同体的躯壳而已。汉赵政权建立后，基本上承袭了汉魏以来汉族政权的政治制度，作为统治民族的匈奴上层贵族多被封以原汉族政权的官爵名号，与数量众多的汉族官吏共同执掌政权，通过官爵取得俸禄、食邑和赏赐的权利，直接或间接地剥削广大的汉族人民。他们的思想、习尚和学习的典籍逐渐与汉族士大夫、官僚合而为一。久而久之，他们与汉族官僚事实上已没有多大的差别了。试观《晋书》有关刘元海、刘聪、刘曜等载记，出身匈奴的官吏如陈元达、刘义、卜翊、乔豫等劝谏刘聪、刘曜的言论，无异于汉族士大夫的口吻。从此，就可知当时匈奴贵族汉化之深。[1]

至于一般内迁匈奴和其他少数民族部众，则处于被统治阶级的地位；汉赵虽然专门设置单于台，实行胡汉分治，但是他们与广大汉族同处一国之中，通过各种渠道相互接触日益频繁，加速了相互融合的过程。比如，胡汉人民均要服兵役，汉国初期的军队大多为内迁匈奴及胡羯等少数民族的部落兵，后来汉族人大量被征入伍，改变了汉赵军队的民族成分。刘曜经常率所谓"中外"精锐出征，就说明胡汉军队经常一起参加战争，这有利于各少数民族的汉化。又如，作为

1　详细论述见后。

统治民族的内迁匈奴，随着占领区域的扩大，为巩固政权，将族人分驻各地。刘聪时，先后两次占领长安，匈奴军队（包括鲜卑、氐、羌等军队）随刘曜一起进驻关中，以后又扩大到陇右等地。"这也进一步造成了民族的混杂错居，有利于民族界限的打破。"[1] 还有汉赵国内民族矛盾和阶级斗争，也是造成民族迁徙，错居杂处，增强各族人民联系的一个重要方面。如前所述，汉司隶部人三十余万之向石勒统治的冀、并等州的流徙；刘曜迁关中氐、羌伊余及其部落二十余万于长安；曜平陈安后，迁秦州杨、姜大姓二千余户于长安等。这就必然改变汉赵国内民族居住地区的布局，大大有利于各族的相互接近和相互融合。

最后，汉赵国灭亡的本身，也就注定了内迁匈奴这个"族的共同体"的最终瓦解。前赵为后赵所灭，刘氏一族及将王公卿校以下三千余人，还有"五郡屠各"五千余人，被后赵坑杀；此外一部分被徙入襄国，其余的匈奴则分散于北方各地，均为后赵所统治。他们有的避入山中，与当地其他各族杂居，成为以后史书所云之"稽胡"（山胡）之类的杂胡，而绝大多数逐渐融合到汉族之中。汉赵国灭亡后，作为内迁匈奴的"族的共同体"在历史上已经消失，史籍中也从此再未见关于内迁匈奴活动的明确记载，更说不上再入主中原重建政权了。

三 汉赵国的文化

汉赵国文化最突出的特点，是匈奴统治阶级以汉族传统

1　见前引黄烈《五胡汉化与五胡政权的关系》。

的文化作为整个社会上层建筑的思想基础，学习不遗余力，以至使其渗透到社会习俗、伦理道德、文学、史学和艺术等各个方面。

首先表现在汉赵统治者匈奴刘氏一族汉化很深，对汉族传统的文化有较高的修养之上。如前所述，刘渊的从祖刘宣曾师事名儒乐安孙炎，"好《毛诗》《左氏传》"，深得其师的赞赏。渊本人师事上党名儒崔游，对汉族典籍，无不综览，深受汉族儒家学说的影响。渊同游门生范隆、朱纪，自汉国建立起，即为汉大臣，位至三公，对刘氏有较大的影响。渊子刘和，"好学夙成，习《毛诗》《左氏春秋》《郑氏易》"。另一子聪，"年十四，究通经史，兼综百家之言"，"工草隶，善属文，著述怀诗百余篇、赋颂五十余篇"，对汉族文学有很深的功底。刘曜亦是"读书志于广览，不精思章句，善属文，工草隶……尤好兵书，略皆暗诵"。刘渊父子两代人，大都在西晋的政治中心洛阳生活过一段时间，广泛与汉族名士、官僚往来，洞悉西晋王朝的一整套政治、经济制度以及上层建筑、意识形态等。这样，他们即位后，才能轻而易举地承继汉魏以来的文化制度，大力提倡和推行汉族文化。

至刘渊的第三代，对汉文化的研习仍然不断。《太平御览》卷六一〇引萧方等《三十国春秋》曾记载：刘聪子"汉大将军、东平王约，汉王聪戏之曰：'汝诵何书，味何句也？'约曰：'臣诵《孝经》，每咏身体发肤，受之父母，不敢损伤。至于在上不骄，高而不危，未尝不反复诵之。'聪大悦。"这则记载说明刘氏一族从小研习汉族传统典籍，汉族的伦理道德也逐渐为他们所接受。又，刘曜子刘熙，也是从小受汉族儒学熏陶长大的。刘氏宗族中还有不少汉化很深的人物，如刘渊兄刘延年，史称其"年十五丧二亲，奉叔父孝闻"[1]。

除匈奴刘氏一族外，其他内迁匈奴平民中也有许多著名的汉化知识分子。如陈元达、卜珝等人。元达，《晋书·刘聪载记》后附有传，其原为匈奴后部人，"少而孤贫，常躬耕兼诵书，乐道行咏，忻忻如也"；先后任汉赵国黄门郎、廷尉、左司隶、右光禄大夫、御史大夫、仪同三司等。史称其"在位忠謇，屡进谠言，退而削草，虽子弟莫得而知也"。卜珝，《晋书》将其列入《艺术传》中，云其为"匈奴后部人也"，"少好读《易》"，为当世易学大师，故《晋书》为之立传。

在史学方面，自魏晋以来中国史学日趋发达，官修、私人撰修的史书，无论数量还是质量都是相当可观的。汉赵立国后，统治者匈奴刘氏一族承继了魏晋的传统，设置专门的史官"左国史"，进行史书修撰。唐刘知几《史通》卷一二《古今正史》云："十六国史，前赵刘聪时，领左国史公师彧撰《高祖本纪》及《功臣传》二十人，甚得良史之体。凌修谮其讪谤先帝，聪怒而诛之。刘曜时，平舆子和苞撰《汉赵记》十篇[2]，事止当年，不终曜灭。"《礼记·玉藻》记周朝曾设置史官："左史"和"右史"，云"动则左史书之，言则右史书之"。春秋时晋、楚两国均置左史。后世亦有沿置，然不常置。汉赵所置"左国史"，当由周以来所置"左史"而来。公师彧、和苞所撰汉赵国史书今已佚，仅在现存唐、宋

---

1 《太平御览》卷四二一引《前赵录》。
2 《太平御览》卷四二一引《前赵录》云："按，《隋志》前赵则《汉赵记》十卷，《唐志》作十四卷，和苞撰。"

的一些类书，如《太平御览》《初学记》《北堂书钞》《艺文类聚》等书中，还可见到一些片段。汉赵以后，十六国各政权大都设史官，修国史；而史官多为汉族士大夫任之，这样就不断发生国史修成、史官被杀的事件。刘聪因信谗言，恨公师彧所修国史对其父刘渊不敬而杀之。前秦氏族苻坚见《起居注》记其母苟太后与将军李威的关系，而焚史书，"大检史官"，因著作郎赵泉、车敬等已死，乃止。[1] 甚至北魏崔浩之被诛，也与其撰修国史有关。[2]

在仪礼制度、音乐艺术等方面，汉赵国也承袭了汉魏以来的传统。《晋书》卷二三《乐志》云："永嘉之乱，海内分崩，伶官乐器，皆没于刘、石。""刘"，即指汉赵。故汉赵设"太常"内统太乐、鼓吹等令，又置乐府，行原汉族政府的礼乐制度。《晋书·刘曜载记》曾云曜平陈安后，闻陇上人歌陈安的"壮士之歌"而"嘉伤"，"命乐府歌之"；又赠其大司马刘雅"前后鼓吹各二部"等。

总之，从上述的情况看，汉国的文化基本上是承袭了汉魏以来传统的汉族文化；在语言、文字、文学、史学、艺术、伦理道德等各个方面，无不渗透了汉族文化思想，这是值得我们注意的。

不仅如此，前赵统治者刘曜还极力在国内推广汉族文化，设置专门机构，教授生徒，并从学生中选拔官吏。《晋书·刘曜载记》云："曜立太学于长乐宫东，小学于未央宫西，简百姓年二十五已下十三已上，神志可教者千五百人，

---

1 《晋书》卷一一三《苻坚载记》。
2 《魏书》卷三五《崔浩传》；周一良：《北朝的民族问题与民族政策》，载《魏晋南北朝史论集》，中华书局，1963。

选朝贤宿儒明经笃学以教之。以中书监刘均领国子祭酒。置崇文祭酒，秩次国子。散骑侍郎董景道以明经擢为崇文祭酒。"又，汉赵国有"博士张师""博士祭酒台产"等。国子祭酒、崇文祭酒、博士、博士祭酒，皆为晋时太常所属国子学官员，专门教授生徒，学习汉文典籍。汉赵承此，亦设有这些官职。前述之董景道，《晋书》撰者将其列入《儒林传》中，云其为弘农人，"少而好学，千里追师，所在惟昼夜读诵，略不与人交通。明《春秋三传》《京氏易》《马氏尚书》《韩诗》，皆精究大义"。曜聘其为崇文祭酒，以教生徒[1]，可见曜对推广汉族文化的重视。更有甚者，曜还"临太学，引试学生之上第者拜郎中"，也就是从学生中选拔官吏。

仅从上引一些零星的资料来看，过去一些史家一概斥责十六国时少数民族所建政权是"乱华"，加之以"破坏文化"，使中国文化陷于停滞不前等论调，是有失公允的。

在汉赵国内，从上至下汉化是一个总的趋势，但同政治、经济方面一样，文化上仍然保存了一些匈奴的旧俗。这正如《晋书·刘曜载记》后附唐代史臣所说："若乃习以华风，温乎雅度；兼其旧俗，则罕规模。"所云汉赵"兼其旧俗"一点，是言之中肯的。关于在政治、经济方面，汉赵"兼其旧俗"的情况，前已论述。现就匈奴刘氏一族本身略加引述。

《晋书·刘聪载记》云聪即位后，以其后母单氏（氏族）为皇太后，"单氏姿色绝丽，聪烝焉"。后聪皇后呼延

---

1 按，《晋书·董景道传》云曜征其为太子少傅、散骑常侍，"并固辞，竟以寿终"，与《载记》所云不合，从《载记》。

氏死，纳刘殷及诸大臣女，有"六刘之宠"；最后佩皇后
玺绶者七人。又，聪子粲即位后，又烝其后母靳氏、樊氏、
宜氏、王氏等。以上的一切，历来被史家斥为"乱伦""淫
乱后宫""无复纲纪"，等等；就是匈奴出身的陈元达、刘
乂等也如此看待而加以切谏。事实上，刘聪之烝单氏、刘
粲之烝诸后母，原本是匈奴等西北少数民族的旧俗。《史
记》卷一一〇《匈奴列传》云："其俗……父死，妻其后母；
兄弟死，皆娶其妻妻之。"但是，这种习俗，在汉族看来则
是大逆不道的乱伦行为。又，匈奴单于、贵族是多妻的，
单于妻名阏氏（Yanzhi），每个单于无不阏氏成群。[1] 匈奴
的阏氏相当于汉族政权的皇后，故聪沿匈奴旧俗，封敕众
多的皇后，这又违背了汉族政权皇帝只有一个皇后的封建
制度。因此，陈元达等认为刘聪此举乃是"无复纲纪"了。
其实，自秦汉以来汉族皇帝的后宫，哪一个不是妃嫔成群
的呢？当然，我们这样讲，不是为刘聪之流淫乱后宫、不
理国事、误国殃民的行为作辩护，只不过是指出刘聪等人
的行为，多少保留了匈奴的旧俗而已。

---

[1]　见林幹《匈奴史》，第 133 页。

汉赵职官表

〖 附录一 〗

（一）匈奴刘渊一族任职官员

编号	姓名	族属	所任职官	资料来源
1	刘雄	匈奴（刘渊弟）	司徒	《金石录》卷三
2	刘宣	匈奴（刘渊从祖）	原为右贤王、北部都尉，后任汉丞相	《晋书·刘元海载记》
3	刘延年	匈奴（刘渊兄）	封江都王，任大司空、太保、太宰、录尚书六条事	《晋书·刘元海载记》；同书《刘聪载记》；《元和郡县图志》卷一三
4	刘曜	匈奴（刘渊族子）	封始安王、中山王、秦王，先后任建武将军、龙骧大将军、车骑大将军、开府仪同三司、雍州牧、大司马、太宰、相国、丞相等	《晋书》载记等
5	刘聪	匈奴（刘渊子）	封楚王，先后任抚军将军、车骑大将军、大司徒、大司马、大单于、录尚书事等	《晋书》载记；《资治通鉴》等
6	刘畅	匈奴（刘聪从弟）	征东大将军	《晋书·石勒载记下》
7	刘和	匈奴（刘渊子）	封梁王，皇太子，先后任大将军、卫军将军、大司马	《晋书·刘元海载记附和传》
8	刘裕	匈奴（刘渊子）	封齐王，任大司徒	《晋书·刘元海载记》
9	刘隆	匈奴（刘渊子）	封鲁王，任尚书令	同上
10	刘义（刘乂）	匈奴（刘渊子）	封北海王、北部王、皇太弟，先后任抚军大将军，领司隶校尉、大单于、大司徒等	《晋书·刘元海载记》；同书《刘聪载记》；《资治通鉴》等

续表

编号	姓名	族属	所任职官	资料来源
11	刘粲	匈奴（刘聪子）	封河内王、晋王、皇太子，先后任抚军大将军、丞相、大将军、录尚书事、相国等	《晋书·刘元海载记》；同书《刘聪载记附粲传》；《资治通鉴》等
12	刘易	匈奴（刘聪子）	封河间王，先后任车骑大将军、骠骑大将军、太尉、太宰等	《晋书》载记；《资治通鉴》等
13	刘翼（刘翌）	匈奴（刘聪子）	封彭城王，任卫将军	《晋书·载记》；《太平御览》卷一九四引《前赵录》
14	刘悝	匈奴（刘聪子）	封高平王，任征南将军，镇离石	《资治通鉴》；《晋书》载记等
15	刘恭	匈奴（刘聪嫡兄）	？	《资治通鉴》卷八七
16	刘敷	匈奴（刘聪子）	封勃海王，任大将军	《资治通鉴》卷八八
17	刘持	匈奴（刘聪子）	封赵王	同上
18	刘权	匈奴（刘聪子）	封秦王	同上
19	刘鸿	匈奴（刘聪子）	封楚王	同上
20	刘鸾	匈奴（刘聪子）	封燕王	同上
21	刘操	匈奴（刘聪子）	封魏王，任征东将军，镇蒲子	同上
22	刘劢	匈奴（刘聪子）	封齐王，任大司徒	《资治通鉴》卷八八
23	刘骥	匈奴（刘聪子）	封济南王，任征西将军、大将军、录尚书事、骠骑大将军、大司马等	《晋书》载记；《资治通鉴》等
24	刘恒	匈奴（刘聪子）	封代王	《资治通鉴》卷八八
25	刘逞	匈奴（刘聪子）	封吴王，任车骑大将军	《资治通鉴》；《晋书》载记
26	刘朗	匈奴（刘聪子）	封颍川王	《资治通鉴》卷八八
27	刘皋	匈奴（刘聪子）	封零陵王	同上
28	刘旭	匈奴（刘聪子）	封丹阳王	同上

编号	姓名	族属	所任职官	资料来源
29	刘京	匈奴（刘聪子）	封蜀王	同上
30	刘坦	匈奴（刘聪子）	封九江王	同上
31	刘晃	匈奴（刘聪子）	封临川王	同上
32	刘约	匈奴（刘聪子）	封东平王，任大将军	《太平御览》卷三六引《前赵录》；同书卷六一〇引《三十国春秋》；《晋书·刘聪载记》
33	刘康（刘衷）	匈奴（刘聪子）	封会稽王	《晋书·刘聪载记》等
34	刘元公	匈奴（刘粲子）	立为皇太子	《晋书·刘聪载记附粲传》
35	刘熙（刘毗）	匈奴（刘曜子）	立为皇太子	《晋书·刘曜载记》
36	刘袭	匈奴（刘曜子）	封长乐王	同上
37	刘阐	匈奴（刘曜子）	封太原王	《晋书·刘曜载记》；《资治通鉴》卷九一
38	刘冲	匈奴（刘曜子）	封淮南王	同上
39	刘敞	匈奴（刘曜子）	封齐王	同上
40	刘高	匈奴（刘曜子）	封鲁王	同上
41	刘徽	匈奴（刘曜子）	封楚王	同上
42	刘晖	匈奴（刘曜弟）	？	同上
43	刘俭	匈奴（刘曜长子）	封临海王	同上
44	刘胤	匈奴（刘曜子）	封永安王，任侍中、卫大将军，开府仪同三司，录尚书事，领太子太傅，号皇子。后又为大司马、大单于，封南阳王	同上

（二）刘氏宗族任职官员

编号	姓名	族属	所任职官	资料来源
1	刘宏	匈奴（刘氏宗族）	原为左于陆王，后任太尉	《晋书·刘元海载记》
2	刘钦	同上	封安邑王，任虎牙将军，后领武卫将军	同上
3	刘景	同上	封汝阴王、上洛王，先后任大将军、灭晋大将军、平虏将军、司空、大司马、左禄、太傅、太师、太宰等	《晋书》载记；《资治通鉴》等
4	刘欢乐	同上	封陈留王，先后任尚书令、大司徒、太傅、太宰	《晋书》载记等
5	刘洋	同上	封长乐王，任大司马、太傅	《晋书》载纪；《资治通鉴》等
6	刘俊	同上	封上郡王	《太平御览》卷四一六引《十六国春秋》
7	刘厉	同上	封安阳哀王，任平晋将军	《资治通鉴》卷八七
8	刘贤	同上	封曲阳王，任都护大将军	同上
9	刘安国	同上	封永安王，领右卫将军	同上
10	刘盛	同上	封安昌王，领武卫将军	同上
11	刘璿	同上	封西阳王，领武卫将军	同上
12	刘锐	同上	封西昌王，任卫尉	《晋书·刘元海载记附和传》
13	刘乘	同上	侍中	《晋书·刘元海载记附和传》
14	刘虎	铁弗匈奴	封楼烦公	《资治通鉴》卷八七
15	刘丰	匈奴（刘氏宗族）	任前将军、并州刺史、镇北将军	《晋书·刘聪载记》；《资治通鉴》等
16	刘摅	同上	封襄陵王，任左都水使者	《晋书·刘聪载记》
17	刘雅（刘雅生）	同上	任安西将军、左光禄大夫、征北大将军、车骑将军、大司徒、大司马、太宰，后封中山王	《晋书》载记；《资治通鉴》等

续表

编号	姓名	族属	所任职官	资料来源
18	刘参	同上	右将军	同上
19	刘策	同上	封安定王,任并州牧,镇北将军	《太平御览》卷六八二引《前赵录》等
20	刘丹	同上	大司马	《晋书·刘聪载记》
21	刘勋	同上	骑兵将军	《资治通鉴》卷九〇;《晋书·刘聪载记》
22	刘颛	同上	封昌国公,任太师、录尚书事	《晋书·刘聪载记》
23	刘颉	同上	?	《资治通鉴》卷九〇
24	刘岳	同上	封广平王、中山王,任征东大将军、侍中、都督中外诸军事等	《晋书·刘曜载记》
25	刘成	同上	封汝南王,任太尉、录尚书事	同上
26	刘昶	同上	封河南公,任侍中、大司徒、太保、录尚书事	同上
27	刘述	同上	封河间王,任骠骑将军、大司徒	同上
28	刘遵	同上	?	同上
29	刘震	同上	?	同上
30	刘厚	同上	任平西将军、镇西将军	同上

（三）其他匈奴族任职官员

编号	姓名	族属	所任职官	资料来源
1	陈元达	匈奴	先后任黄门郎、廷尉、左司隶、右光禄大夫、御史大大、仪同三司	《晋书》载记;《资治通鉴》等
2	乔晞	匈奴①	冠军将军	《晋书·列女传》;《资治通鉴》等
3	綦毋㹠	匈奴②	将	《魏书·刘聪传》等
4	卜豫	匈奴③	大司农	《晋书·刘元海载记》

续表

编号	姓名	族属	所任职官	资料来源
5	呼延翼	匈奴④（渊皇后父）	先后任御史大夫、大司空、太傅、太宰，封雁门郡公	《晋书·刘元海载记》；《资治通鉴》等
6	綦毋达	匈奴	特进、镇东将军	同上
7	李景年	匈奴（前部人）	虎牙将军	《太平御览》卷三五一引《前赵录》
8	呼延颢	匈奴	征虏将军	《晋书·刘聪载记》
9	呼延朗	同上	冠军将军	同上
10	乔智明	同上	先后任廷尉、冠军大将军，领单于右辅。后又任司隶校尉	《晋书》载记；同书卷九〇《良吏·乔智明传》
11	呼延攸	同上	宗正	《晋书·刘元海载记附和传》
12	呼延晏	同上	先后任卫尉、前军大将军、右仆射、大司空、太保、录尚书事、司空、太傅	《晋书》载记；《资治通鉴》等
13	靳准	匈奴⑤	先后任中护军、行车骑大将军、大司空、领司隶校尉、大将军、录尚书事	《晋书·刘聪载记》；《资治通鉴》
14	靳冲	同上	镇北将军	《晋书·刘聪载记》
15	卜珝	同上	先后任侍中、光禄大夫、太常、使持节、平北将军	《晋书》卷九五《艺术·卜珝传》
16	靳陵	同上	封望都公，任将作大匠	《晋书·刘聪载记》
17	卜抽	同上	冠威将军	同上
18	卜崇	同上	左卫将军	同上
19	卜幹	同上	侍中	同上
20	乔诗	同上	黄门侍郎	同上
21	靳明	同上	车骑将军、尚书令	《晋书·刘聪载记附粲传》
22	靳康	同上	卫将军	同上
23	卜泰	同上	先后任侍中、左光禄大夫、上光禄大夫、仪同三司、太子太傅、大司空	《晋书》载记；《资治通鉴》等
24	乔泰	同上	左车骑将军	同上
25	乔豫	匈奴	封安昌子，任侍中、谏议大夫	同上

续表

编号	姓名	族属	所任职官	资料来源
26	呼延寔	同上	将	《晋书·刘曜载记》
27	呼延瑜	同上	卫军将军	同上
28	呼延青人（呼延青）	匈奴	辅威将军	《晋书·刘曜载记》；《资治通鉴》
29	呼延谟	同上	日逐王、镇东将军、弘农太守	《晋书·李矩传》；同书《载记》等
30	郝述	匈奴⑥	尚书	《晋书·刘曜载记》
31	呼延那鸡	同上	冠军将军	同上
32	乔属	同上	将	《晋书·列女传》
33	乔度	同上	黄门侍郎	《晋书》卷八九《忠义·辛勉传》
34	卜休	同上	平虏将军	《太平寰宇记》卷四三
35	乔嵩	同上	将	《元和郡县图志》卷一三
36	王石武	休屠	平西大将军、秦州刺史、封酒泉王	《晋书·刘曜载记》
37	兰阳	匈奴⑦	荡晋将军	《资治通鉴》卷八八
38	黑匿郁鞠	匈奴	使持节、散骑常侍、忠义大将军、左贤王	《晋书·刘曜载记》
39	乔琮	匈奴	将	《太平寰宇记》卷四五
40	綦毋刿	匈奴	同上	同上

注释：

① 按，《晋书·列女·贾浑妻宗氏传》记：宗氏骂乔晞为“屠各奴”，知其为匈奴。又，同书《北狄匈奴传》亦云匈奴四贵姓中有“乔氏”。

②《晋书·北狄匈奴传》云：“其国人有綦毋氏、勒氏……”则綦毋氏为匈奴。

③《晋书·北狄匈奴传》云匈奴四贵姓中有“卜氏”。

④呼延氏亦为匈奴四贵姓之一，而且最贵。（《晋书·北狄匈奴传》）

⑤据《晋书·刘聪载记附粲传》记：王延骂靳准为“屠各逆奴”，知靳氏为匈奴。

⑥《晋书》卷四《惠帝纪》记永平四年，有“匈奴郝散反”。知匈奴有郝氏，郝述可能亦为匈奴。

⑦《汉书》卷九四《匈奴传上》记：匈奴有“呼衍氏、兰氏，其后有须卜氏，此三姓，其贵种也”。兰阳，应为匈奴兰氏。

（四）汉族任职官员

编号	姓名	族属	所任职官	资料来源
1	崔游	汉	御史大夫（辞不就）	《晋书·儒林·崔游传》
2	范隆	汉	先后任大鸿胪、中书监、左仆射、光禄大夫、太尉、太守、尚书令、仪同三司、太师	《晋书》载记；同书《儒林·范隆传》；《资治通鉴》等
3	崔懿之	汉	黄门郎、中书监	《资治通鉴》卷八五；《晋书》载记
4	朱纪	汉	先后任太常、中书监、右仆射、尚书令、光禄大夫、大司空、太傅、录尚书事、司徒	《晋书》载记；《资治通鉴》等
5	马景	汉	护军将军、左卫将军、左仆射、司空、大司空	同上
6	刘殷	汉	左仆射、大司徒、右光禄、太保、侍中、录尚书事，封大昌文献公	同上；《太平御览》卷九八〇引《三十国春秋》等
7	王育	汉	先后任侍中、右仆射、大司空、太保、太傅	《晋书》载记；《资治通鉴》；《晋书·忠义·王育传》
8	王弥	汉	镇东大将军，青、徐二州牧，封东莱公。后又为司隶校尉、加侍中、特进、侍中、征东大将军、青州牧、大将军，封齐公	《晋书》载记；《资治通鉴》；《晋书·王弥传》
9	刘灵	汉	平北将军、征北大将军、冀州刺史	《晋书》载记；《资治通鉴》等
10	王桑	汉	散骑侍郎、平北将军	《资治通鉴》；《晋书》载记
11	宣于修之	汉化之丁零①	太史令	《晋书·刘元海载记》
12	朱诞	汉	大司农、前锋都督	《资治通鉴》卷八七；《晋书·刘聪载记》

编号	姓名	族属	所任职官	资料来源
13	刘惇（庞惇）	汉	卫军司马	《资治通鉴》卷八七；《晋书·刘聪载记附粲传》
14	傅询	汉	黄门郎	《晋书·刘元海载记》
15	赵固	汉	安北将军、安北大将军、荆州刺史、领河南太守	《晋书》载记；《资治通鉴》等
16	曹嶷	汉	王弥长史，后为安东将军、青州刺史	同上
17	裴整	汉	尚书左丞	《晋书·刘聪载记》
18	任颛	汉	吏部尚书、尚书令、大司徒、太保	《晋书》载记；《资治通鉴》
19	田密	汉	尚书	《晋书·刘元海载记附和传》
20	吕逸	汉	将	《晋书·索綝传》
21	苏铁	汉	同上	同上
22	刘五斗	汉	同上	同上
23	晋怀帝司马炽	汉	左光禄大夫、平阿公、会稽公	《晋书·刘聪载记》
24	庾珉	汉	光禄大夫	同上
25	王隽	汉	光禄大夫	《晋书·刘聪载记》
26	赵染	汉	平西将军、安南大将军	同上
27	王彰	汉	中军大将军、骠骑将军，封定襄郡公	《晋书·刘聪载记》；《资治通鉴》
28	李弘	汉	大鸿胪	同上
29	傅纯	汉	给事中	同上
30	傅粹	汉	同上	同上
31	浩衍（诸衍）	汉	御史中丞	同上；《太平御览》卷六四六引《前赵录》
32	张寔	汉	辅汉将军、左光禄大夫、巨鹿太守	《资治通鉴》；《太平御览》卷四二四引《十六国春秋》

续表

编号	姓名	族属	所任职官	资料来源
33	卢志	汉	太弟太师	《晋书·刘聪载记》
34	崔玮	汉	太傅	同上
35	许遐	汉	太保	同上
36	高乔	汉	武卫将军	同上
37	狐泥	汉	同上	同上
38	傅虎	汉	讨房将军，死后追赠幽州刺史	《资治通鉴》卷八八
39	刑延	汉	征房将军	《晋书·刘聪载记》
40	梁芬	汉	卫尉	《资治通鉴》卷八八
41	卢谌	汉	刘粲参军	同上
42	刘岳	汉	将	《晋书·石勒载记》
43	张师	汉	博士	《晋书·刘聪载记》
44	鲁徽	汉	赵染长史	同上
45	殷凯（段凯）	汉	将军、御史中丞	《晋书·刘聪载记》；《太平御览》卷二二六引《前赵录》
46	荀裕	汉	东宫舍人	《晋书·刘聪载记》
47	王翼光	汉	征房将军	同上
48	王鉴	汉	尚书令	同上
49	王沈	汉	中常侍	同上
50	宣怀	汉	同上	同上
51	郭猗	汉	中宫仆射	《晋书·刘聪载记》
52	俞容	汉	中常侍	同上
53	陵修	汉	中黄门	同上
54	王皮	汉	大将军从事中郎	同上
55	陈休	汉	少府	同上
56	公师彧	汉	大中大夫、左国史	同上；《史通》卷一二
57	田歆	汉	尚书	《晋书·刘聪载记》
58	王琰	汉	尚书	同上
59	王延	汉	金紫光禄大夫	同上；《太平御览》卷二七引《前赵录》

编号	姓名	族属	所任职官	资料来源
60	晋愍帝司马邺	汉	光禄大夫，封怀安侯、行车骑将军	《晋书·刘聪载记》
61	康相	汉化之康居人	太史令	同上
62	王平	汉	刘粲党	同上
63	周振	汉	赵固长史	《晋书·李矩传》
64	辛宾	汉	尚书郎	《晋书·刘聪载记》
65	曹恂	汉	中书令，追赠为大司空、封南郡公，加散骑常侍	《晋书·刘曜载记》
66	北宫纯	汉	尚书	《晋书·刘聪载记附粲传》
67	胡崧	汉	尚书	同上
68	曹光	汉	詹事	《太平御览》卷三七四引《前赵录》
69	周置	汉	平阳大尹	《晋书·石勒载记》
70	王腾	汉	右车骑将军	《晋书·刘曜载记》
71	马忠	汉	？	同上
72	郭汜	汉	兼司徒	同上
73	弁广明	汉	太史令	同上
74	宋恕	汉	振威将军	《晋书·李矩传》
75	安始	汉	左中郎将	同上
76	尹安	汉	弘农太守	同上；《资治通鉴》等
77	赵慎	汉	将	同上
78	陈安	汉	大将军	《晋书·刘曜载记》
79	尹车	汉	长水校尉	同上
80	解虎	汉	将	同上；《资治通鉴》
81	游子远	汉	光禄大夫、车骑大将军、开府仪同三司、大司徒、录尚书事	同上；《太平御览》卷三七九引《前赵录》
82	和苞	汉	侍中，封平舆子，领谏议大夫	《晋书·刘曜载记》；《史通》卷一二
83	崔岳	汉	大司徒，追赠为使持节、侍中、大司徒，辽东公	《晋书·刘曜载记》

续表

编号	姓名	族属	所任职官	资料来源
84	王忠	汉	晋阳太守，追赠为镇军将军，安平侯，加散骑常侍	《晋书·刘曜载记》
85	刘绥	汉	太子洗马、左光禄大夫、平昌公，加散骑常侍、大司徒	同上
86	刘均	汉	中书监，领国子祭酒、司空	同上
87	董景道	汉	散骑常侍、崇文祭酒、太子少傅	同上；《晋书·儒林·董景道传》
88	刘终	汉	奉瑞大夫	《晋书·刘曜载记》
89	梁勋	汉	封列侯	同上
90	杨韬	汉	封列侯	同上
91	王犷	汉	尚书、光国中郎将	同上
92	鲁凭	汉	呼延寔长史	同上
93	胡元	汉	将作大匠	《太平御览》卷一六〇引《前赵录》
94	刘贡	汉	征西将军	《晋书·刘曜载记》
95	刘幹	汉	右军将军	同上
96	平先	汉	将军	同上
97	梁胥	汉	太常	同上
98	丘中伯	汉	将军	同上
99	田崧	汉	大鸿胪、镇南大将军、益州刺史	同上
100	韩广	汉	太子太保	同上
10l	尹平	汉	河内太守	同上
102	徐邈	汉	侍中	《资治通鉴》卷九三
103	刘黑	汉	前军将军	《晋书·刘曜载记》
104	康平	汉化之康居人	将	《资治通鉴》卷九三
105	台产	汉	原为刘均参军，拜博士祭酒、谏议大夫、领太史令。历位尚书、光禄大夫、太子少师、位特进，封关中侯	《晋书·刘曜载记》；同书《艺术·台产传》

编号	姓名	族属	所任职官	资料来源
106	支当	汉化之月氏人	都水使者	《晋书·刘曜载记》
107	任义	汉	太史令	同上
108	黄秀	汉	将	《资治通鉴》卷九三
109	刘朗	汉（？）	武卫将军	《晋书·刘曜载记》
110	张阆	汉	将军，封列侯	同上
111	辛晏	汉	封列侯	同上
112	胡勋	汉	尚书	同上
113	辛恕	汉	将军	同上
114	蒋英	汉	同上	同上
115	王广	汉	西河阳州刺史	《晋书·列女传》等
116	杜广	汉	殷州刺史	《太平御览》卷五一九引《三十国春秋》
117	鲁繇	汉	詹事、冀州刺史	《水经注》卷四《沁水》
118	柳纯	汉	使者	《晋书·石勒载记》
119	范毚	汉	同上	同上
120	帛成	汉化之龟兹人	将	《晋书·成帝纪》
121	曹平乐	汉	？	《晋书·石勒载记》
122	刘儒	汉	将	《魏书·序纪》
123	简令	汉	将	《魏书·序纪》
124	张平	汉	同上	同上
125	韦忠	汉	镇西大将军、平羌校尉	《晋书·忠义·韦忠传》
126	辛勉	汉	光禄大夫（辞不受）	《晋书·忠义·辛勉传》
127	刘敏元	汉	中书侍郎、太尉长史	《晋书·忠义·刘敏元传》

续表

编号	姓名	族属	所任职官	资料来源
128	韦谀	汉	黄门郎	《晋书·忠义·辛勉传》
129	辛谧	汉	大中大夫（辞不受）	《晋书·隐逸·辛谧传》
130	杨轲	汉	太常（辞不受）	《晋书·隐逸·杨轲传》
131	张茂	汉	侍中、太师、大司马、凉州牧、凉王等	《晋书·刘曜载记》

注释：

①按，《资治通鉴》卷八七胡注引《考异》曰：'《晋春秋》作'鲜于修之'。今从《载记》《十六国春秋》。余按姓氏诸书，有鲜于而无宣于。" 鲜于、宣于，为同名异译。鲜于氏，春秋时为白狄姓氏，十六国时为丁零（高车）姓氏。详细考证见拙作《敕勒与柔然》。

（五）其他少数民族任职官员

编号	姓名	族属	所任职官	资料来源
1	石勒	羯胡	先后任辅汉将军、平晋王、平东大将军、校尉、安东大将军、镇东大将军、并州牧、汲郡公、征东大将军、幽州牧、冀州牧、赵公等	《晋书·刘元海载记》；同书《刘聪载记》；同书《刘曜载记》；同书《石勒载记》等
2	张䵣督（石会）	羯胡	亲汉王	《晋书·石勒载记》
3	冯莫突	胡	都督部大	同上
4	单征	氐	？	《晋书·刘元海载记》
5	张伏利度	乌丸	？	《晋书·石勒载记》
6	陆逐延	鲜卑	？	《晋书·刘元海载记》
7	单冲	氐	光禄大夫	同上
8	彭荡仲	卢水胡	梁州刺史	《资治通鉴》卷八八
9	彭天护	卢水胡	梁州刺史	同上
10	蒲洪	氐	率义侯	《资治通鉴》卷九一
11	梁伏疵	羌	镇远将军	《资治通鉴》卷八八
12	虚除权渠	羌	征西将军、西戎公	《晋书·刘曜载记》

编号	姓名	族属	所任职官	资料来源
13	杨难敌	氐	假黄钺、上大将军、益、宁、南秦三州刺史、武都王	同上
14	姚弋仲	羌	平西将军、封平襄公	《资治通鉴》卷九二
15	盆句徐	羌	北羌王、安国将军	《晋书·刘曜载记》
16	句徐	巴	？	同上
17	库彭	巴	？	同上
18	句渠知	巴	归善王	同上

汉赵国刘氏世系表

〖 附录二 〗

汉赵国刘氏世系[1]

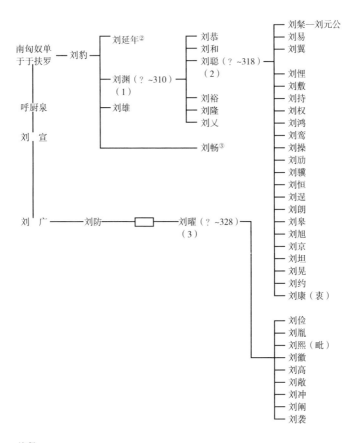

注释：

①此表系据《晋书》《资治通鉴》《金石录》《元和郡县图志》等制成。表中横线表示世代相承，竖线为兄弟并排，人名下的（1）表示帝位相传序。

②《元和郡县图志》卷一三"大于城"条目："大于城，在县西南十一里。本刘元海筑，令兄延年镇之，胡语长兄为大于，因以为名。"知延年为刘渊兄。

③《资治通鉴》卷九十云刘畅为聪从弟，故姑且附于此。

汉赵国大事年表

〖 附录三 〗

公元	汉赵纪年	有关政权纪年	大事
50		东汉建武二十六年	东汉遣使至南匈奴，徙南单于庭于西河美稷。后南匈奴部众入居沿边八郡。
140		东汉永和五年	南匈奴发生变乱，东汉徙南单于庭于离石北左国城。沿边八郡南匈奴继续内迁。
188		东汉中平五年	南匈奴部众恐南单于征兵无已，攻杀南单于羌渠，子于扶罗立，国人不服，另立单于。于扶罗到洛阳诣阙自讼。
189		东汉光熹元年	汉灵帝死，国内大乱。于扶罗与白波军攻河内，失利，欲返故地，国人不受，屯军于平阳。
195		东汉兴平二年	南单于于扶罗死，弟呼厨泉立，仍设单于庭于平阳。
196		东汉建安元年	曹操迁汉献帝于许，呼厨泉降曹操，返平阳。
202		东汉建安七年	曹操大败袁绍于官渡，呼厨泉与袁绍子尚等攻河东，为曹操军所败，复降。
206		东汉建安十一年	袁绍甥高幹以并州反曹操，求救于呼厨泉，不听；高幹败亡。
216		东汉建安二十一年	曹操留呼厨泉于邺，令右贤王去卑至平阳监国。又分内迁南匈奴为五部，各立其贵人为帅，选汉人为司马监督之，并听其部落散居并州五郡、河东郡。
220		魏黄初元年	曹丕受禅，建魏。南匈奴单于参加了受禅仪式。
251		魏嘉平三年	南匈奴五部中左部帅刘豹势强，并五部为一。邓艾上言，建议分其部为二。
264～265		魏咸熙中	魏以南匈奴一部太强，分为三部。
265		西晋泰始初	有匈奴塞泥、黑难等二万余落降晋，使居河西故宜阳城下。后又分南匈奴三部为四部。

续表

公元	汉赵纪年	有关政权纪年	大事
271		西晋泰始七年	南匈奴右贤王刘猛，叛出塞，自称单于，攻并州，后为晋所败，猛被其下所杀。
277		西晋咸宁三年	有西北杂虏及鲜卑、匈奴等内附晋。
279		西晋咸宁五年	有匈奴都督拔奕虚率部落附晋。又有匈奴余渠都督独雍等降晋。
284		西晋太康五年	匈奴胡太阿厚率部落二万九千三百人附晋，武帝处之河西。
286		西晋太康七年	匈奴胡都大博及萎莎胡各率种类十万余口，至雍州降附。
287		西晋太康八年	匈奴都督大豆得一、育鞠等率众万一千五百口等降晋。晋迁刘豹子渊为北部都尉。
280～289		西晋太康年间	西晋分并州四部匈奴为五部，改部帅为都尉，以南单于后裔刘氏任之，然皆家居于汾涧之滨。
290		西晋永熙元年	晋惠帝即位，以刘渊为离石将兵都尉。不久，又以渊为建威将军，五部大都督，封汉光卿侯。
294		西晋元康四年	内迁匈奴郝散起义于谷远，后降晋，为冯翊都尉所杀。
296		西晋元康六年	郝散弟度元与冯翊、北地马兰羌、卢水胡起事。秦、雍氐、羌推氐帅齐万年为帝。
299		西晋元康九年	齐万年为首的各族人民起事失败。江统作《徙戎论》，主张将氐、羌、匈奴等徙回原地。内迁匈奴有叛出塞者，刘渊被免官。不久，成都王颖又表渊为行宁朔将军，监五部军事。
301		西晋永宁元年	以李特兄弟为首的流民起义于益州。
302～303		西晋太安元年至二年	渊从祖刘宣等密谋兴邦复业，共推刘渊为大单于，遣人到邺城联络，渊求返部，成都王颖不许。渊遣使归，召集五部匈奴及杂胡，作反晋准备。荆州张昌起兵于义阳。

公元	汉赵纪年	有关政权纪年	大事
304	汉元熙元年	西晋永安元年、永兴元年	八月，成都王颖以渊为北单于，参承相事。颖挟惠帝奔洛阳，渊回部，称大单于，都离石，众二万。晋并州刺史司马腾引拓跋鲜卑败渊于西河。十月李雄称成都王，国号大成。刘渊迁于左国城，晋人归之者数万，遂称汉王，正式建立政权。十二月，汉国军队击败司马腾军于大陵，取泫氏、屯留、长子、中都，陷介休。
305	汉元熙二年	西晋永兴二年	元月，汉刘钦败晋司马腾军。六月，腾求救于拓跋鲜卑猗㐌，猗㐌杀汉将綦毋豚。不久，离石大饥，渊迁于黎亭就食。汲桑、勒等起兵于赵、魏。
306	汉元熙三年	西晋光熙元年	三月，刘伯根、王弥起兵于山东。九月，晋东海王越以刘琨为并州刺史，琨败汉军于板桥，遂入晋阳。汉侍中刘殷等劝渊南据平阳，西取关中。
307	汉元熙四年	西晋永嘉元年	九月，汲桑死，石勒及胡部大张㔨督军投刘渊。王弥、刘灵及氐酋单征、鲜卑陆逐延等均降汉。
308	汉元熙五年、永凤元年	西晋永嘉二年	元月，渊遣子聪等十将南据太行，石勒等东下赵、魏。三月，渊攻汲郡、顿丘、河内等郡，王弥攻青、徐等四州，进逼洛阳，失败后走归刘渊。七月，刘渊攻占平阳、河东，陷蒲坂，徙都蒲子。十月，刘渊称帝，改元永凤，大封宗室及功臣。
309	汉永凤二年、河瑞元年	西晋永嘉三年	正月，刘渊迁都平阳，并筑平阳都城，改元。刘琨攻占汉上党；石勒、刘灵下魏郡、汲郡、顿丘坞壁，简其丁壮为士卒。三月，刘渊遣刘景攻克黎阳；四月，石勒攻巨鹿、常山等，破郡县百余壁，众十余万。五月，渊遣聪、王弥夺回上党。八月，渊遣聪等向洛阳进攻，败归。十月，复遣聪攻洛阳；十一月败还平阳。

续表

公元	汉赵纪年	有关政权纪年	大事
310	汉河瑞二年、光兴元年	西晋永嘉四年	同年初，石勒、王弥攻徐、豫、兖等州。七月，刘聪、刘曜、赵固攻陷河内。刘渊病重，进一步健全中央机构，设单于台，以刘聪为大单于，刘曜、乔智明为单于左、右辅。渊死，太子刘和即立。刘聪杀和，即帝位，改元。 九月，王如等起兵于南阳。十月，刘聪遣子粲、刘曜、王弥等四万攻洛阳，以扫清洛阳外围西晋势力。刘虎降汉，聪封之为楼烦公。
311	汉光兴二年、嘉平元年	西晋永嘉五年	年初，石勒攻陷江夏、汝南、新蔡，占许昌。四月，勒追东海王越丧于宁平城，杀晋臣王衍等。六月，刘曜、王弥等陷洛阳，俘怀帝等。聪改元嘉平。八月，汉刘曜等攻陷长安，杀南阳王模。石勒杀王弥，并其众。
312	汉嘉平二年	西晋永嘉六年	正月，刘聪纳刘殷等大臣女，于是"六刘"之宠，倾于后宫，后聪日益骄奢。聪又命卜珝等攻晋阳，败归。四月，贾疋等围长安，刘曜掠士女八万余口，退回平阳。五月，粲、曜攻三渚，迁二万余户于平阳。七月，汉军攻占晋阳，刘琨求救于拓跋鲜卑猗卢。十月，汉军为猗卢所击，败还平阳。石勒进据襄国，败段氏鲜卑，与之结好。
313	汉嘉平三年	西晋永嘉七年、建兴元年	二月，刘聪杀晋怀帝等及晋臣十余人，又欲为皇后修鸾仪殿，为陈元达所谏止。四月，愍帝即位于长安，聪遣刘曜、赵染等攻长安；十一月，败还平阳。十二月，刘曜攻洛水北晋河南尹魏该，杀之。
314	汉嘉平四年	西晋建兴二年	正月，刘聪大定百官，置左右司隶，各领户二十余万，万户置一内史，又置单于左右辅，各主六夷十万落，万落置一都尉。三月，石勒攻杀王浚，取幽州。五月，刘曜、赵染攻长安，败归，赵染死。曜又率军东下，攻晋河内太守郭默于怀城，后退回蒲坂。 十一月，聪以子粲为相国、大单于。

公元	汉赵纪年	有关政权纪年	大事
315	汉嘉平五年、建元元年	西晋建兴三年	三月，聪纳靳准二女为皇后。四月，刘曜攻长安，败还。六月，曜攻上党。八月，败刘琨于襄垣。九月，刘曜第四次进攻长安，先攻北地等郡，愍帝君臣朝不保夕。
316	汉建元二年、麟嘉元年	西晋建兴四年	年初，汉中常侍王沈、宣怀等专权，与相国刘粲勾结，密谋害义。二月，聪杀少府陈休等七卿，刘易、陈元达先后忧死。十一月，刘曜攻围长安，愍帝降，迁于平阳。此年七月，河东大蝗、平阳饥甚，司隶部人二十余万投石勒。又，石勒取并州，刘琨投段匹磾。
317	汉麟嘉二年	东晋建武元年	正月，驻守长安的刘曜击败华阴的西晋残余势力。二月，聪遣从弟刘畅攻荥阳李矩，兵败而还。司马睿于建康称王，建东晋。三月，刘粲杀刘义。接着，汉镇守洛阳的赵固叛降李矩。 十二月，赵固、郭默攻河东，右司隶部三万余人降之。聪杀愍帝于平阳。
318	汉麟嘉三年、汉昌元年，前赵光初元年	东晋太兴元年	三月，司马睿称帝。刘粲与李矩、赵同、郭默等大战于洛汭等地，先败后胜。五月，刘琨为段匹磾所杀，琨将佐多投石勒。七月，聪病重，旋死。子粲即位，改元。八月，靳准杀刘粲，遣使与东晋联系。十月，石勒、刘曜先后至平阳，平乱。十月，刘曜即帝位，改元光初。十二月，靳康等杀靳准，降曜。石勒攻占平阳，刘曜退回关中，杀靳氏一族。
319	赵光初二年	东晋太兴二年	二月，石勒遣使至曜献捷，曜杀其使，双方遂成敌国。四月，曜徙都长安，改国号曰赵。十一月，石勒称赵王。 年底，氐酋蒲洪降前赵，曜封之为率义侯。黄石屠各路松多与秦州晋王司马保，攻前赵，刘曜率军至雍城。

续表

公元	汉赵纪年	有关政权纪年	大事
320	赵光初三年	东晋太兴三年	正月，曜进军陈仓，败司马保军，又攻路松多于草壁，松多败走陇城。曜连下阴密、安定，司马保迁于桑城。二月，前赵镇守洛阳四将降李矩，前赵军退守陕城。五月，司马保为部下张春所杀；保原将陈安降曜。六月，关中氐、羌、巴、羯起兵反前赵，曜用游子远镇压，迁上郡氐、羌伊余及其部众二十余万于长安。曜立太学、小学，置国子祭酒等，教授生徒。又欲作酆明观，为乔豫、和苞谏止。
321	赵光初四年	东晋太兴四年	五月，终南山地震。
322	赵光初五年	东晋永昌元年	二月，刘曜率军攻仇池氐酋杨难敌，仇池氐、羌多降，迁陇右万余户于长安。杨难敌降，曜封其为武都王。曜病归，为陈安所袭，击败之。陈安自称凉王，有众十余万。休屠王石武降，曜封之为酒泉王、秦州刺史。十二月，刘曜为父、妻修陵，滥用民力、财力。
323	赵光初六年	东晋太宁元年	六月，陈安围赵将刘贡于南安，王石武攻上邽以解贡危。七月，刘曜亲征陈安，擒而杀之，迁秦州大姓杨、姜诸族二千余户于长安。曜又攻河西，张茂降，曜封其为凉王。杨难敌惧，奔汉中，曜以田崧镇仇池。匈奴黑匿郁鞠部送曜子胤还长安。
324	赵光初七年	东晋太宁二年	三月，曜将康平攻东晋魏兴，达于南阳。五月，河西张茂病死，兄子骏立，曜遣使拜其为凉州牧、凉王。
325	赵光初八年	东晋太宁三年	三月，后赵石他攻前赵北羌王、安国将军盆句除，曜遣刘岳追击，杀石他。杨难敌还据仇池，执杀田崧。四月，后赵王腾杀并州刺史降前赵。五月，后赵石生败李矩等，取洛阳，曜遣刘岳等攻洛阳，为石生所败。曜率军败后赵石聪于八特坂后，败回长安，刘岳被擒。刘曜返长安后，重用台产，以子胤为大司马、大单于，置单于台于渭城，设左、右贤王，以下皆以六夷豪杰任之。

公元	汉赵纪年	有关政权纪年	大事
326	赵光初九年	东晋咸和元年	十月，刘曜遣将攻占东晋鄹县。
327	赵光初十年	东晋咸和二年	五月，前赵遣刘朗攻仇池，不克，掠三千余户而归。河西张骏去前赵官爵，复称大将军、凉州刺史，遣军攻秦州诸郡。前赵刘胤率军大败张骏军，攻陷令居，入据振武。
328	赵光初十一年	东晋咸和三年、后赵太和元年	七月，后赵石虎攻前赵河东之地，曜率军大破石虎，遂围石生于金墉城。 十一月，石勒亲率军来战，曜战败被俘，为石勒所杀。前赵太子刘熙等议弃长安，欲奔上邦。
329	赵光初十二年	东晋咸和四年、后赵太和二年	二月，刘熙、刘胤等奔上邦，关中大乱。原前赵将蒋英等据关中，降后赵。 八月，刘胤等攻后赵石生于长安，各地戎夏起兵响应。石勒遣石虎率军来援，大破刘胤军。胤败还，石虎陷上邦，执太子熙、胤等将相、公卿以下三千余人，皆杀之，徙台省文武、关东流人九千余人于襄国。勒又坑杀王公及五郡屠各五千余人于洛阳。前赵灭亡。

十六国官制研究

〖 附录四 〗

在中国历史上，"五胡十六国"是一个较为特殊的分裂割据时期，其特点是，自汉代以来内迁至黄河流域的北方和西北游牧民族，主要是所谓的"五胡"（即匈奴、鲜卑、羯、氐、羌五族），先后在北方建立了二十多个政权。其中，主要有十六国（内包括汉族所建的三国）。这些由五胡建立的政权，统治和管理着人口众多的汉族和其他少数民族，这在中国历史上是第一次。因此，五胡所建政权怎样统治、管理众多的汉族和其他民族，他们采取什么统治机构（即官制）实施其政令，维持其统治？这是一个颇耐人寻味和有意思的问题。过去，中外学者多有对十六国中某一个或几个国的官制加以探讨；或从不同的角度，对十六国官制进行研究。[1] 本文即拟在前人研究基础上，对十六国官制作进一步探讨。不妥之处，望读者、专家指正。

　　一　十六国对魏晋官制的承袭及其特点

　　十六国时，内迁五胡虽然居地、习俗等有别，且内迁和

1　早在清代以来就有学者辑录十六国将相大臣、百官，制作年表或表，如万斯同撰《伪汉将相大臣年表》《伪成将相大臣年表》《伪赵将相大臣年表》《伪燕将相大臣年表》《伪秦将相大臣年表》《伪后秦将相大臣年表》《伪南燕将相大臣年表》，练恕撰《西秦百官表》，缪荃孙撰《后凉百官表》《南凉百官表》《西凉百官表》《北凉百官表》《夏百官表》《北燕百官表》，清洪亮吉撰《十六国疆域志》，对十六国地方行政官制有所叙述等。近现代以来，关于十六国官制的研究论著较多，见文后注释所引，此处不再一一列举。

建立政权时间不同，但无论怎样，他们建立的政权最终还是承袭秦汉魏晋以来汉族政权的形式，其政治、经济和意识形态莫不以汉族政权为楷模，其中的官制也不例外。下面为了叙述方便和系统，将十六国官制分为最高统治者名号、中枢（中央）、军事和地方官制四部分，加以考察。

1. 十六国最高统治者名号

十六国各政权的官制都有一个发展和成熟的过程。其最高统治者的名号最终也有所不同：有最后直接称"皇帝"（天子）者，如成汉国李雄，由成都王而称帝；汉赵国刘渊以汉王即帝位，刘聪、刘曜因之；后赵石勒由赵天王称帝，石虎由居摄赵天王称帝；前燕慕容儁以燕王称帝，慕容暐因之；前秦苻健由天王称帝，苻生因之，至苻坚降称大秦天王，未称帝，其后苻丕、苻登称帝；后秦姚兴称帝，后又去帝号称天王；后燕慕容垂以燕王称帝，慕容宝、慕容盛因之，盛后又改称庶民天王；南燕慕容德以燕王称帝，慕容超因之；夏国赫连勃勃由大夏天王即帝位等。[1]

也有一直称天王或王者，如北燕冯跋、冯弘均称天王；南凉秃发傉檀由西平王、河西王，称凉王；西秦乞伏乾归由河南王称秦王，乞伏炽磐因之；后凉吕光由三河王而称天王，吕纂、吕隆因之；北凉沮渠蒙逊称河西王，沮渠牧犍因之。

此外，还有一些汉族所建政权，一直奉晋为正朔，最高统治者不愿名义上称帝称王者。如前凉张氏，张轨、张寔、

---

[1]　关于十六国五胡政权最高统治者称"天王"的原因和情况，请参见日本学者谷川道雄《隋唐帝国形成史论》第 319 ~ 331 页，筑摩书房增补版，1998；雷家骥《前后秦的文化、国体、政策与其兴亡的关系》，载台湾《中正大学学报》1996 年第 7 卷第 1 期。

张骏均未称王，寔、骏称凉州牧、西平公。然而，实际上张骏时，"所置官僚府寺拟于王者，而微异其名"。[1] 骏子重华即位后，称西平公、假凉王。至张祚时，曾一度称凉公，进而称帝，但为时很短，其后张玄靓、天锡即位后，仍称凉州牧、西平公。又如西凉李氏，自李嵩（玄盛）至李歆一直称凉公，而不称王。[2]

总之，十六国最高统治者名号，最终或较长时间称帝者，凡九国（成汉、汉赵、后赵、前燕、前秦、后秦、后燕、南燕、夏国）；称王或天王者，凡五国（北燕、南凉、西秦、后凉、北凉）；仅称公者，凡二国（前凉、西凉）。按魏晋之官制，帝国、王国及公国的制度有很大的区别。因此，十六国各国官制因其建号不同，其总的职官设置也有所不同。这是在研究十六国官制时应首先注意到的问题。当然，事实也不尽然，如上述前凉张骏时，虽称西平公，但其建置"拟于王者，而微异其名"。而称王诸国官制无论在职官名还是数量等方面，均与称帝诸国相差无几。

2. 中枢之官

丞相、相国　自秦汉至魏晋各朝均置此职，为百官之首，"皆非复寻常人臣之职"。[3] 而各朝丞相掌职、权力不尽相同。十六国五胡所建政权（包括鲜卑化汉人冯氏所建北燕，下同）称帝称王者，大多置有此职，且有的分左、右丞相。见于记载的，如成汉国以范长生及其子贲为丞相，李越、董皎曾为相国，尹奉曾为右丞相。汉赵国任丞相者，有

1　《晋书》卷八六《张骏传》。
2　以上所引十六国最高统治者名号，见《晋书》有关载记及传等，不一一出注。
3　《晋书》卷二四《职官志》。

刘宣、刘粲、刘曜。后赵国石弘即位后，曾以石虎（季龙）为丞相，"（石）勒文武旧臣皆补左右丞相闲任"，又任郭殷为丞相；石虎称帝后，曾以石斌为丞相；石世即立后，曾以张豺为丞相，石遵、石鉴为左右丞相。前秦国任此职的有雷弱儿、苻雄、王堕、王猛、苻法；至苻登时，以杨宣为左丞相，窦冲为右丞相；苻丕曾以王永为左丞相，窦冲为右丞相。前燕任此职者，有封奕（国相）。后秦国曾以归降之焦纵为相国。夏国任此职的有赫连勃勃长兄右他代。西秦国任此职者，有出连乞都、翟勍、元基（炽磐子）；左相有乙旃音泥、乞伏昙达，右相有屋引出支、辛静、元基。北凉国有相宋繇。[1]

　　太宰、太傅、太保　《晋书》卷二四《职官志》："太宰、太傅、太保，周之三公官也。魏初唯置太傅，以钟繇为之，末年又置太保，以郑冲为之。晋初以景帝讳故，又采周官官名，置太宰以代太师之任，秩增三司，与太傅、太保皆为上公，论道经邦，燮理阴阳，无其人则阙。"称帝称王的五胡政权也多置以上职官，见于记载的，如成汉国先后有太傅李骧、太宰李国、太保李始、太师董皎、太保李奕，又以龚壮为太师，辞不受；汉赵国有太师刘景、刘颙、范隆、张茂，太宰刘曜、刘欢乐、刘延年、刘易、刘雅、王祥，太保刘殷、王育、刘延年、许遐、任颙、刘昶、呼延晏、傅祗（追赠）；后赵国有太保夔安、张豺，太傅条攸；前燕有太宰慕容恪，太傅慕容评、余蔚，太师慕根，太保段崇；前秦有太

1　以上所引官名人名，均引自《晋书》有关载记、《魏书》有关传记、《资治通鉴》、《太平御览》引《十六国春秋》有关部分，不一一出注，下同此。

师鱼遵、苻纂，太傅毛贵；后秦有太宰姚绍；后燕有太师库辱官伟，太保段崇，太宰苻模；西秦有太傅索棱等。

太尉、司徒、司空 《晋书》卷二四《职官志》："太尉、司徒、司空，并古官也。自汉历魏，置以为三公。及晋受命，迄江左，其官相承不替。"又《通典》卷二〇《职官》记："……周时，司徒为地官，掌邦教。秦置丞相，省司徒，汉初因之。至哀帝元寿二年（前1）罢丞相，置大司徒。后汉大司徒主徒众，教以礼义，凡国有大疑大事与太尉同……魏黄初元年（220）改为司徒。晋司徒与丞相通职，更置迭废，未尝并立。至永嘉元年（307）始两置焉。"又记："司空，古官……秦无司空，置御史大夫，汉初因之。至成帝绥和元年（前8）始更名御史大夫曰大司空……魏初又置司空，冠绶及郊庙之服与太尉同。"十六国五胡称帝称王诸国多置此三公。如成汉国有太尉李离、张宝，司徒李云、王达、何点、王瓌，司空李璜、赵肃、上官惇、谯献之；汉赵国有司徒或大司徒刘欢乐、刘聪、马景、刘殷、刘裕、刘义、任颐、刘雅、刘厉、游子远、崔岳（追赠）、刘绥、刘昶、刘述（以上大司徒）、郭汜（兼司徒），有太尉范隆、王彰、刘咸、刘易，有司空呼延晏、马景、刘景、刘均，大司空刘延年、呼延晏、朱纪、王育、呼延翼、靳准、曹恂（追赠）、卜泰；后赵国有太尉石虎、夔安、石韬、张举，司空郭殷、李农，司徒申钟；前燕国有太尉封裕、阳鹜、皇甫真，司徒慕容评，司空阳鹜；前秦国有太尉雷弱儿、毛贵、鱼遵、苻安、苻菁、苻侯、苻纂、张蚝，司徒王猛、苻融（辞不受）、王永、苻广，司空毛贵、张遇、鱼遵、苻菁、王堕、张蚝、徐义、杨璧；后秦国有太尉姚旻、索棱，司徒尹纬（追赠）；后燕国有太尉库辱官伟，司徒慕容德，司空慕容绍；南燕国有太尉封孚，司徒慕容钟、慕容惠，司空慕容鳞、慕拔、鞠仲；后凉有太尉吕纂，司徒吕弘；南凉有太尉秃发俱延等。

大司马 《晋书》卷二四《职官志》："大司马，古官也。汉制以冠大将军、骠骑、车骑之上，以代太尉之职，故恒与太尉迭置，不并列。及魏有太尉，而大司马、大将军各自为官，位在三司上。晋受魏禅，因其制……凡八公（即太宰、太傅、太保、太尉、司徒、司空、大司马、大将军）同时并置，唯无丞相焉。"十六国五胡称帝称王诸国有的也置大司马一职。如汉赵国沿晋制，大司马与太尉并置，任大司马的有刘景、刘聪、刘洋、刘和、刘曜、刘雅、刘丹、刘骥、张茂、石勒、刘胤；后赵有大司马石斌；前秦有大司马苻安、雷弱儿、苻融、苻纂、窦冲；后凉有大司马吕弘；北燕有大司马冯素弗等。

开府仪同三司 《晋书》卷二四（职官志）："开府仪同三司，汉官也。殇帝延平元年（106），邓骘为车骑将军，仪同三司；仪同之名，始自此也。及魏黄权以车骑将军、开府仪同三司，开府之名起于此也。""三司"，应即指"三公"；仪同三司，意为非三公而给予三公同等待遇。开府，指开设府署，辟置僚属。开府仪同三司，往往为加官。十六国五胡政权大多沿用汉魏以来的"开府仪同三司"加官职。如汉赵国有范隆、陈元达、卜泰、晋怀帝加仪同三司，刘曜、游子远、石勒、刘胤加开府仪同三司；后赵国石弘曾开府辟召；前秦王猛、张天锡、苻融、杨定、窦冲、王统、毛兴、杨壁、王腾、苻冲、张蚝、苻登、徐嵩（追赠）等曾加开府仪同三司；北燕加冯万泥、孙护开府仪同三司；南燕慕容超曾开府，慕容镇加开府仪同三司等。

特进 此职一般为加官，"汉官也。二汉及魏晋以加官从本官车服，无吏卒……特进品秩第二，位次诸公，在开府骠骑上"。[1]十六国五胡政权中，有此加官者不多，见于记载的有：汉赵国加晋怀帝、王弥、綦毋达、台产为特进；前秦有梁平老、强汪、樊世、强德加特进。

左、右光禄大夫 《晋书》卷二四《职官志》："左、右光禄大夫，假金章紫绶。光禄大夫加金章紫绶者，品秩第二，禄赐、班位、冠帻、车服、佩玉、置吏卒羽林及卒，诸所赠给皆与特进同……光禄大夫假银章青绶者，品秩第三，位在金紫将军下，诸卿上。汉时所置无定员，多以为拜假赠赠之使，及监护丧事。魏氏已来，转复优重，不复以为使命之官。"十六国五胡政权也多置有此职，如汉赵有光禄大夫范隆、朱纪、单冲、庾珉、王俊、卜珝、晋愍帝、游子远、台产、辛勉（辞不受），左光禄大夫刘景、刘雅、张寔、刘绥、卜泰，右光禄大夫陈元达、刘殷，金紫光禄大夫王延，上光禄大夫卜泰；后赵石虎时，曾"置上中光禄大夫，在左右光禄上"，另有光禄大夫郎闿、刘真，金紫光禄大夫逯明；前燕有光禄大夫皇甫真；前秦有光禄大夫赵俱、强汪、王彫（追赠），左光禄大夫强平、苻冲，右光禄大夫徐义、苻侯，金紫光禄大夫程肱、牛夷；后燕有左光禄大夫库辱官伟；北燕有左光禄大夫孙护；南燕有左光禄大夫潘聪；夏国有光禄卿党智隆；西秦有光禄大夫乞伏沃陵。

---

1 《晋书》卷二四《职官志》。

十六国五胡政权也承袭了魏晋以来中枢置尚书、中书、门下三省及御史台的职官，现分述如下。

尚书省

录尚书事　《晋书》卷二四《职官志》："录尚书，案汉武时，左右曹诸吏分平尚书奏事，知枢要者始领尚书事……尚书有录名，盖自（赵）憙、（牟）融始，亦西京领尚书之任，犹唐虞大麓之职也。和帝时，太尉邓彪为太傅，录尚书事，位上公，在三公上，汉制遂以为常……自魏晋以后，亦公卿权重者为之。"十六国五胡政权普遍有尚书省之设，故多有置录尚书事一职。如成汉有李寿、李越、李势任此职；汉赵任此职有朱纪、刘聪、刘粲、呼延晏、刘骥、靳准、刘殷、游子远、刘咸、刘胤、刘昶、刘颢；后赵有石邃、石斌、张豺；前燕有慕容恪；前秦有鱼遵、苻法、苻融、苻叡、苻方、王猛、王永；后燕有慕容宝、慕容隆（为录龙城留台尚书事）；后秦有姚弘；后凉有吕弘、吕超；北燕有冯素弗、孙护；南燕有慕容钟、慕容镇；北凉有沮渠政德；夏国有赫连瑱（为录南台尚书事）；南凉有秃发傉檀、秃发武台；西秦有乞伏炽磐、乞伏元基任此职。

与录尚书事一职相当的，还有汉赵国刘聪时刘延年曾任的"录尚书六条事"。《资治通鉴》卷八九胡注云："录尚书六条事始见于此……如杜佑之言，则六条盖六曹也。"如此，汉赵此职应与录尚书事职相当，后南朝刘宋也沿此职名。

尚书令　《通典》卷二二《职官四》："秦置尚书令，尚主也，汉因之……后汉众务悉归尚书，三公但受成事而已。尚书令主赞奏事，总领纪纲，无所不统。"十六国五胡政权尚书台（省）建制较为完备，尚书令一职几乎均有设置。如成汉有杨褒、阎式、王瑶、尹奉、景骞、罗恒、马尚；汉赵有范隆（守尚书令）、朱纪、刘隆、任颐、王鉴、靳明、刘欢乐；后赵有石虎（守尚书令）、虁安（守尚书令）；前燕有阳骛；前秦有梁楞、辛牢、苻柳、姜伯周、王堕、王猛、苻丕、王永、苻纂、徐义、苻冲；后秦有姚曼、姚弼；后燕有慕容德、慕容根；北燕有孙护；南燕有慕容麟、慕容镇、董锐；夏国有若门；西秦有乞伏炽磐、翟勍、昙达、麹景、木弈于等。

尚书仆射、左仆射、右仆射 《晋书》卷二四《职官志》：“仆射，服秩印绶与令同。案汉本置一人，至汉献帝建安四年（199），以执金吾荣部为尚书左仆射，仆射分置左右，盖自此始。经魏至晋，迄于江左，省置无恒，置二，则为左右仆射，或不两置，但曰尚书仆射。”五胡政权仆射的设置亦大致如此。如成汉有尚书仆射杨褎、李载、王誓、任颜，左仆射蔡兴，右仆射李嶷；汉赵有左仆射范隆、刘殷、马景，右仆射朱纪、王育、呼延晏；后赵有左仆射郭敖、虁安、韩曦，右仆射程遐、郭殷、张离、张良；前秦有仆射张天锡，左仆射梁安、梁楞、李威、权翼、王猛、苻冲、俱石子，右仆射董荣、王堕、段纯、赵韶、梁平老、杨辅；前燕有左仆射皇甫真，右仆射张希、悦绾、李绩；后秦有左仆射尹纬、齐难、梁喜，右仆射韦华、梁喜、尹纬；后燕有左仆射慕容楷、张通、慕容盛、慕容麟、慕容根、慕容度，右仆射慕容麟、慕容隆、卫衡、王腾；南燕有左仆射慕拔、封孚、封嵩、段晖，右仆射丁通、慕护、张华；北燕有左仆射冯丕，右仆射张兴；夏国有左仆射叱以鞯，右仆射乙斗；后凉有左仆射王祥、杨桓；南凉有左仆射赵晁，右仆射郭倖；

西秦有左仆射边芮、元基、翟绍，右仆射秘宣、出连虔、王松寿等。

列曹尚书　《晋书》卷二四《职官志》："列曹尚书，案尚书本汉承秦置，及武帝游宴后庭，始用宦者主中书，以司马迁为之，中间遂罢其官，以为中书之职。至成帝建始四年（前29），罢中书宦者，又置尚书五人，一人为仆射，而四人分为四曹，通掌图书秘记章奏之事，各有其任……及魏改选部为吏部，主选部事，又有左民、客曹、五兵、度支，凡五曹尚书、二仆射、一令为八座。及晋置吏部、三公、客曹、驾部、屯田、度支六曹，而无五兵……"以后列曹均有增减。五胡所建政权凡置有尚书省（台）者，均有列曹尚书，因史籍阙遗甚多，故已无法了解各国所置列曹尚书情况。史籍但云尚书吏部、五兵等为多，不一一列举。但其中有未见于魏晋诸曹尚书名称者，如刘聪曾"省吏部，置左右选曹尚书"，后燕曾置"七兵尚书"，夏国置"都官尚书"等。

尚书左右丞、尚书郎　《晋书》卷二四《职官志》："左右丞，自汉武帝建始四年置尚书，而便置丞四人。及光武始减其二，唯置左右丞，左右丞盖自此始也。自此至晋不改。""尚书郎，西汉旧置四人，以分掌尚书……及光武分尚书为六曹之后，合置三十四人，秩四百石，并左右丞为三十六人。"至魏"凡二十三郎"，晋"置郎二十三人"。十六国五胡政权凡置尚书省者，史籍也见有尚书左右丞、尚书郎设置，但记载不详。

中书省

中书监、中书令　《晋书》卷二四《职官志》："中书监及令，案汉武帝游宴后庭，始宦者典事尚书，谓之中书谒者，置令、仆射。成帝改中书谒者令曰中谒者令，罢仆射。汉东京省中谒者令，而有中官谒者令，非其职也。魏武帝为魏王，置秘书令，典尚书奏事。文帝黄初（220～226）初，改为中书，置监、令，以秘书左丞刘放为中书监，右丞孙资为中书令；监、令自此始也。及晋因之，并置员一人。"五胡所建政权多置此职，如成汉有中书监王嘏；汉赵有中书监范隆、朱纪、崔懿之、刘均，中书令曹恂；后赵有中书令徐光、王波、孟准，中书监王波、石宁，中谒者令申扁；前秦有中书监胡文、董荣、王猛、苻融，中书令贾玄硕、王鱼、王猛、梁熙、梁谠；前燕有中书监宋治、阳哲，中书令韩恒；后秦有中书监王周，中书令韦华；后燕有中书令眭邃、常忠；后凉有中书令王祥、杨颖；西秦有中书监姚儁。

中书侍郎、黄门郎 《晋书》卷二四《职官志》："中书侍郎，魏黄初初，中书既置监、令，又置通事郎，次黄门郎。黄门郎已署，事过通事乃署名。已署，奏以入，为帝省读，书可。及晋，改曰中书侍郎，员四人。中书侍郎盖此始也。及江左初，改中书侍郎曰通事郎，寻复为中书侍郎。"五胡政权普遍置此职官，除沿晋称中书侍郎外，也有置黄门郎者。如汉赵有黄门郎傅恂、韦谀，中书侍郎刘敏元；[1]后赵有黄门郎韦谀、严生，中书侍郎乐嵩；前秦有中书侍郎王猛、薛赞；后秦有黄门郎段章，中书侍郎王尚；后凉有中书侍郎杨颖、王儒；北燕有黄门郎常陋，中书侍郎褚匡、李扶（中书郎）；南燕有中书侍郎封逞、韩范；北凉有中书侍郎

1　见《晋书》卷九一《韦谀传》、卷八九《刘敏元传》。

张穆；夏国有中书侍郎皇甫徽、胡方回；西秦有中书侍郎王恺等。

秘书监、著作郎 《晋书》卷二四《职官志》："秘书监，案汉桓帝延熹二年（159）置秘书监，后省。魏武为魏王，置秘书令、丞。及文帝黄初初，置中书令，典尚书奏事，而秘书改令为监……及晋受命，武帝以秘书并中书省，其秘书著作之局不废。惠帝永平中，复置秘书监，其属官有丞，有郎，并统著作省。""著作郎，周佐史之任也……魏明帝太和（227～233）中，诏置著作郎，于此始有其官，隶中书省。"晋因之。五胡政权沿置此职官，见于史籍的有：后赵有秘书监徐光，石勒曾"拜太学生五人为佐著作郎"；前燕有秘书监聂熊；前秦有秘书监王飏、朱彤，著作郎梁谠、赵泉、东敬；后凉有著作郎段业；后燕有秘书监郎敷；夏国有秘书监胡义周，著作郎赵逸等。

门下省

侍中 《晋书》卷二四《职官志》："侍中……秦取古名置侍中，汉因之。秦汉俱无定员，以功高者一人为仆射。魏晋以来置四人，别加官者则非数。掌傧赞威仪，大驾出则次直侍中护驾，正直侍中负玺陪乘，不带剑，余皆骑从。御登殿，与散骑常侍对扶，侍中居左，常侍居右。备切问近对，拾遗补阙。"此职为门下省最高职官，五胡政权普遍置此。如成汉有李贽、李成、李艳、董皎、冯孚；汉赵有刘殷、王育、王弥、石勒、刘乘、卜榦、卜泰、刘岳、乔豫、和苞、杨难敌、张茂、徐邈、刘胤、卜珝（辞不受）、崔岳（追赠）；后赵有石虎、石挺、任播、石邃、夔安、申钟、石磔、韦谀、郑系、王谟、石斌、徐统；前秦有吕婆楼、鱼

遵、强国、雷弱儿、苻融、苻法、王猛、张蚝、强益耳、梁
畅、苻纂、梁谠、王永；前燕有慕容恪、皇甫真、兰伊；后
秦有姚弼、段铿、任谦、姚绍；后燕有慕容德、慕容宝、孙
勃、悦真；后凉有房晷、吕弘；南燕有慕容超、慕容统、公
孙五楼；北燕有冯弘、孙护、王难、阳哲；夏国有胡俨；西
秦有方弘、麹景、翟韶、姚绍、元基、出连辅政、乞伏延
祚等。

给事黄门侍郎、黄门侍郎 《晋书》卷二四《职官志》：
"给事黄门侍郎，本秦官也。汉已后并因之，与侍中俱管门
下众事，无员。及晋，置员四人。"又《通典》卷二一《职
官》也记："门下侍郎，秦官有黄门侍郎，汉因之，与侍中
俱管门下众事，无员。郊庙则一人执盖，临轩朝会则一人执
麾，凡禁门黄闼，故号黄门。其官给事于黄闼之内，故曰黄
门侍郎。初秦汉别有给事黄门之职，后汉并为一官，故有给
事黄门侍郎。掌侍从左右，给事中使，关通中外，及诸王朝
见于殿上，引王就座，无员。"五胡政权中，多有置给事黄
门侍郎一职，有时称黄门侍郎。如汉赵有黄门侍郎陈元达、
崔懿之、乔诗、乔度；前燕有黄门侍郎申胤、梁琛；前秦有
给事黄门侍郎权翼，黄门侍郎李柔、程宽；后秦有给事黄门
侍郎古成诜、尹冲、姚和都，黄门侍郎姚文祖；南燕有黄门
侍郎张华；西秦有给事黄门郎郭恒等。

散骑常侍、中常侍 《晋书》卷二四《职官志》："散骑
常侍，本秦官也。秦置散骑，又置中常侍，散骑常侍从乘车
后，中常侍得入禁中，皆无员，亦以为加官。汉东京初，省
散骑，而中常侍用宦者。魏文帝黄初初，置散骑，合之于中
常侍，同掌规谏，不典事，貂珰插右，骑而散从，至晋不

改。"五胡政权多置散骑常侍，也有中常侍一职。如成汉有散骑常侍王嘏、王幼、常璩，中常侍许涪、王广；汉赵有散骑常侍曹恂、王忠（追赠）、刘绥；郁鞠、董景道，中常侍王沈、宣怀、俞容；后赵有散骑常侍石宏、石邃，中常侍严震，常侍卢湛、崔豹，在石勒称赵王初，还置有左常侍，董树任之，右常侍，霍皓任之；前秦有散骑常侍张天锡、苻洛、刘兰、休密驮、吕光、王猛、苻晖、王腾、杨定、窦冲、王统、杨璧；后秦有散骑常侍席确、王帛（仅记为散骑）；后凉有散骑常侍郭黁；北燕有散骑常侍孙秀，左常侍桃鲜；南燕有散骑常侍韩谅、段封之；北凉有左常侍高猛；南凉有中散骑常侍（中常侍）张融；西秦有散骑常侍乞伏务和、郭黁、段晖、沮渠兴国等。

散骑侍郎 《晋书》卷二四《职官志》："散骑侍郎四人，魏初与散骑常侍同置。自魏至晋，散骑常侍、侍郎与侍中、黄门侍郎共平尚书奏事，江左乃罢。"由于地位较低，史籍所载五胡政权内此职官不多。仅见前燕有散骑侍郎徐蔚，北凉有郭祇，南凉有阴利鹿。

魏晋门下省还置有给事中（仅见北燕有中给事中冯慧懿，南燕有给事中宗正元）、通直散骑常侍、员外散骑常侍等职官。史籍载五胡政权中以上职官很少，不具列。

在五胡政权中枢职官中，还沿魏晋旧制，设置秦汉魏晋中央的"九卿"或称"列卿"，《晋书》卷二四《职官志》记列卿中有"太常、光禄勋、卫尉、太仆、廷尉、大鸿胪、宗正、大司农、少府、将作大匠、太后三卿、大长秋，皆为列卿，各置丞、功曹、主簿、五官等员"。现据史籍，将五胡政权各国列卿所置情况大致叙述如下。

太常 《晋书》卷二四《职官志》："太常,有博士、协律校尉员,又统太学诸博士、祭酒及太史、太庙、太乐、鼓吹、陵等令,太史又别置灵台丞。"又记:"晋初承魏制,置博士十九人。及咸宁四年(278),武帝初立国子学,定置国子祭酒、博士各一人,助教十五人,以教生徒。"太常及其所属太学诸博士,在五胡政权中的设置,对于加速胡汉融合及文化交流意义重大。见于记载的五胡诸国太常及其所属职官的有:成汉设有"太官令",应即太常属太史令,掌三辰时日祥瑞妖灾,岁终则奏新历;后又见有太史令韩豹、韩浩。汉赵有太常朱纪、靳冲、梁胥、杨柯(辞不受);国子祭酒有刘均,博士张师,崇文祭酒董景道,博士祭酒台产,太史令宣于修之、康相、弁广明、台产、任义。后赵石勒时,曾下诏"每郡置博士祭酒二人",又"置大小博士";至石虎时,"下书令诸郡国立五经博士","至是复置国子博士、助教",任国子祭酒有聂熊;又置"女太史"于灵台,有太史令赵揽,有太常条攸、刘奥(追赠)、王修。前秦有国子祭酒王欢,博士王寔,太史令康权、魏延、王彤。前燕慕容皝即燕王位后,曾以"裴开、阳骛、王寓、李洪、杜群、宋该、刘瞻、石琮、皇甫真、阳协、宋晃、平熙、张泓等并为列卿将帅"。后燕有博士刘详、董谧。后秦有太常权翼、索棱,太史令郭黁、任猗,博士淳于岐,灵台令张泉。后凉有太常郭黁、杨颖。北燕有太常褚睗,太常丞刘轩,太史令闵尚、张穆。南燕有太史令成公绥。北凉有太史令刘梁、张衍,又曾以刘昞、索敞、阴兴为国师助教、世子侍讲。南凉有国子祭酒田玄冲、赵诞,国纪祭酒郭韶,太史令景保。西秦有博士,见于甘肃永靖炳灵寺一六九西秦壁画;

夏国有太常姚广都。

又魏晋太常所属还有"都水使者"，主陂池灌溉，保守河渠，史载汉赵国有左都水使者支当，右都水使者刘摅；后赵有都水使者张渐。

光禄勋 《晋书》卷二四《职官志》："光禄勋，统武贲中郎将、羽林郎将、冗从仆射、羽林左监、五官左右中郎将、东园匠、太官，御府、守宫、黄门、掖庭、清商、华林园、暴室等令。哀帝兴宁二年（364），省光禄勋，并司徒。孝武宁康元年（373）复置。"史籍所载五胡政权设光禄勋及其属官有：汉赵有左中郎将宋始；后赵有光禄勋杜嘏，左中郎将文鸯，右中郎将卫麟；前秦有光禄勋李俨，武贲中郎将张蚝，左中郎将邓绥；前燕有左中郎将慕容筑；后凉有武贲中郎将吕纂、吕开；西秦有光禄勋王松寿等。

卫尉 《晋书》卷二四《职官志》："卫尉，统武库、公车、卫士、诸冶等令，左右都候、南北东西督冶掾。及渡江，省卫尉。"史籍所载五胡政权任此职者甚少，仅见汉赵有呼延宴、梁芬、刘锐，南凉有伊力延，北燕有冯卖等任卫尉之职。

廷尉 《晋书》卷二四《职官志》："廷尉，主刑法狱讼，属官有正、监、评，并有律博士员。"五胡政权中，见于记载任此职者，为汉赵陈元达、乔智明，后赵续咸，前燕廷尉监袁炜等。

大鸿胪 《晋书》卷二四《职官志》："大鸿胪，统大行、典客、园池、华林园、钩盾等令，又有青宫列丞、邺玄武苑丞。及江左，有事则权置，无事则省。"五胡政权中，见于记载任此职者，为汉赵范隆、李弘、田崧，后赵晶赞（追赠），前燕温统，前秦韩胤、郝稚，后秦梁斐等。

宗正 《晋书》卷二四《职官志》："宗正，统皇族宗人图谍，又统太医令史，又有司牧掾员。"五胡政权中，见于记载任宗正一职者，为汉赵呼延攸，前秦苻融，后秦姚绍等。

大司农 《晋书》卷二四《职官志》："大司农，统太仓、籍田、导官三令，襄国都水长，东西南北部护漕掾。"五胡政权中，见于记载任大司农一职者，为汉赵卜豫、朱诞、卜珝，后赵曹莫，后秦袁虔、窦温，南凉成公绪等。

将作大匠 《通典》卷二七《职官》九将作监条记："……秦有将作少府，掌治宫室。汉景帝中元六年（前144）更名将作大匠，后汉位次河南尹……章帝建初元年（76）复置，初以任隗为之，掌修作宗庙、路寝、宫室、陵园土木之功，并树桐梓之类，列于道侧。魏晋因之。"五胡政权中，见于记载任将作大匠一职者，为汉赵靳陵、胡元，前燕平熙，夏国叱干阿利等。

少府 《晋书》卷二四《职官志》："少府，统材官校尉、中左右三尚方、中黄左右藏、左校、甄官、平准、奚官等令，左校坊、邺中黄左右藏、油官等丞。"五胡政权中任此职者，见于记载的有汉赵少府陈休，后赵任汪及尚方令解飞等。

十六国五胡政权还承袭了魏晋以来中枢御史台及其职官，主要有如下官职。

御史中丞、御史大夫 《晋书》卷二四《职官志》："御史中丞，本秦官也。秦时，御史大夫有二丞，其一御使丞，其一为中丞。中丞外督部刺史，内领侍御史，受公卿奏事，举劾案章。汉因之，及成帝绥和元年（前8），更名御史大夫为大司空，置长史，而中丞官职如故。哀帝建平二年（前

5），复为御史大夫……历汉东京至晋因其制，以中丞为台主。"五胡政权多置御史台，以御史中丞或御史大夫为台主。如汉赵有御史中丞诸衍（一作浩衍）、殷凯（一作段凯），御史大夫崔鸿；后赵有御史中丞李矩；前燕有御史中尉（应即御史中丞）阳约；前秦有御史中丞梁平老、李柔；夏国有御史中丞乌洛孤，御史大夫叱干阿利；西秦有御史大夫梯眷、麹景、段晖。

治书侍御史、侍御史、殿中侍御史 《晋书》卷二四《职官志》："治书侍御史，案汉宣帝幸宣室，斋居而决事，令侍御史二人治书侍侧，后因别置，谓之治书侍御史，盖其始也。及魏，又置治书执法，掌奏劾，而治书侍御史掌律令，二官俱置。及晋，唯置治书侍御史，员四人。"又记："侍御史，案二汉所掌凡有五曹：一曰令曹，掌律令；二曰印曹，掌刻印；三曰供曹，掌斋祠；四曰尉马曹，掌厩马；五曰乘曹，掌护驾。""殿中侍御史，案魏兰台遣二御史居殿中，伺察非法，即其始也。"史籍所见五胡政权中，置以上职官的仅有：后赵石勒时，置行台治书侍御史于洛阳；后燕有侍御史仇尼归，侍御郎高云；后秦有治书侍御史唐盛，兰台侍御史姜楞，侍御史廉桃生；后凉有殿中侍御史王回等。

魏晋于太子东宫还设置了一系列辅佑太子之职官，如太子太傅、少傅、太子詹事、中庶子、中舍人、洗马、左右率等。[1]在五胡政权中，史籍也记有上述职官。如汉赵有太子太傅卜泰、刘胤，太子少傅董景道，太子太师卢志，太子

---

[1]　魏晋太子东宫诸职官名及设置情况，见《晋书》卷二四《职官志》等，此不赘引。

少师台产，詹事曹光、[1]鲁繇，[2]太子洗马刘绥，东宫舍人荀裕；后赵有太子詹事孙珍，太子中庶子李颜，石虎时"东宫置左右统军将军，位在四率以上；前秦有太子太傅王猛、符融，太子詹事王猛、席宝；太子左卫率石越；前燕有中庶子李绩；后秦有太子詹事王周，中舍人梁喜，洗马范勖，太子右卫率姚和都；北凉有世子洗马宗钦，东宫侍讲程骏；西秦有太子太师焦遗，太子詹事赵（一作魏）景，太子司直焦楷。

五胡政权也承袭了汉魏以来中宫（即后宫，皇后居处）一些职官，而微变其名，如汉赵置中宫仆射，由郭猗任之。

此外，五胡政权还承袭汉晋以来掌皇宫黄门之内诸伺应杂事，持兵器宿街密殿的职官——中黄门，此职名义上属少府，曹魏后职稍重。见于记载的五胡政权置此职者，有汉赵陵修，前秦刘晃，后燕赵济生，南燕孙进等。

十六国五胡政权均沿袭了汉魏以来实行的封王及"五等爵制"（有王、公、侯、伯、子、男等级）；封王极滥。诸王只有食邑，而无实权，只有兼职后，方有职事权。一般是称帝建号政权有封王之制，而称王者政权封王较少。由于五胡政权封王之滥举不胜举，故略。而"公、侯、伯、子、男"封爵在五胡政权中也普遍存在，公、侯封爵名目繁多，故不赘举。[3]

3. 军事之官

十六国五胡所建政权普遍承袭汉魏以来军事方面的职

1　见《太平御览》卷二七四引《前赵录》。
2　《水经注》卷四《沁水》。
3　可参阅本书第七章，拙作《南凉与西秦》，陕西人民出版社，1986；此书中有关于南凉、西秦政权封王及官爵的情况。

官，而史籍所载五朝政权中的军事职官最多，占全部职官的70％以上。除上述汉魏以来"三公""八公"中的大司马、太尉等军事职官外，见于记载的主要有如下职官。

大将军 《晋书》卷二四《职官志》："大将军，古官也。汉武帝置，冠以大司马名，为崇重之职。及汉东京，大将军不常置，为之者皆擅朝权……及晋受命，犹依其制，位次三司下，后复旧，在三司上。"五胡政权普遍设此职，且有上将军或上大将军之号。石勒、姚苌、苻洪、吕光、慕容垂、秃发乌孤、乞伏国仁等，在其建国初，均曾自称大将军。各国建立后，任此职者有：成汉李寿、李越、李广；汉赵刘和、刘粲、刘敷、刘约、刘骥、靳准、刘岳、陈安、石勒、杨难敌（以上大将军）、张骏（上大将军）；后赵李农、石邃、石遵；前秦张平、杨壁、杨定（上大将军）；后秦有姚弼、姚绍；后燕务银挺（上大将军）；夏国赫连力俟提、赫连璝；西秦乞伏乾归（上将军）等。

其次，魏晋开府从公之"骠骑、车骑、卫将军、伏波、抚军、都护、镇军、中军、四征、四镇、龙骧、典军、上军、辅国等大将军"，在五胡政权中也多有设置。如：

骠骑大将军、骠骑将军 《通典》卷三四《职官》："骠骑将军。汉武帝元狩二年（前121）始用霍去病为骠骑将军，定令，令骠骑将军秩禄大将军等。光武中典：以景丹为骠骑大将军，位在三公下……魏晋齐并有之。"五胡政权中任此职者，成汉有骠骑将军尹奉；汉赵有骠骑大将军刘易、刘骥、石勒，骠骑将军王彰、刘述；后赵有骠骑大将军石宏，骠骑将军石虎；前秦有骠骑大将军苻安、张天锡、杨定、王腾，骠骑将军张蚝、窦冲；后燕有骠骑大将军慕容宝、慕容熙，骠骑将军慕容国、慕容农；北燕有骠骑大将军冯万泥、冯弘；南燕有骠骑大将军慕容超；南凉秃发利鹿孤曾先后为骠骑将军、骠骑大将军；西秦有骠骑大将军乞伏谦屯等。

车骑大将军、车骑将军、左右车骑将军 《通典》卷二九《职官》："车骑将军。汉文帝元年（前179）始用薄昭为车骑将军。后汉章帝即位，西羌反，以舅马防行车骑将军……和帝即位，以舅窦宪为车骑将军，征匈奴，始赐金紫，次司空……魏车骑为都督仪与四征同，若不为都督，虽持节属四征者，与前后左右杂号将军同。"五胡政权中，任车骑大将军的有：汉赵刘曜、刘聪、刘逞、游子远、靳准，后赵石宣，前燕刘宁、前秦苻雄、刘宁、苻柳、苻方、张蚝、毛兴、苻冲、窦冲，后凉吕弘，后燕慕容德，北燕冯素弗，南凉秃发傉檀，西秦乞伏木弈于；任车骑将军的有：后赵石虎，后秦没弈于，南燕慕容镇，南凉秃发傉檀；任左车骑将军的有：成汉李越、汉赵乔泰；任右车骑将军的有：汉赵王腾。

此外，卫大将军、卫将军、抚军大将军、抚军将军、都督大将军、龙骧大将军、龙骧将军、中军大将军、四征（征东、征西、征南、征北）大将军；四镇（镇东、镇南、镇西、镇北）大将军等，在五胡所建政权中均普遍设置，尤以四征、四镇大将军为多，不赘引。

比以上位低的军事职官，如四平将军（平东、平南、平西、平北），四安将军（安东、安南、安西、安北），中领军将军，护军将军，左右前后军将军，屯骑、步兵、越骑、长水、射声等五校尉，左右卫将军，以及骁骑将军等杂号将军，在五胡所建政权中均普遍设置，且名目繁多，五花八门，不赘引。[1]

十六国五胡所建政权也承袭了汉魏以来有关军事职官的"持节都督"的制度。《宋书》卷三九《百官志》上记："持节都督，无定员。前汉遣使，始有持节。光武建武初，征伐四方，始权时置督军御史，事竟罢。建安中，魏武帝为相，始遣大将军督军……魏文帝黄初二年（221），始置都督诸州军事，或领刺史。三年，上军大将军曹真都督中外诸军事，假黄钺，则总统外内诸军矣。明帝太和四年（230），晋宣帝征蜀，加号大都督……晋世则都督诸军为上，监诸军次之，督诸军为下。使持节为上，持节次之，假节为下。"几乎所有五胡所建政权均有持节都督制，权力最重者为"都督中外诸军事""大都督"，见于记载的有：成汉大都督李越；汉赵使持节征讨大都督刘景；后赵都督中外诸军事石宏，使持节大都督中外诸军事石邃，都督中外军事张豺；前秦都督中外诸军事苻雄、苻菁、苻安、苻法、王猛、苻叡、苻方、苻融、王永、苻纂、杨定；后燕都督中外诸军事慕容德、慕容熙；南燕都督中外诸军事慕容钟等。此外，五胡诸国或置都督某一州军事（多兼任刺史）或数州诸军事，持节或不持节，种类名号甚多，不再列举。

最有意思的是，五胡所建诸国甚至接受了汉魏以来汉族的民族观及民族政策，似乎将自己比为华夏正统，将周围其他民族（甚至南方汉族）视为"蛮夷"，沿袭汉魏以来在

---

[1] 可参阅本书第七章、《南凉与西秦》中关于南凉、西秦、汉赵三国军事职官设置的详细情况。

少数民族（蛮夷）聚居地区设置护羌、夷、蛮等校尉及护匈奴、羌、戎、蛮、夷、越中郎将，或领刺史，或持节为之。如汉赵置长水校尉，以尹车任之；置平羌校尉，以韦忠任之；置护南氐校尉，以杨难敌任之；置东夷校尉，石勒任之；置宁羌中郎将，杨难敌任之。西秦置有西胡校尉，乞伏是辰任之；置平羌校尉，乞伏信帝任之；置休官大都统，权千成任之；置叠掘都统，叠掘河内任之等。至于五胡其他政权这类职官设置情况及与传统汉族民族观之关系，可参阅日本三崎良章撰《五胡诸国的异民族统御官和东晋——以南蛮校尉、平吴校尉设置为中心》（《东方学》第82辑，平成三年）、《从异民族统御官看五胡诸国之民族观》（《东洋史研究》第57期，平成七年），不赘。

4. 地方之官

五胡所建政权在地方行政体制上，基本上全部承袭秦汉魏晋以来的州、郡、县制，于州置刺史（或曰牧，京畿地则称"内史"），郡置太守（郡守），县大者置令，小者置长。关于五胡诸国国内设置州、郡、县的具体情况，清代学者洪亮吉撰《十六国疆域志》有详细记述。其中虽然有一些问题，但基本上反映了十六国五胡诸国地方行政建制及地方职官的情况，不再赘述。[1]

以下，仅对自汉以来于京畿地区设置的司隶校尉，略做进一步探讨。《晋书》卷二四《职官志》记："司隶校尉，案汉武初置十三州，刺史各一人，又置司隶校尉，察三辅、三

1　本书第七章，《南凉与西秦》中对汉赵、南凉、西秦三政权地方行政建置有详细记述，并对洪亮吉《十六国疆域志》有关部分存在的问题，做了分析，可参阅。

河、弘农七郡，历汉东京及魏晋，其官不替。"五胡政权也多在自己的京畿之地置此职，如汉赵有王弥、刘义；后赵有石韬、张离；前燕慕容皝时，"改司州为中州，置司隶校尉"；前秦有梁楞、赵诲、吕婆楼、苻叡、苻晖、王猛、王腾；后秦有郭抚、姚显；后凉有吕弘、吕超；后燕有慕容德、张显；北燕有姚昭；南燕有慕容达、慕容超；夏国有阿利罗；南凉有敬归等。由此可见司隶校尉一职，在五胡政权中有普遍设置。

在五胡所建政权中，仅夏国置有幽州（治大城，今内蒙古杭锦旗东南）、南台（治长安）；朔州（治三城，今陕西延安东）、秦州（治杏城，今陕西黄陵北）；雍州（治阴密，今甘肃灵台西）、[1] 并州（治蒲坂，今山西永济西）、梁（或作凉）州（治安定，今甘肃镇原南）、北秦州（治陕西武功）、豫州（治李润，今陕西韩城南）、荆州（治陕城），[2] 而不置郡、县，以城主统民。

综上所述，十六国五胡所建政权的官制，无论是最高统治者的名号，还是中枢、军事和地方的官制，基本上是承袭汉魏以来的，这是毫无疑问的。为什么会产生这种情况呢？

主要原因是内迁五胡所建政权的领地，特别是政治、军事和文化中心地区，在原汉族（华夏）聚居的长江、淮水以北（包括今四川），五胡统治者要有效地统治以农耕为主的广大汉族，搬用其原有的游牧民族或较为简单的政治制度包括官制是不可能的。因此，只有采取原汉魏以来的官制，才

1　赫连勃勃取长安后，雍州可能改治长安。
2　见《晋书》卷一四《地理志》"雍州"条；参见洪亮吉《十六国疆域志》卷一六夏国。

能巩固自己的统治。这也是历史发展的必然。

同时，五胡政权也有袭用原魏晋官制可能和条件，那就是五胡大多迁入内地，较早与汉族杂居错处，他们的经济类型及社会地位逐渐发生了变化，文化习俗也渐受汉族的影响。特别是内迁五胡的统治阶层更是深受汉族传统文化之熏陶。如建立汉赵国的匈奴刘渊，史称其曾师事上党名儒崔游，对汉文典籍无不综览；其子刘聪"年十四，究通经史，兼综百家之言"。[1] 前秦苻坚生于枋头（今河南卫辉东北），更是以华复帝王和汉族传统文化继承者而自居。此其一。又五胡政权为了管理广大汉族，而不断吸收汉族士族、儒生参加政权建设，做官为吏。有的统治者以汉族为谋主，著名的如前秦的王猛、汉赵的陈元达、后赵的张宾、后秦之尹纬、夏国的王买德等。这些汉族谋士为五胡政权的发展（包括官制的建立）和巩固起了很大的作用。此其二。

然而，五胡政权承袭汉魏官制也有自己的一些特点。

第一，五胡政权在建立和发展过程中，逐渐完善其官制，使之与魏晋官制更为相近。一般说来，五胡在正式称帝或称王之前，官制多不健全，而且多杂有胡俗胡制（说见后），只是在此之后，逐渐与魏晋官制接近，即基本承袭魏晋官制。

第二，在五胡诸国承袭的魏晋官制中，有关军事的职官最多，也最完善，这与当时分裂割据、相互争战的局势有关。因此，五胡诸国特别重视军事及相关的军事职官，各种

1　见《晋书》卷一〇二《刘聪载记》；参见本书第 206 ~ 207 页。

名目的杂号将军及新官名出现较多。如后赵石虎时，又"置左右戎昭、曜武将军，位在左右卫上。东宫置左右统将军，位在四率上……置镇卫将军，在车骑将军上"等。

第三，五胡政权中，一般说来，中枢、军事和地方重要职官均由该族（统治民族）帝王子弟及本族人担任，汉族及其他民族大都只能任中下级官吏。因此，有学者认为，五胡政权是种族（民族）政权，也有人认为汉族参政，五胡政权大多是胡汉联合政权。以上看法均欠妥。统治民族占其政权职官的重要地位，是历史上多民族国家，包括汉魏以来汉族所建政权必然的现象，不足为奇。有的学者对一些五胡所建政权职官民族成分做了统计，据现存史籍所载，汉赵国共有大小官员 263 名，其中刘渊一族官员 44 人，匈奴族 70 人，汉族 131 人；其他民族 18 人。[1] 其中，汉族官员虽然占了汉赵国官员总数的一半左右，但其中中央、军事和地方的主要官员仍是匈奴刘氏一族及其他匈奴族人担任，整个国家的权力牢牢掌握在匈奴刘氏一族手中。又如前秦苻坚即位前，前秦重要将军有 22 人，其中氐族 16 人，占 72.7%，疑为氐族及汉族者各 2 人，匈奴、羌族各 1 人。在氐族 22 人中，苻氏子弟有 13 人，占 59%，若与略带姻戚身份者 2 人，合计 17 人，占总数的 77%。[2] 又如南凉军事之官共 34 人，其中王族秃发氏 6 人，与之联姻者 2 人，少数民族首领及汉族各 8 人，后者仅为中下级官吏。西秦情况同样如此，其军事之官约 72 人，其中乞伏氏王族 26 人，且为武官之首，与乞伏氏联盟的

1　见本书第 202~203 页。
2　见雷家骥《汉赵时期氐羌的东迁与返还建国》，载台湾《中正大学学报》1996 年第七卷第一期。

鲜卑官员18人，则鲜卑族贵族占军事之官总数的59％以上。[1]
其他五胡政权情况亦大致相同。

二 十六国的"单于台制"及胡汉分治

十六国除主要承袭魏晋的官制外，还有一些五胡政权在
采取魏晋官制的同时并行胡族（主要是匈奴）的官制，实行
胡汉分治，即所谓的"单于台制"。这种情况，日本学者内
田吟风称之为"胡汉二重体制"，[2] 有些中国学者称之为"双
轨制"。[3]

据现存史籍记载，并行单于台制的政权，有匈奴刘氏所
建之汉赵国，羯胡石氏所建后赵国，鲜卑族所建之后燕国，
以及鲜卑化汉人高氏所建之北燕国。

1. 汉赵国 据《晋书》卷一〇一《刘元海载记》、《太
平御览》卷一一九引崔鸿《十六国春秋·前赵录》等记：刘
渊（元海）称汉王后六年（310）临终时，曾以子刘聪"为大
司马、大单于，并录尚书事，置单于台于平阳（今山西临汾）
西"。此为汉国置单于台之始，也是十六国时设单于台之始。
刘聪继立后，因其异母弟刘乂为渊皇后单氏所生，故聪曾说：
"今便欲远遵鲁隐，待乂年长，复子明辟"，并以"乂为皇太
弟，领大单于、大司徒"。即是说，刘聪即位后，单于台的
建置仍然存在，此时单于台的最高长官大单于一职，由可能
继承皇位的皇太弟刘乂担任。

至汉嘉平四年（314）初，刘聪置左右司隶的同时，又

---

1 见《南凉与西秦》，第85页，第208～209页。

2 见内田吟风《匈奴史研究》，创元社，1953。

3 见冯君实《十六国官制初探》。

置"单于左右辅，各主六夷十万落，万落置一都尉"。此时，刘乂仍为大单于。可是，就在同年十一月，聪即以其子刘粲"为相国、大单于，总百揆"，刘乂失宠。过了三年（317），刘粲害乂，诬其谋反，"遣（王）沈、（靳）准收氐羌酋长十余人，穷问之，皆悬首高格，烧铁灼目，乃自诬皋乂同造逆谋"。《资治通鉴》卷九十记此事，胡注云："乂（乂）为大单于，氐、羌酋长属焉，故皆服事东宫。"此亦可证粲之前乂一直任大单于。接着，刘聪即以粲为皇太子，任相国、大单于，总摄朝政如故。

刘曜继立后，改国号为赵，迁都长安，在很长一段时间内未设单于台。直到赵光初九年（326），曜才以子刘胤为大单于，"置单于台于渭城（今陕西咸阳渭城）"，"置左右贤王已下，皆以胡、羯、鲜卑、氐、羌豪桀为之"。

2. 后赵国 西晋太兴二年（319），石勒在群臣的劝进下，称"大将军、大单于，领冀州牧、赵王"。[1]"以大单于镇抚百蛮"，[2]大单于之下设"单于元辅"，由勒从子石虎任之。[3]后赵建平元年（330），石勒灭前赵，正式称帝，以子石弘为太子，"持节，散骑常侍、都督中外诸军事、骠骑大将军、大单于，封秦王"。[4]此后，后赵大单于一职由皇太子弘担任。此事引起石虎的不满，他"自以勋高一时，谓勒

---

1 《太平御览》卷一二〇引崔鸿《十六国春秋·后赵录》。
2 《晋书》卷一〇四《石勒载记上》。
3 同上书卷一〇六《石季龙载记上》。
4 同上。按《晋书》卷一〇五《石勒载记下》记，勒行帝事后，立世子弘为太子。又"署其子宏为持节、散骑常侍、都督中外诸军事、骠骑大将军、大单于，封秦王"。而《石季龙载记上》又说，勒僭号后，以大单于授其子弘。则石宏、石弘似为一人，又或为两人，存疑。

即位之后，大单于必在己，而更以授其子弘"。于是，他私下对其子邃说："主上自都襄国（今河北邢台）以来，端拱指授，而以吾躬当矢石。二十余年，南擒刘岳，北走索头（指拓跋部鲜卑），东平齐鲁，西定秦、雍，克殄十有三州。成大赵之业者，我也。大单于之望实在于我，而授黄吻婢儿，每一忆此，令人不复能寝食。待主上晏驾之后，不足复留种也。"[1]

果然，石勒死后，石弘即位，为石虎所逼，先拜虎"丞相、魏王、大单于，加九锡，以魏郡等十三郡为邑，总摄百揆"。接着，石虎废弘，自立为帝。至后赵建武五年（339），石虎以太子宣"为大单于"。十四年（348），太子宣因杀石韬，为石虎所杀。至此之后，再不见后赵有大单于之号。[2]

值得注意的是，石虎的养孙冉闵（汉族）起兵反，称帝，史称"冉魏"。冉闵于晋永和六年（350）率步骑十万击襄国的石祗时，曾"署其子太原王胤为大单于、骠骑大将军，以降胡一千配为麾下"。[3]也即是说，冉魏继后赵之制，设大单于一职，由皇子担任。

从上述记载看，后赵虽设有大单于或单于元辅等职，以管理百蛮，但并未明言设置了类似前赵单于台的机构。后赵是否置类似单于台之机构呢？据《晋书》卷一〇四《石勒载记上》记：勒称大单于、赵王后，曾"命徙洛阳晷影于襄国，列之单于庭"。也就是说，后赵的单于庭类似于汉赵单

---

1 同上书卷一〇六《石季龙载记上》
2 《晋书》卷一〇五《石勒载记下》及《通鉴》卷九六。
3 《晋书》卷一〇七《石季龙载记下附闵传》。

于台，主要职责同样是"镇抚百蛮"，即管理除汉族以外的其他民族。

3. 后燕国 后燕慕容盛曾于长乐二年（400）"立燕台，统诸部杂夷"。[1] 此燕台"，据《通鉴》卷一一一胡注："二赵（前、后赵）以来，皆立单于台以统杂夷，盛仍此立之。"则此时后燕所立之"燕台"，类似前、后赵之单于台（庭）。可是，不见有大单于之号；只是在后燕开国主慕容垂时，才见垂曾令其太子宝"领侍中、大单于、骠骑大将军、幽州牧"的记载。[2] 后燕建平元年（398），兰汗杀慕容宝，"自称大都督、大将军、大单于、昌黎王"，立慕容盛为燕王。[3] 慕容盛后设立之燕台的长官是否为大单于，谁任此职？因史籍阙载，不得而知。

至光始元年（401）慕容盛死，慕容熙立，"改北燕台为大单于台，置左右辅，位次尚书"，[4] 谁任大单于一职，不明。此时，后燕的大单于台，才基本上与前后赵的单于台性质一致。

4. 北燕国 北燕是在后燕的基础上建立起来的。后燕建始元年（407），冯跋杀慕容熙，立高云为燕王，史称北燕。过了两年，高云为部下所杀，冯跋平乱后，称帝。至北燕太平三年（411），冯跋"以其太子永领大单于，置四

1 《资治通鉴》卷一一一，晋安帝隆安四年条。按此条《晋书》卷一二四《慕容盛载记》失载，同书《慕容熙载记》云"燕台"为"北燕台"。
2 《晋书》卷一二三《慕容垂载记》。
3 《晋书》卷一二四《慕容宝载记》。
4 《晋书》卷一二四《慕容熙载记》。

辅"。[1] 从史籍载有北燕"单于前辅万陵""单于右辅古泥"看，[2] 所谓"四辅"，当为单于前辅、单于后辅、单于左辅、单子右辅。[3] 由此可见，北燕也曾设有类似前后赵之"单于台制"。

北燕为汉族冯氏所建，为什么会采用与匈奴旧俗相关的单于台制呢？首先，冯跋一族原为长乐信都（今河北衡水冀州）汉族，晋永嘉之乱时，跋祖父和避地上党（治今山西长治潞城西）。父安为西燕慕容永将军。西燕为后燕灭亡后，跋迁于和龙（今辽宁朝阳），与当地鲜卑杂处，[4] 所谓"既家昌黎，遂同夷俗"。[5] 即是说，冯跋一族已成为鲜卑化之汉人。其次，北燕建国的辽西、辽东是魏晋以来东部鲜卑之旧地，鲜卑人数众多；而冯跋又是在慕容氏鲜卑所建后燕基础上建立北燕国的。因此，北燕国内政治、经济和文化无不深受鲜卑族的影响，与十六国中鲜卑所建之诸燕国没有多大差别，北燕设置类似单于台的机构是完全可能的。

除了上述汉赵、后赵、后燕、北燕四国外，十六国中还有一些胡族所建政权，在建立前后，也往往有大单于之号。详细情况见下表。

1 《晋书》卷一二五《冯跋载记》；《资治通鉴》卷一一六，晋安帝义熙七年条。
2 《晋书》卷一二五《冯跋载记》；《资治通鉴》卷一一六，晋安帝义熙七年条。
3 《资治通鉴》卷一一六胡注云："太子领大单于始于刘汉，时置左右辅而已，跋增置前辅、后辅。"
4 《晋书》卷一二五《冯跋载记》；《资治通鉴》卷一一六，晋安帝义熙七年条。
5 见《魏书》卷九七《冯跋传》。

十六国胡族政权所置大单于号

国名	时间	称号情况	资料出处
前燕	晋永嘉三年（309）	慕容廆自称为鲜卑大单于	《晋书·慕容廆载记》，《资治通鉴》卷八六
	晋建武元年（317）	晋元帝以慕容廆为大单于、昌黎公	《晋书·慕容廆载记》，《资治通鉴》卷九〇
	晋咸和九年（334）	晋成帝拜慕容皝为大单于、辽东公	《晋书·慕容皝载记》
前秦	晋永和六年（350）	蒲洪自称大将军、大单于、三秦王，改姓苻氏	《晋书·苻洪载记》，《资治通鉴》卷九八
	晋永和八年（352）	苻健即帝位，以大单于授其子苌	《晋书·苻健载记》，《资治通鉴》卷九九
后秦	晋永和十二年（356）	姚襄叛晋，自称大将军、大单于	《晋书·姚襄载记》
	晋太元九年（384）	姚苌自称大将军、大单于、万年秦王	《晋书·姚苌载记》，《资治通鉴》卷一〇五
西秦	晋太元十年（385）	乞伏国仁自称大都督、大将军、大单于，领秦、河二州牧；以独孤匹蹄为左辅，武群勇士为右辅*	《晋书·乞伏国仁载记》，《资治通鉴》卷一〇六
	晋太元十三年（388）	乞伏乾归继立后，众推其为大都督、大将军、大单于、河南王	《晋书·乞伏乾归载记》，《资治通鉴》卷一〇七
	晋太元十七年（392）	乾归犹称大单于、大将军	《晋书·乞伏乾归载记》
南凉	晋隆安三年（397）	秃发乌孤自称大都督、大将军、大单于、西平王	《晋书·秃发乌孤载记》，《资治通鉴》卷一〇九
夏国	晋义熙三年（407）	赫连勃勃自称大夏天王、大单于	《晋书·赫连勃勃载记》，《资治通鉴》卷一一四

*按乞伏国仁称大单于，下有左右辅，似汉赵单于台之建制，但未见记其设单于一类似机构，故将西秦大单于归入只有大单于号一类。

以上六国，在正式建立政权前后，统治者均有大单于之号，他们是否也相应设置了类似单于台的机构呢？史籍没有明确记载。不过，他们均受原匈奴政权的影响，以匈奴最高首领单于为号，是可以肯定的，其目的不外乎是以此号召诸胡。由于他们刚起兵自立，政权尚未完备，待巩固之后，大单于之号再不见于史籍。因此，可以说他们不同程度地受到前赵国单于台制的影响，后来因各种原因未能正式设置单于台的机构。

单于台（庭）制是十六国时出现的一种新的官制，具有鲜明的"胡汉分治"的特征。据上述汉赵、后赵、后燕、北燕四国单于台设置情况，大致可将此制的特点归纳如下。

1. 单于台制首先由匈奴刘氏所建汉赵国创立，以后为一些胡族所建政权所继承，但略有损益。因而，汉赵名之为"单于台"，后赵称之为"单于庭"，后燕名之为"北燕台"（燕台），后改称为"大单于台"。单于台的设置，在汉赵等四国中并没有贯彻于政权的始终。汉赵是在建国后六年始置，前赵刘曜继位后很长一段时间内，未设此台，直到继位后七年才恢复此制。后赵石勒称赵王后，设单于庭，一直到石宣被杀，也不见有大单于之号。至于后燕、北燕的燕台、大单于台的设置，更是在其国的后期。因此，以上四国虽设置两套统治机构，进行胡汉分治，但实际上，应是以继承汉魏官制为主，以单于台制为辅。

2. 单于台的职责，史籍记载甚明，是专门管理国内除汉族（"晋人"）之外其他少数民族的。

3. 单于台一般设置于国都或其附近。如汉赵刘渊、刘聪都平阳，单于台设于平阳西；刘曜都长安，单于台设于长

294

安附近之渭城。后赵石勒时，单于庭在其国都襄国；石虎迁都于邺，因大单于石宣在邺，故知此时单于庭设在邺。后燕、北燕的情况大致如此。

4. 单于台的最高长官，无一例外名为"大单于"，一般是由储主（太子）或有权势的皇子任此职。如汉赵刘渊在位时，以其太子刘聪为大单于；刘聪即位后，先以皇太弟刘乂，后以太子刘粲为大单于；刘曜在位时，以太子胤为大单于。后赵石勒在称帝前，自称大单于，继帝位后，即以太子弘为大单于；石虎继立后，以太子石宣为大单于。后燕慕容垂时，以太子宝为大单于。北燕冯跋以太子永领大单于等。

为什么继帝位后，大单于一职要由太子或皇子担任呢？《资治通鉴》卷九九，晋永和八年（352）正月条记：秦王苻健称帝时，秦丞相苻雄等上言称"单于所以统壹百蛮，非天子所宜领"，以授太子苌。这也许就是天子不领大单于而以太子领此职的原因。

大单于之下，各国所设置辅佐大单于的职官微有不同。汉赵刘聪置"单于左右辅"，刘曜曾任单于左辅，乔智明任单于右辅；[1]刘曜时，前赵大单于之下置"左右贤王已下，皆以胡、羯、鲜卑、氐、羌豪杰为之"。所谓"左右辅"应即匈奴旧制单于之下的"左右贤王"，而微变其名，刘曜则干脆以原"左右贤王"名之。后赵石勒时，勒自兼大单于，以从子石虎为"单于元辅"，由此知后赵大单于之下，仅设有"单于元辅"一人。后燕慕容熙时的燕台大单于之下，与汉国一样"置左右辅，位次尚书"。北燕冯跋时，大单于之下，

---

1 《晋书》卷一〇三《刘曜载记》。

置单于四辅（前后左右），辅助大单于者多达四人。

至于单于左右辅（或左右贤王、元辅、四辅）以下，还设置什么职官和相应的机构，史籍中仅有对汉赵国情况的简约记载。《晋书》卷一〇二《刘聪载记》云："单于左右辅，各主六夷十万落，万落置一都尉。"同书卷一〇三《刘曜载记》亦记："置左右贤王已下，皆以胡、羯、鲜卑、氐、羌豪杰为之。"据此知，汉赵国单于台左右辅之下，将六夷的部落按"万落"为单位划分，共有二十万落。左右辅各自管理十万落，而每一万落置一都尉。刘曜时，管理"万落"的都尉，可能也按匈奴旧俗改称为"万户长"，均由少数民族首领担任。都尉一职，是秦汉以来内地政权的职官，匈奴也有在西域所置"僮仆都尉"，可能是汉朝人的译名。汉朝有"属国都尉"一职，曹魏、西晋于内迁匈奴五部，每部置都尉等。汉赵刘聪于万落置一都尉，可能系仿西晋匈奴五部都尉而置。其余设单于台的五胡政权情况是否同汉赵国，因史籍阙载，不得而知。

5．单于台统治的人民，是除汉族之外的其他民族，即所谓"六夷""百蛮"，而且是以游牧为生、以部落为组织的少数民族。由于自东汉末年以来，东北、北方、西北的少数民族大量内迁，淮水、长江以北几乎遍布他们的足迹，其中主要有"六夷"。这也就是十六国单于台之所以能存在的基础。六夷中的"胡"，具体指匈奴及与其相关的诸杂胡（卢水胡、铁弗、独孤、赀虏等），分布很广，大致从今甘肃的河西一直到今陕西、山西、河北、内蒙古等地均有，而尤以关中和山西为多。"羯"，指羯胡，其主要成分为西域胡人，石勒一族即羯胡。其人高鼻深目，多须髯，分布地区主要在今陕西渭北、山西上党及河北等地。"鲜卑",原居地在东北,东汉末年以来大量内迁,人口众多,故十六国时逐鹿中原,建立政权亦最多。其中也有部分仍以部落为社会组织形式。氐、羌是六夷中人口较多的两个民族,分布极广。除以上"五胡"外,巴氐也是六夷之一(一说是乌桓),除了李特兄弟所率一支入今四川建立成汉国外,还有不少巴氐(其实为"巴人")入居今陕西关中、渭北一带。《晋书》卷一〇三《刘曜载记》云:曜曾滥杀巴酋,引起关中"巴氐尽叛,推巴归善王句渠知为主,四山羌、氐、巴、羯应之者三十余万,关中大乱,城门昼闭"。

从上述六夷的情况看,十六国内都存在多种不同的民族,其中汉族人口最多,他们虽然大都与六夷杂居错处,但在经济、文化和生活习俗等方面仍然存在差别。这也就是十六国时出现两种官制和胡汉分治的基础。

6. 从以上整个单于台制的特点看,这一制度基本上是沿匈奴官制而来的。因此,按其性质来讲,单于台不仅是一个政治行政组织,而且是一个带有军事性质的组织和带家属、财产(主要是牲畜)的部落组织。正因为如此,十六国设置单于台的政权,其军事力量基本上握在单于台的大单于手中。这就是大单于一职一般由继承帝位的太子担任的原因,由此亦可见大单于地位之重要。[1]

总之,十六国时一些政权采取两套官制,实行胡汉分治的原因,不外乎是这些政权统治的地区内既有人数众多、以

1　以上关于对单于台的论述,笔者参考了前人的论著,不一一列举(可见注释中所引论著)。

农业为主的汉族，又有从东汉以来大量内迁的六夷，他们既有保持旧俗的一面，又有因汉化而接受汉族传统文化的一面。因此，五胡所建立的一些政权对国内经济、文化和习俗相异的胡汉人民采取两种不同的官制，加以管理，这是时代的产物。

可是，国内有些学者却认为："大单于及单于台的设置，是胡族落后国家机构在中原的残留，反映了民族压迫的存在。"[1] 还有的学者说：单于台制"是一个人为的胡汉分治的落后政策，阻碍了民族融合的进程"；[2] "总的精神是突出民族界限，实行分而治之"。[3] "这是一种制造民族对立而不利于民族融合的落后政策。"[4] 这些看法似可商榷。

事实上，十六国时单于台的设置是汉赵等国改造原匈奴的旧制，以适应新的历史时代要求的产物。在中国封建政治制度史上可以说是一个创造。在当时民族关系复杂的特定历史条件下，汉赵等政权的单于台制有它出现的必然性和合理性，反映了当时各民族尚未完全融合的历史事实，不能简单加以否定。

当然，这一制度所形成的胡汉分治又有极大的局限性，随着内迁六夷与汉族的进一步融合，胡汉逐渐融为一体，差别逐渐缩小，两套官制亦就失去了它存在的基础，单于台制也就为历史所淘汰。十六国的历史恰好证明了这一点。

1 见上引冯君实《十六国官制初探》。

2 万绳楠：《魏晋南北朝史论稿》，安徽教育出版社，1983，第13页。

3 王俊杰：《西秦史钩沉》，《甘肃师范大学学报》1981年第3期。

4 高尚志等：《秦汉魏晋南北朝史》，辽宁人民出版社，1984，第262页。

二　十六国地方官制的特点——护军制及其他

十六国政权在地方行政机构及官员设置上，如前所述，皆承袭了汉魏以来的州、郡、县制及相应的州刺史（牧）、郡太守、县令等职官，此外，在京畿及附近设置内史或司隶校尉等职官。大多数五胡政权在承袭上述地方行政体制及职官时也有一个逐渐发展完善的过程。一般说来，在五胡统治者正式称帝、王之后，即有了较为完善的地方行政体制和职官。例外的除前述夏国在前期只设州而不设郡县之外，就是汉赵国在刘聪即位后的嘉平四年（314）所设置的司隶校尉一职。

据《晋书》卷一〇二《刘聪载记》记：嘉平四年"置左右司隶，各领户二十余万，万户置一内史，凡内史四十三"。刘聪的这一措施，乃是对汉魏以来地方行政体制中司隶校尉一职的改革。其所置左右司隶，各领二十余万户，即将汉魏以来司隶校尉，分为左右两名，所领户也以万户为单位，置一内史领之，凡四十三内史，几乎包括了当时汉国实际控制的所有地区。以"万户"为行政单位，乃是秦汉以来北方匈奴等游牧民族以万户为行政单位的旧俗。即是说，此时匈奴汉国刘氏以汉魏以来地方行政之名（即司隶校尉、内史），恢复了其祖先以万户为单位的地方行政组织，是糅合了胡汉地方行政体制特点的新形式。

当时，汉国左右司隶所辖四十三万户，当为其不断从四周掠迁或归附的人口。其中，主要是"晋人"（汉族）。这种"复旧"，晋人自然是不习惯的；加之汉国统治者对他们的压榨、侵侮，一有机会，他们就采取逃亡的形式进行反抗。如汉麟嘉元年（316），"河东大蝗……平阳饥甚，司隶部人奔冀州（治今河北衡水冀州）二十万户"；次年，赵固、郭默攻汉国河东，"右司隶部人盗牧马负妻子奔之者三万余骑"。[1] 所谓"司隶部"，可能即左右司隶的机构名，下又分左右司隶部，而史载"司隶寺"为司隶部所属之机构。原任汉国廷尉、黄门侍郎的陈元达，曾任过"左司隶"职。[2] 左右司隶的万户组织，可能到刘聪死，刘曜即位后即废止。

以上仅是十六国中个别政权在一段时间内地方官制的改革，实际上在十六国地方行政机构及职官中，最普遍也最具特色的还是"护军制"。

护军制，源于自秦汉以来中央设置的武职"护军"，或称护军都尉、护军将军、中护军等，为领护军队之官，即所谓"护军前官，武士管龠，典武选，尽护诸将"是也。[3] 又为大司马、大将军或魏晋以后持节都督之高级属僚，系中央禁卫出征或都督诸州而设置。另有三国时形成的杂号将军（护军将军）之一，为纯粹之武官。而护军制之"护军"，则超出了上述三种军事职官之范畴，成为国家地方行政机构及职官名。即是说，成为中国古代地方行政机构州、郡、县制的一种补充和特有的制度。[4]

护军制形成于曹魏时，《三国志·魏书》卷三〇注引《魏略·西戎传》记：东汉建安十九年（214）曹操破马

1　《晋书》卷一〇二《刘聪载记》。
2　《晋书》卷一〇二《刘聪载记》。
3　《北堂书钞》卷六四，"护军将军"条。
4　详细论述见拙作《魏晋南北朝时期的护军制》，《燕京学报》1999年第6期。

超，仇池氏酋阿贵为夏侯渊攻灭，其部众被曹操"分徙其前后两端者，置扶风、美阳，今之安夷、抚夷二部护军所典是也"。所谓"今"，当指曹魏之时。安夷、抚夷二护军设置的具体时间，据《元和郡县图志》卷一云阳县条记："本汉旧县，属左冯翊，魏司马宣王抚慰关中，罢县，置抚夷护军，及赵王伦镇长安，复罢护军。刘、石、苻、姚因之。魏罢护军，更于今理，别置云阳县。隋因之。"抚夷护军治汉云阳县（今陕西泾阳西北三十里），系司马宣王（司马懿）抚慰关中时（231～236）所置。安夷抚军或也置于此时。抚夷护军是"罢县"而置，则其相当于县一级，且是军政合一的行政体制，与上述护军将军职官不同。

安夷、抚夷护军兼理民政，还可以从以下史实得到证明。史载曹魏正元二年（255），魏雍州刺史王经与蜀姜维大战于洮西（今甘肃洮河西），魏军大败。十月，魏诏书称："洮西之战，至取负败，将士死亡，计以千数……其令所在郡典农及安、抚二护军各部大吏慰恤其门户，无差赋役一年。"[1] 可见，安、抚二护军也征调兵民参战，护军所辖民户是有赋役的。

西晋建立后，由于全国统一，军事争战较少，地方动乱也少，军政合一的护军制也没有存在的必要，故护军制没有得到推广和发展。但是，到十六国时，由于分裂割据，战争不断，内迁民族与汉族杂居错处，在这种形势下，十六国统治者，无论是汉族还是五胡，在地方

行政体制上，除沿袭汉魏以来的州郡县制外，大多还采用了军政合一的护军制。具体情况如下表。

国名	护军名称	任职官员名	设置和沿革	资料出处
汉赵	抚夷护军			《元和郡县图志》卷一
后赵	抚夷护军			同上
前凉	武街护军（今甘肃成县西北）	曹权、胡宜	置于东晋咸和四年（329）	《晋书》卷八六《张骏传》；《资治通鉴》卷九七
	候和护军（今甘肃临潭）		同上	同上
	石门护军（今甘肃迭部北）		同上	同上
	湿川护军（今甘肃洮河中上游地区）		同上	同上
	甘松护军（今甘肃临夏南）		同上	同上
	枹罕护军（今甘肃临夏）	李逵	同上	《晋书》卷八六《张重华传》
	宁羌护军（今甘肃庆阳）	阴鉴		《资治通鉴》卷九二
前秦	抚夷护军	杨佛狗		《宋书》卷八九《氐胡传》；《元和郡县图志》卷一
	中田护军（今甘肃张掖南）	沮渠法弘		《宋书》卷八九《氐胡传》
	冯翊护军（今陕西洛河西）	郑能邀（进）、苟辅		《邓太尉祠碑》；《广武将军□产碑》
	宜君护军（今陕西铜川耀州东北）		置于前秦苻坚时，魏太武帝改为宜君县	《元和郡县图志》卷三

续表

国名	护军名称	任职官员名	设置和沿革	资料出处
前秦	铜官护军（今陕西铜川）		后魏太武帝改为铜官县	《元和郡县图志》卷二
	三原护军（今陕西泾阳西北）		后魏太武帝神麚三年（430）罢，改置三原县	《元和郡县图志》卷一
	云中护军（今内蒙古托克托东北）	贾雍		《晋书》卷一一三《苻坚载记》上
	勇士护军（今甘肃榆中东北）	吐雷		《晋书》卷一二五《乞伏国仁载记》
	甘松护军	仇腾		《晋书》卷一一三《苻坚载记》
	土门护军（今陕西富平）			《太平寰宇记》卷三一
后秦	抚夷护军		沿前秦置	《元和郡县图志》卷一
	土门护军		同上	《太平寰宇记》卷三一
	铜官护军		同上	《元和郡县图志》卷二
	三原护军		同上	同上书卷一
	宜君护军		同上	同上书卷三
	安夷护军	姚墨蠡	始置于曹魏，后秦沿之	《晋书》卷一一九《姚泓载记》
	安定护军（今甘肃镇原西北）	孙赟		《北史》卷九二《孙小传》
后凉	中田护军	马邃		《晋书》卷一二二《吕光载记》，《宋书》卷九八《氐胡传》作"临松护军"误
	北部护军（今甘肃合黎山北）	吕隆		《晋书》卷一二二《吕光载记》

国名	护军名称	任职官员名	设置和沿革	资料出处
南凉	邯川护军（今青海化隆一带）	孟恺		《晋书》卷一二六《秃发傉檀载记》
西秦	弱水护军（今甘肃张掖南）	吐谷浑觅地	东晋元熙元年（419）置	《晋书》卷一二五《乞伏炽磐载记》
	长城护军（今甘肃平凉西北）	焦亮		《资治通鉴》卷一二一
	苑川护军（今甘肃兰州东苑川）			《秦汉南北朝官印徵存》卷九
北凉	中田护军	沮渠亲信		《资治通鉴》卷一一三
西凉	抚夷护军	刘延明		《北史》卷三四《刘延明传》
夏国	长城护军			《资治通鉴》卷一二二
	吐京护军（今山西石楼）			《魏书》卷三《太宗纪》；同书卷三○《楼伏连传》
仇池国	二十部护军		东晋太元十九年（394）置	《魏书》卷一○一《氐传》

　　表内未列明确记有护军与太守、县令并置，或为军事职官方面的护军。如前凉的大夏护军，[1] 西凉的敦煌护军、骍马护军，[2] 前凉的平虏护军、宣威护军，[3] 前秦的平羌护军，[4] 后凉

1　《晋书》卷八六《张重华传》。
2　同上书卷八七《李玄盛传》。
3　《晋书》卷八六《张茂传》；《太平御览》卷三一引《前凉录》。
4　《资治通鉴》卷一○○，晋穆帝升平三年条。

的宁戎护军，[1] 前燕的辽东护军等。[2] 又由于十六国史籍散佚颇多，上表所列诸国以军统民的护军（即护军制的护军）肯定是不完全的；而且因史料的阙如，所记护军个别可能为其他类型之护军（领护、杂号等），这也是必须说明的。

不过，从上表看，十六国中，至少有十一个国实行了护军制，约占十六国的70％，而且它们基本是在西北立国或管辖到西北的政权。其中，以建国于陕西关中的前、后秦设置得较多且较为完备。有相当郡一级和县一级的护军，每一护军有一定的辖地，军政合一，领护氐、羌、匈奴屠各、卢水胡、吐谷浑、鲜卑等族或杂胡，且杂有汉族。即是说，护军多设置于各民族杂居和易发生动乱的地区。

关于护军制的建置，目前所见史籍阙载，仅可从现存的前秦建元三年（367）立《邓太尉祠碑》（原立于陕西蒲城县东北七十里东河川）所记前秦冯翊护军的情况中窥之一二。[3] 据碑文记，曾任五年冯翊护军的郑能邀（进）所辖地区，"统和、宁戎、鄜城、洛川、定阳五部；领屠各，上郡夫施黑羌、白羌，高凉西羌、卢水、白虏（鲜卑）、苦水，杂户七千，夷类十二种。兼统夏阳（今陕西韩城）治"。[4] 至于冯翊护军的机构及属吏，碑文记有"军府吏属一百五十人"之

1　《晋书》卷一二二《吕光载记》。
2　《芒洛四编补遗》录《后魏石育墓志》。
3　又现存前秦建元四年立《广武将军□产碑》提到"抚夷护军"，但非碑主□产之职，而是其父"抚夷护军、扶风太守"，碑文记□产属僚有军事和郡吏两个系统官吏，故不能作为研究护军制的依据。详细考证见上引拙作《魏晋南北朝时期的护军制》，载《边疆民族历史与文物考论》，黑龙江教育出版社，2000。
4　参见马长寿《碑铭所见前秦至隋初的关中部族》对其辖地及所统各族之分析，中华书局，1985。

众，有护军司马、军参事（3人）、军门下督（2人）、军主簿（11人）、军功曹（2人）、军录事（5人）、军功曹书佐（1人）、功曹书佐（2）人，以及少数民族部酋、部大等。碑文所列护军军府属吏共26人，肯定是不完全的，只占150人总数的17%左右。也即是说，护军制所设置的机构为军府。如果将护军制军府属吏与《晋书》卷二四《职官志》中郡县一级属吏，以及军事职官"护军将军"属吏相比较，则护军制军府与护军将军之属吏更为相近。这说明护军制军府的机构与属吏与护军将军同，而无地方郡县官吏。这正突出了护军制以军治民、军政合一的特点。

护军制一直延续到北魏初，至太安三年（457），北魏才"以诸部护军各为太守"，[1] 也即是废除护军制。但其残余直到魏文帝太和年间才彻底废止。[2]

除护军制外，十六国在地方行政官制上，还有一些特点，即十六国后期后秦、夏国实行的"大营"和"以城统民"的军政合一的地方官制。

羌族所建之后秦政权，其首领姚氏原居陇右，后赵石虎时，东迁滠头（今山东临清），石虎封其首领姚弋仲为"奋武将军、西羌大都督"，后"迁持节、十郡六夷大都督"。时姚弋仲领众数万，是军政合一的组织，以都督的名义统领本族（羌）为主的军队和六夷。后赵亡后，氐族苻氏建前秦，羌族姚氏率部先降东晋，后又归降前秦。苻坚淝水之战败后，姚苌起兵关中，杀苻坚，建后秦，与前秦残余陇右的

1 《魏书》卷一一三《官氏志》。

2 《元和郡县图志》卷三真宁县条记："后魏置泥阳、惠涉二护军，孝文帝太和十一年（487）复置阳周县。"

苻登争战不息。据《晋书》卷一一六《姚苌载记》载："苌既与苻登相持积年，数为登所败，远近咸怀去就之计，唯征虏齐难、冠军徐洛生、辅国刘郭单、冠军弥姐婆触、龙骧赵恶地、镇北梁国儿等守忠不贰，并留子弟守营，供继军粮，身将精卒，随苌征战。时诸营既多，故号苌军为大营，大营之号自此始也。"军营（诸营）可能形成较早，而大营之号始于姚苌与苻登相持之时。[1] 大营、诸营是适应战争需要的以军统民、军政合一的组织；大营自然随姚苌迁徙，诸营则屯驻于军事重地或镇、堡，于是有"堡民""镇民"的出现。

姚兴即位后，攻灭苻登，"分大营户为四，置四军以领之"，而"诸营"之名也渐废除。此后，姚兴安定秦陇，大封功臣，其官制也基本沿用汉魏之制。如史载，姚兴子弟或大臣镇守各地，以将军衔领州、郡长官（刺史、太守），或以都督某州（或数州）诸军事，领刺史、太守而已。然而，此时刺史、太守之类的地方职官已有名无实；都督诸州军事、将军等武职所兼地方民户，开始沿用"镇户""堡户"之名，说明对他们的管理已具有"军管"的性质。到姚兴在位后期，甚至出现了直接用"都督……军事"或将军管辖"镇户"的情况，废止了名义上的州郡职官。如姚兴曾令"（姚）显都督安定、岭北二镇事"；陇东太守郭播曾上言："岭北（指陕西礼泉九崚山以北）二州镇户皆数万。"[2] 姚兴还以铁弗匈奴勃勃（即赫连勃勃）"为持节、安北将军、五原

1　关于大营，可参见关尾史郎《"大营"小论——后秦政权（384～417）之军事力和徙民措施》，载《中国古代法与社会》（《粟原益男先生古稀纪念论集》），汲古书院，1988。

2　以上所引均见《晋书》卷一一七、一一八《姚兴载记》。

公，配以三交五部鲜卑及杂虏二万余落，镇朔方"。[1] 因而，这种地方行政体制实际上已具有"军镇"之实，但至今未见军镇之名。[2]

又夏国虽然也沿魏晋制度，设诸州守宰，但此种州在前期不设郡县，不过是统军政的军镇，以城主（军镇主）统民。[3]

总之，无论是后秦以都督诸州军事或将军统民，还是夏国以城主统民，皆是军政合一，以军统民的军管性质，具备了军镇之实，可以说是盛行于北魏的"军镇"之雏形，也是五胡十六国时，各国相互争战，争夺土地和劳动力，徙民治民，加强对地方军事控制的产物。

四　小结

十六国的官制主要应是各国均承袭了汉魏以来的官制，其最高统治者称帝或称王，而按汉魏以来官制，从中央到地方设置相应的职官。而各国承袭汉魏以来的官制一般也有一个过程，大致在正式称帝、王后渐趋完善，且以军事职官最多，多由统治民族王族子弟及本族人担任，汉族贵族也参与政权，分任各种官职的人数也较多。

其次，在一部分五胡所建政权（汉赵、后赵、后燕、北燕）中，在承袭汉魏以来官制的同时，还并行"单于台制"，

1　《晋书》卷一三〇《赫连勃勃载记》。
2　洪亮吉《十六国疆域志》卷五《后秦》，列有六个军镇名，序言中说："甚者姚苌以马牧起事，故崇镇堡之势，以敌方州。"按其所列后秦军镇名，有的为地名，有的为撰者所加，故不足信。
3　参见拙著《中国中世西北民族关系研究》，西北大学出版社，1992，第96页。

主管六夷，按匈奴旧制，以"万户"为单位，管理该国的主要军事力量。单于台一般设在京城或其附近，最高职位的大单于一般由储主担任，下设左右（或前后左右）辅、左右贤王。单于台制应是沿匈奴旧制而来，主要是统治六夷，与广大的晋人（汉族）分治。在十六国时，仅见史籍载有部分国家实行此制，且仅实行一段时间，最后废止。

最后，十六国地方行政官制中，较有特色的是护军制，以及以"大营"、城主统民的军镇制雏形。

如果按官制特点来分类的话，可将十六国官制划分为三种类型。

第一类：前凉、西凉、成汉、北凉、后凉、南燕，特点是基本承袭或全部承袭汉魏以来的官制。前凉、西凉为汉族所建；成汉是生活在内地的巴氏（巴人）所建，他们汉化较深；北凉、后凉系从汉族所建前凉政权中，先后分离建国的；南燕建国时间较晚，故承袭汉魏官制。

第二类：前秦、后秦、前燕、西秦、南凉，特点是在政权建设初期杂有不同程度的胡俗（如称"大单于"之类），到后期才基本上完善了汉魏以来的官制。

第三类：汉赵、后赵、北燕、夏国、后燕，特点是除了承袭汉魏以来官制外，还并行单于台制或杂有浓厚的游牧民族部落制因素（如夏国）。

十六国存在的时间虽然不长，但其政治制度中的官制上承魏晋，下启南北朝、隋唐，在中国历史上仍然占有一定的地位。

（原载于《文史》2002 年第 1 期）

索 引

Z

后　记

本书完稿于 1985 年初，1986 年 7 月由山西人民出版社出版，印数 2000 册。至 2006 年 5 月，本书又被编入"中国古代北方民族史丛书"之中，由广西师范大学出版社再版。时间过得真快，转眼之间，本书从正式出版至今已三十多年。记得三十多年前，我曾寄送此书一册与著名史学家周一良先生求教，先生赐函鼓励："盼能再接再厉，写成十六国史新编，于学术界大有裨益，不仅为崔鸿之功臣而已也。"先生的鼓励时在心间，然要完成"十六国史新编"，非一人之力所能及，且诸多条件也未成熟。因此，直到今年初，由笔者发起、主编的这套"十六国史新编"丛书，得到包括著名的魏晋南北朝史家蒋福亚教授等一批学者的支持，又承蒙社会科学文献出版社将该丛书列入出版规划，即将陆续面世。

于是，这本《汉赵国史》就列入"十六国史新编"丛书之中。此次再版，除了改正一些字句错讹之处外，基本保持原书的观点及内容，按丛书要求增加了索引，并将笔者 2002 年发表在《文史》上的《十六国官制研究》一文，作为附录，忝列于后。笔者深知，学术研究是无止境的，此书仍然存在诸多问题，望读者、专家不吝赐教。

周伟洲

图书在版编目（CIP）数据

汉赵国史 / 周伟洲著. -- 北京：社会科学文献出
版社，2019.6（2023.12重印）
（十六国史新编）
ISBN 978-7-5201-4520-6

Ⅰ. ①汉… Ⅱ. ①周… Ⅲ. ①中国历史 – 前赵 Ⅳ.
①K238

中国版本图书馆CIP数据核字（2019）第049593号

·十六国史新编·

汉赵国史

著　　者 / 周伟洲

出 版 人 / 冀祥德
组稿编辑 / 高振华
责任编辑 / 丁　凡　李　淼
责任印制 / 王京美

出　　版 / 社会科学文献出版社（010）59367143
　　　　　地址：北京市北三环中路甲29号院华龙大厦　邮编：100029
　　　　　网址：www.ssap.com.cn
发　　行 / 市场营销中心（010）59367081　59367083
印　　装 / 三河市东方印刷有限公司

规　　格 / 开　本：889mm×1194mm　1/32
　　　　　印　张：10.875　字　数：243千字
版　　次 / 2019年6月第1版　2023年12月第4次印刷
书　　号 / ISBN 978-7-5201-4520-6
定　　价 / 69.00元

本书如有印装质量问题，请与读者服务中心（010-59367028）联系

.